第一回＝訓読のきまり
②返り点は何のためにある？

第一回＝訓読のきまり
③返り点の種類と用法

一＝書き下し文のポイント
①書き下し文の原則

「送り仮名」はなぜ必要か

〇漢文　※一字が一語を表す漢字だけが並ぶ
〇日本文　※意味を持つ語どうしを、**意味を持たない語がつなぐ**

日暮レテ道遠シ。／大器ハ晩成ス。

読む順序を示すために付ける記号

＝**返り点**

主な返り点

〇レ点……**一字上**に返って読むことを示す。
〇一二点…**二字以上隔てて**返って読むことを示す。
〇上下点…**「一二点」の付いた句をはさんで**返って読むことを示す。

書き下し文の原則

1　送り仮名は、ひらがなで、**文語文法**に従い、**歴史的仮名遣い**を用いて書く。

〔例〕

曰ハク

書き下し文　**曰はく**　×曰わく

読レ書　帰レ郷　不レ明　多レ雨

読ム書ヲ　帰ル郷ニ　不明ラカナラ　多シ雨

書を読む　郷に帰る　明らかならず　雨多し

↓**日本文の語順になるように語順を変更して読む。**

↓**返り点を付けて読む順番を示す。**

レ点

李①　**下**②ニ　**不**⑤レ　**正**④サレ　**冠**③ヲ。

一二点

尽③クシテ二　**人**①　**事**②ヲ一　**待**⑥ツ二　**天**④　**命**⑤ヲ一。

上下点

悪⑥ム下　**称**④スル二　**人**①　**之**②　**悪**③ヲ一　**者**⑤ヲ上。

書き下し文の原則

2　訓読しない漢字は、書かない。

〔例〕

吾十有五ニシテ而志二ス于学一ニ。

置き字

書き下し文　吾十有五にして学に志す。

熟語の5つの型

1「地震・日没」型
2「美人・博愛」型
3「変遷・上下」型
4「読書・帰郷」型
5「不明・多雨」型

返り点が必要

主な返り点

レ点	**一二点**（一・二・三…）	**上下点**（上中下）
一字上に返って読むことを示す。	二字以上隔てて返って読むことを示す。	「一二点」の付いた句をはさんで返って読むことを示す。

書き下し文の原則

3　日本語の助詞・助動詞に当たる漢字は、ひらがなに改める。

〔例〕

助詞　「之」→「の」　「自」→「より」など。

助動詞　「可」→「べし」　「也」→「なり」など。

第二回＝書き下し文のポイント

②書き下し文のメリットとデメリット

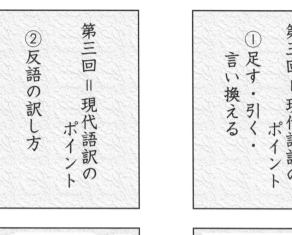

白文
不入虎穴不得虎子（後漢書）

訓読漢文
不レ入ラ（ンバ）二虎穴一、不レ得二虎子一（ヲ）。

書き下し文
虎穴に入らずんば、虎子を得ず。

現代語訳
虎の棲む穴に入っていかなかったら、虎の子を手に入れることはできない。

書き下し文のメリット

虎穴に入らずんば、虎子を得ず。

○読みやすさ
→多読につながる

○正しく訓読できたかを確認できる

書き下し文のデメリット

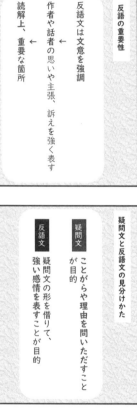

原則2　訓読しない漢字は、書かない。

〔例〕吾十有五（ニシテ）㊀志（ス）二㊁学一。

‼訓読しない漢字に注意を払わなくなる。
表記しない→×大事ではない

‼誤った読み方や解釈をしてしまう。

第三回＝現代語訳のポイント

①足す・引く・言い換える

【例文１】

白文
豈図哉
↓ 訓読
書き下し文
豈（あ）に図（はか）らんや。
↓
現代語訳
どうしてそのようなことを予測しようか。

現代語訳（逐語訳）＝口語訳
⟷
文語訳＝訓読文

現代語訳のポイント

○足す
○引く
○言い換える

第三回＝現代語訳のポイント

②反語の訳し方

反語の重要性

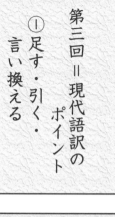

反語文は文意を強調
←
作者や話者の思いや主張、訴えを強く表す
←
読解上、重要な箇所

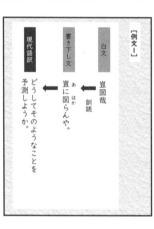

疑問文と反語文の見分けかた

疑問文
ことがらや理由を問いただすことが目的

反語文
疑問文の形を借りて、強い感情を表すことが目的

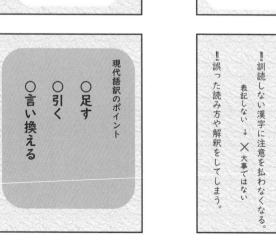

疑問文と反語文の訳しかた

「どうして〜か。~~いや、〜ではない。~~」
→「強い感情・主張」を表していない。
→現実的な言葉遣いではない。

新人教師のための漢文指導入門講座

高校2・3年生編

塚田勝郎 著

大修館書店

目次

はじめに　4

第1章
上級学年指導の基礎・基本　5

熟語を訓読してみよう──訓読の基礎の再確認　6
高校二年「古典」の授業始め──句法だけに頼らない豊かな授業を目指して　8
はじめに押さえておきたい古典文法──古文学習との関連を意識させよう　12
再読文字の指導──早い段階で集中的に　16
書き下し文の採点基準　20

第2章
漢文指導の実践〈句法編〉　21

句法指導の心得
四大句法①　使役の形　22
四大句法②　受身の形　26
四大句法③　疑問の形　30
四大句法④　反語の形　34
再び句法指導の心得
否定・禁止の形①　否定詞の種類と用法　38
否定・禁止の形②　部分否定と二重否定　43
訓読が意味まで表す句法の指導
①比較・選択の形／仮定の形／詠嘆の形　47
②限定・強調の形／抑揚の形　51

重要漢字の総復習　55
複合語・慣用表現の総復習　59

第3章 漢文指導の実践〈教材編〉　63

『史記』の授業に向けて――長文教材を扱う工夫　64
「璧を完うして趙に帰る」の授業に向けて――藺相如の「勇気と智謀」の検証　68
「澠池の会」の授業に向けて――時代背景をふまえて読む　78
「刎頸の交」の授業に向けて――人物の心情を共有する　83
『論語』の授業に向けて――中島敦「弟子」との融合授業　88
「長恨歌」の授業に向けて――「満たされない思い」の根源を読み解く　104
実力評価テスト　白居易と日本の古典　124

資料編

知らないと困る基本一二〇字　128
付属動画　模擬授業編　前見返し
5年後の中堅教師のための到達目標チェック120　後見返し
BOOK GUIDE　漢文教育に取り組む先生のためのブックガイド　168
?　深い理解のためのQ&A　170
おわりに　174
語句・事項索引　175

はじめに

高等学校の教師に求められる資質、能力とは、どのようなものでしょうか。ある人は人間性を一番に挙げるでしょう。生徒に寄り添う姿勢や包容力は、教師に不可欠です。自制心や謙虚さ、ユーモアの精神なども、教師に必要な人間性に含めて考えることができそうです。また、健康な肉体とタフな精神なしでは、教師の激務は勤まりません。これは本来、憂慮すべきことなのですが。

人間性や体力・精神力以上に大事なのは、学力と教育技術です。担当する教科・科目について深く確かな知識を有し、さらに向上しようとする意欲があること、そしてそれを生徒に伝えるための的確な技術を常に模索していること――これこそ教師に求められる最大の資質と能力です。人間性や体力・精神力では、学力と技術の不足は補えません。

本書は前著に引き続いて、若い先生方や教師を志望する大学生を対象としています。高等学校国語の現代文、古文、漢文の全分野に精通している新人教師は、おそらくいないでしょう。特に漢文は、苦手意識を持つ方が多いと聞いています。

新人教師にとって苦手分野があることは、けっして恥ずかしいことではありません。その分野を教えることを避け、不得手を克服しないことが恥ずかしいのです。

本書は、教材研究の方向性を示すとともに、教えるための技術、漢文授業の型も、動画で提供します。型を真似るのではなく、本書の内容を参考に、ご自分の型を作る努力を続けてください。二〇一四年発行の拙著『新人教師のための漢文指導入門講座』で触れたことの多くは、本書では扱っていません。本書を先に手にされた方は、ぜひ前著から目を通されることをお奨めします。

若い先生方の努力とみずみずしい感性によって、高等学校の漢文の授業がより豊かになることを願ってやみません。

第1章 上級学年指導の基礎・基本

まずは、古典文法の基本知識が身についているかを確認しよう。

【ツカダ先生のアドバイス】

*身近な熟語を訓読することで、漢文の構造を理解しておきましょう。

*古典文法の知識は、漢文訓読にも不可欠。書き下し文のノート添削を根気よく繰り返して、定着をはかりましょう。

*再読文字は、入門期の早い段階で集中的に扱っておきましょう。

熟語を訓読してみよう

——訓読の基礎の再確認

1 身近な漢文探し

漢文の学習は教科書を使って行うのが正道です。しかし、時には箸休め的な授業も、生徒の学習意欲をかきたてるのに役立ちます。漢文入門期に、「熟語を訓読してみよう」と題した一時間の授業を設定してみてはいかがでしょうか。材料となる熟語は、予告して生徒に探させます。ある生徒はノートに、「身近な漢文探し」とタイトルを付けていましたが、言い得て妙だと感心した記憶があります。

集まった熟語は、教科書にある「漢語の構造」などのコラムを用いて、その構造を分類します。その上で、それぞれの訓読を考えます。以下に、熟語の分類と例語、およびその訓読を示します。例語の下の○印は正しい訓読を、×印は誤った訓読を表しています。

①主語—述語の関係

雷鳴　○雷鳴る　×雷が鳴る
地震　○地震ふ　×地が震える
国立　○国立つ　×国が立てる
県営　○県営む　×県が営む
年少　○年少し（わか）　×年が少ない
年長　○年長ず（ちやう）　×年が長い

「雷鳴」や「県営」は、「雷が鳴る」「県が営む」では不正解です。生徒は「エー」と声をあげるでしょうが、「訓読では主格に『ガ』を付けない」と指導するチャンスです。「地震」は、古語で「地震ふ」と訓読することを強調します。「年少」や「年長」も、古典文法に習熟していない生徒には、ハードルが高そうです。

②修飾語—被修飾語の関係

新人　○新しき人　×新しい人
旧習　○旧（ふる）き習はし　×旧い習わし
徐行　○徐（おもむろ）に行く
専攻　○専ら攻（をさ）む　×専ら攻める
急募　○急ぎ募る　×急いで募る
新入　○新しく入（い）る　×新しく入（はい）る

●熟語の五つの型

①主語—述語の関係　「地震・日没」型
②修飾語—被修飾語の関係　「美人・博愛」型
③並列の関係　「変遷・上下」型
④述語—補語の関係　「読書・帰郷」型
⑤認定の関係　「不明・多雨」型

模擬授業編
【第1回】訓読のきまり
②返り点は何のためにある？

親展　○親ら展く

ここでも、古典文法の力が訓読の正誤を左右します。「入る」は、訓読で特に注意したい読み方です。「専攻」は、「攻」の読みと意味が難しく、正答率が低いでしょう。「徐行」の正しい訓読を知った生徒は、二度と「除行」と書かなくなるはずです。「親展」の「親」の読みと意味は、大学入試の熟語問題にもよく利用されます。

③並列の関係

善悪　○善と悪と　×善と悪
開発　○開き発く
展開　○展き開く

「善悪」は、「A与レB」（AとBと）の形を定着させるために、あえて「善と悪と」と訓読させたいものです。「開発」や「展開」の訓読は、「発」や「展」の読みを推定するときに役立ちます。

④述語―補語の関係

即位　○位に即く
帰郷　○郷に帰る
要予約　○予約を要す　×予約を要する
勧善懲悪　○善を勧め悪を懲らしむ　×懲らしめる
有能　○能有り　×能が有る
無理解　○理解無し　×理解が無い

生徒は「有能」や「無理解」の補語に送り仮名が付かないことを不安に感じるようです。「多雨」（雨多し）「立春」（春立つ）も同様であることを示し、安心させましょう。

⑤認定の関係

不利　○利あらず
非常　○常に非ず
未来　○未だ来たらず　×未だ来ず
可動　○動くべし　×動くべき
不可解　○解すべからず　×解するべからず

「未来」は、「訓読では『来』を用いず、『来たる』と読む。」と説明する絶好の機会です。「可」の訓読には、助動詞「べし」の接続の知識が必要です。

以上のように、熟語を訓読する練習からは、熟語の構造の知識だけでなく、今後の漢文学習に役立つヒントが多く得られます。ぜひ実践をお薦めします。

なお、和製の熟語や掲示物の表記には、そのままの語順では訓読できないものが多くあります。正しい語順に改めた後に訓読させるよう、丁寧な指導が望まれます。

発問例　次の熟語を語順に注意して訓読してみよう。

①立入厳禁→厳禁立入　②私語禁止→禁止私語
③笑門来福→笑門福来　④往診可→可往診
⑤進入不可→不可進入

[解答]

①厳二禁ス立入ヲ一　立入を厳禁す
②禁二止ス私語ヲ一　私語を禁止す
③笑フ門ニハ福来タル　笑ふ門には福来たる
④可シ二往診ス一　往診すべし
⑤不レ可カラ二進入ス一　進入すべからず

高校二年「古典」の授業始め
―句法だけに頼らない豊かな授業を目指して

1 「必修国語」と「選択古典」の関係

前著では一年生向け教材を扱ってきましたが、本書からは二・三年生向けの内容を扱います。本講座も、ようやく第二学年に進級できたといえましょう。

ところで、一年生向けの漢文の授業と二・三年生向けのそれとのちがいは、どこにあるでしょうか。簡単にいえば、一年生の漢文の授業は入門段階、「古典」は応用・発展段階です。一年生では漢文に親しむことを目標とし、「古典」では自分の力で読み、考え、味わうことに力点が置かれます。

このように述べると、『古典』の授業では、句法に時間を割かなければならない」と早合点される方があるかもしれません。たしかに句法の指導を抜きにして、漢文教育は語れません。しかし残念なことに、句法指導の意義や、その範囲、内容、指導法については、議論が尽くされているとは言い難いのが現状です。その結果、句法指導を最優先する授業が行われたり、生徒が「漢文の勉強は、句法がすべて」と即断したりする状況が生まれています。

ここでは、「句法に偏らない豊かな授業を」との立場から、「古典」段階の漢文の授業について考えていきます。

2 二年生「古典」最初の授業
―「画竜点睛」の授業展開

「古典」が応用・発展段階とはいえ、いきなり重厚長大な作品を扱うのは逆効果です。その意味で、一年生向けの教科書と同様に、「古典」教科書が故事成語の単元から始まるのには、理由があるのです。今回は一年生向けの教科書入門編にも採られることも多い「画竜点睛」を教材として、二年生「古典」の最初の授業を構想します。

画竜点睛

張僧繇、呉中人也。武帝崇飾仏寺、多命僧繇画之。金陵安楽寺四白竜、不点眼睛。毎云「点睛即飛去。」人以為妄誕、固請点之。須臾雷電破壁、両竜乗雲、騰去上天。二竜未点眼者見在。

（歴代名画記）

①張僧繇　生没年未詳。南朝梁の画家。②呉中　地名。現在の江蘇省蘇州市。③武帝　南朝梁の初代皇帝（在位、五〇二―五四九）。仏教を厚く保護した。④崇飾　立派に飾る。⑤金陵　梁の都。現在の江蘇省南京市。⑥点　描き入れる。⑦眼睛　ひとみ。⑧妄誕　でたらめ。⑨須臾　少しの時間。たちまち。⑩騰去　躍り上がる。⑪見　現在も。ここでは、「現」と同じ。

1　固有名詞に傍線を付す

既に一年生の漢文の授業で指導が行われているかもしれませんが、漢文を読む時に、固有名詞とそれ以外を明確に区別することは、読解の出発点です。固有名詞に傍線を付す習慣は、入試や模試で初見の文章を読み進める際に武器になります。「画竜点睛」は短文でストーリーも複雑ではありませんから、傍線は人名だけに限ってもよいでしょう。

2　語注を確認する

語注の確認の習慣づけも忘れてはなりません。大学入試の漢文で語注を参照せず、大失敗したという「悲劇」を例年耳にします。語注を抜きにしては読解が成り立たないことを、繰り返し説き、実感させたいものです。

語注には、いくつかのタイプがあることを知らせる必要もあるでしょう。この教材には、二つのタイプの語注が付けられています。

【ことがらを説明するもの】①「張僧繇」②「呉中」③「武帝」⑤「金陵」の語注がこれにあたり、登場人物や時代背景に関する重要な情報が載っています。

【現代語訳にそのまま使えるもの】④「崇飾」⑥「点」⑦「眼睛」⑧「妄誕」⑨「須臾」⑩「騰去」⑪「見」の語注が該当します。

「最近の教科書は語注が多すぎて、教師の説明する余地がない」と批判する向きもあるようですが、筆者は逆の立場です。語注を参照しながら文章のアウトラインを把握することは、漢文読解の重要な手段の一つだからです。また、⑪「見」の「現在も。ここでは、『現』と同じ。」という語注も不可欠です。「見」のこの意味は、漢和辞典を引いてもすぐには見つかりません。この語注は、誤読を防ぐ大事な使命を帯びています。

語注にはこの他にも、句法や出典の解説などがあります。

［解答例］

○固有名詞に傍線を付した例

張僧繇、呉中人也。武帝崇飾仏寺、多命僧繇画之。金陵安楽寺四白竜、不点眼睛。毎云「点睛即飛去。」人以為妄誕、固請点之。須臾雷電破壁、両竜乗雲、騰去上天。二竜未点眼者見在。

○人名のみに傍線を付した例

張僧繇、呉中人也。武帝崇飾仏寺、多命僧繇画之。金陵安楽寺四白竜、不点眼睛。毎云「点睛即飛去。」人以為妄誕、固請点之。須臾雷電破壁、両竜乗雲、騰去上天。二竜未点眼者見在。

3 題名の「画竜点睛」を訓読する

授業の最後に行うことも考えられますが、ここではあえて初めの段階に設定しています。先にも触れたように、正しい読解にはアウトラインの把握が欠かせません。この文章では、「画竜点睛」という題名を訓読することが、アウトラインの把握につながります。

「画竜点睛」の訓読の可能性を示しましょう。

a 画竜に点睛す　b 画竜に睛を点ず
c 竜を画きて睛を点ず　d 画きし竜に睛を点ず

a→b→c→dの順に、アウトラインの理解を伴ったよい訓読だと評価できます。作品の題名がいつでも訓読できるとは限りませんが、取り入れたい手法の一つです。

4 「睛」と「晴」の字体のちがいに注意する

「古典」の教材には、一年生向けの教材以上にふだん見慣れない文字が多く登場します。そのせいか、「睛」を「晴」と誤記する生徒が少なからずいます。機会を見て、誤りやすい文字の一覧を示し、注意を喚起したいものです。

〈書き誤りやすい文字の例〉
干・于・千　侯・候　宣・宜　己・已・巳
戊・戍・戌　母・毋　遂・逐　味・昧　嗚・鳴
柿・杮　崇・祟　未・末　侮・悔　亨・享

なかでも「鳴」と「嗚」の混同は後を絶たず、「ああ」を「鳴呼」と書いて平気な生徒は毎年多くいます。文字の構成部分の細部にまで目を届かせることは、漢文読解の大きな助けになるだけでなく、社会人として言語生活を営む上で、貴重な財産となるでしょう。

5 傍線部Aを使役に読む理由を考える

通常、「使・令・教・遣」などの使役の助字が用いられている場合は、「…をして…（せ）しむ」の形に訓読します。しかし、この文には使役の助字が見当たりません。では、なぜ使役に読むのか。その説明は、「意味上から使役に読む必要が生じるから」とか、「『命』は使役を暗示する動詞だから」と説明されることが多いのですが、筆者の経験では、これらの説明は生徒を納得させるには充分ではありません。そこで、次のように板書して、二つの動詞「命」と「画」の主語を考えさせます。

◎板書例◎

○「命」と「画」の主語
（武帝）多命ク二僧ジテ繇一、（僧繇）画クレ之ニ。
＝武帝が僧繇に命令し、僧繇が竜の絵を描いた。
（武帝）多命ク二僧ジテ繇一画カシムレ之ニ。
＝武帝が僧繇に命令し、竜の絵を描かせた。

省略されている主語を補ってこのように整理すると、多くの生徒が一文の中に主語・述語の関係が二組あることに気づきます。「主語の異なる二つの動詞を含む文では、主語を一つにそろえて読む必要がある。そのため二つ目の動詞に使役の『しむ』を添えざるを得ない」と補足すると、納得が得られます。

6 「以(テ)レA(ヲ)為(ス)レB(ト)」の形に習熟する

この形は、一年生で学習済みであっても、復習を兼ねてもう一度取り上げるべき大事なものです。

> 以(テ)レA(ヲ)為(ス)レB(ト) ＝ AをBと考える。　＊Aは評価の対象、BはAに対する評価を表す。
> 以(テ)為(ス)レB(ト) ＝ Bと考える。
> 以-為(おもへラク)〜(ト) ＝ 〜と考える。　＊評価の内容が長い時に用いる。「ト」が残ることに注意。

これは一種の慣用句で、参考書等の句法集にはあまり出てきません。「請(フ)〜(セン・セヨ)」などとともに、一度は触れておきたいものです。

3 発展的な学習の契機に

漢文の学習に限らず、授業時間内にすべてを伝え、理解させることは不可能です。生徒の自発的な学習を促すべく、発問の形で様々なヒントを与えることも、教師の使命です。発問の一例を示します。

① 「画竜」の読みは、「ガリョウ」か「ガリュウ」か？
② 「妄誕」の「誕」に「でたらめ」の意味がある理由は？
③ 「雷電」の「雷」と「電」の字訓とその語源は？

漢和辞典を引き、漢字に興味を持たせることが目的です。「竜」の字音は「リョウ（リヨウ）」が漢音、「リュウ（リウ）」が呉音だと知ることは、訓読は原則として漢音によることの再確認にもつながります。「誕」は、漢和辞典の解字欄に注目させることがねらいです。「言葉をのばす→いつわる、のびる→生まれ育つ」という説明を興味深く読む生徒も多いでしょう。「雷・電」の字訓は、「かみなり」と「いなずま（いなづま）」です。国語辞典も併用して、このように訳した先人の発想に気づかせたいものです。

発問例　「画竜点睛」を参考に、次の文に訓点を補ってみよう。

張僧繇、於金陵安楽寺、画四白竜於壁、不点睛。毎曰、点之即飛去。人以為誕。因点其一、須臾雷電破壁、一竜乗雲上天。不点睛者、見在。　（水衡記）

一見して難しそうですが、「画竜点睛」の本文を参照すると多くの生徒が正しい読み方にたどり着きます。「白文を読めた」「白文で読めた」という成就感は、生徒にとって大きな励みになるはずです。

[解答例]

張僧繇、於(イテ)二金陵(ノ)安楽寺(ニ)一、画(キ)二四白竜(ヲ)於壁(ニ)一、不(レ)点(ゼ)睛(ヲ)。毎(ニ)曰(ハク)、「点(ゼバ)レ之(ヲ)即(チ)飛(ビ)去(ラント)。」人以(テ)為(ス)レ誕(ト)。因(リテ)点(ズレバ)二其(ノ)一(ニ)一、須臾(ニシテ)雷電破(リ)レ壁(ヲ)、一竜乗(リテ)レ雲(ニ)上(ル)レ天(ニ)。不(ル)レ点(ゼ)レ睛(ヲ)者(ハ)、見(ニ)在(リ)。

[書き下し文]
張僧繇、金陵の安楽寺に於いて、四白竜を壁に画き、睛を点ぜず。毎に曰はく、「之を点ぜば即ち飛び去らん。」と。人以て誕と為す。因りて其の一に点ずれば、須臾にして雷電 壁を破り、一竜 雲に乗りて天に上る。睛を点ぜざる者は、見に在り。

[現代語訳]
張僧繇は、金陵の安楽寺で四頭の白い竜を壁に描いたが、瞳を描き入れなかった。（僧繇は）いつも「瞳を描き入れると、（竜は）すぐに飛び去ってしまう。」と言っていたが、人々はでたらめだと思った。（僧繇は）それではと一頭の竜に（瞳を）描き入れたところ、たちまち雷電が起こって壁を突き破り、その竜は雲に乗って天に上ってしまった。（僧繇が）瞳を描き入れなかった（三頭の）竜は、今でも壁に描かれたまま残っている。

はじめに押さえておきたい古典文法

―古文学習との関連を意識させよう

1 古文と漢文の「親密な」関係

本項も前項に引き続いて、句法指導の前段階として必要になる事項についてお話しします。

例年のことですが、筆者が漢文の授業中に古典文法を話題にすると、怪訝な顔をする生徒が少なからずいます。というのは、筆者の勤務していた学校では、国語科の教員が扱う分野がほぼ固定されていました。そのせいで、生徒は「A先生は現代文の先生」とか「B先生の担当は古文」と認識しているようなのです。漢文担当の筆者が古典文法に触れると、「古文の時間じゃないのに……。」という違和感が頭をもたげるのでしょう。

言うまでもありませんが、高等学校の漢文は国語科の一分野です。戦前には「国漢英数」と呼ばれ、漢文は独立した教科でした。しかし、戦後は一貫して「国語の中の漢文」の立場を堅持してきました。「漢文の授業は、読んで訳して終わりではいけない。現代文や古文と同じように、読んで味わい、考えることが目標である。」という考え方も、ここに由来しています。分野別に授業を担当する場合でも、他分野を常に意識する必要があります。

「漢文の時間なのに、古典文法なんて変だ。」という疑問を抱く生徒には、「漢文は古文で読んでいるんだから。」という説明が効果的です。ごく簡単に漢文訓読の歴史に触れるだけで、訓読がその時代の言葉によって行われたことが理解されるでしょう。「その時代の言葉は、私たちにとって古文だよ。」と一言添えれば、古文と漢文の「親密な」関係が理解されるはずです。

次のような簡単なテストを使って、古文の知識がないと漢文が正しく訓読できないことを確かめることも可能です。二年生の授業の早い段階で試してみてはいかがでしょうか。

問　次の文を書き下し文に改めなさい（一部、送り仮名を省いた箇所がある。）

1　愛㆓隣人ヲ㆒。　○隣人を愛す。　×愛する
2　不㆑愛㆓隣人ヲ㆒。　○隣人を愛せず。　×愛さず
3　松子（しょうし）落。　○松子落つ。　×落ちる
4　具（つぶサニ）答㆑之ニ。　○具さに之に答ふ。　×答える
5　無シ㆑不㆑為サ。　○為さざる無し。　×為さぬ
6　使ム㆑愛㆓隣国ヲ㆒。　○隣国を愛せしむ。　×愛さしむ
7　可㆑笑フ。　○笑ふべし。　×べき
8　可㆑笑フ也。　○笑ふべきなり。　×べしなり
9　見㆑殺サ。　○殺さる。　×殺される
10　見㆓殺害㆒。　○殺害せらる。　×殺害される
11　安（いづクニカ）在。　○安くにか在る。　×在り
12　何ゾ苦。　○何ぞ苦しき。　×苦し

1・2は、サ変動詞の活用を確認する問題です。特に2は、現代語の感覚で「愛さず」と読み、それでおかしいと思わない生徒が多くいます。

3・4では、上二段・下二段動詞の終止形が正しく言えるかどうかが試されます。生徒は、上二段・下二段動詞の終止形がわかっても、それでよいのか自信が持てないようです。また4は、ハ行であることも忘れがちです。

5は、打消の助動詞「ず」の活用を問題にしています。この例文は「為さざること無し。」と訓読することも可能です。しかし、「こと」を省略した場合も「不」は連体形に読まなくてはいけません。「不」の連体形は、訓読では「ざる」と読み、「ぬ」は用いないことも、ぜひ知らせておきたいものです。

7・8では、可能・適当などの「べし」の活用が問われています。7は簡単な文ですが、日常的に「〜するべき。」と誤って使っている生徒は苦戦します。

9・10は、受身の助動詞「る・らる」の接続に関する知識がないと正解できません。「殺す」はサ行四段ですから、その未然形に「る」が付き、「殺さる」となります。一方、「殺害す」はサ変ですから、その未然形に「らる」が付き、「殺害せらる」となります。

11・12は、係り結びの問題です。「漢文訓読にも係り結びが現れるよ。」と説明すると、「それは卑怯だ。」という声が毎年あがります。何が卑怯なのか、よくわかりませんが、生徒たちが漢文と古文を分けて考えていることを示すエピソードの一つでしょう。11では「か」、12では「ぞ」の影響を受けて、それぞれ文末を「在る」「苦しき」と連体形で結びます。

2　訓読に不可欠の古典文法

初めて書き下し文の原則に接した高校一年生の多くは、「国語の助詞・助動詞に当たる文字はかな書きする。」という一項にとまどいを覚えるようです。この時期の生徒のノートには、次のような表記がよく見られます。

数人飲（マバ）㆑之ヲ不㆑足ラ。　→数人これを飲まば足ら不。

●助動詞「ず」の活用

基本形	未然形	連用形	終止形	連体形	已然形	命令形
ず	ざラ	ず ざリ	ず	（ぬ） ざル	（ね） ざレ	ざレ

＊訓読では「ぬ」「ね」は用いない。

基本形	接続
ず（不・弗）	活用語の未然形

●係り結び

係り 係助詞	係り 意味	結び 活用形
か	疑問・反語	活用語の
ぞ	強調	連体形

一人之蛇成ル。　→一人之蛇成る。
天帝使ムレ我ヲシテ長タラ二百獣ニ一。　→天帝 我をして百獣に長たら使む。
遂ニ与レ之行ク。　→遂に之と行く。
以テ為スレ畏ルト狐ヲ也。　→以て狐を畏ると為す也。

古典文法を学び始めて間もない高校一年生に、助詞・助動詞を正確に識別させることには無理があります。したがって、前記のような書き下し文表記は頭から誤りと決めつけず、ノート添削によって根気よく指導しつつ、古典文法の知識が身につくのを待つしかありません（→「書き下し文の採点基準」20ページ）。

高校二年生以上の段階では、漢文訓読に必要な古典文法の知識が身についているはずです。しかし現実には、古典文法の習得が不完全な生徒も少なからずいます。そこで、訓読に欠かせない古典文法の知識を最小限に絞り込み、提示してみてはいかがでしょうか。筆者が日ごろ提唱していることの一端を示します。

◎訓読に必要な動詞の知識

特に次のものに注意する。

▽サ変　和語にうまく置き換えることができない動詞は、「〇す」「〇〇す」のように複合サ変動詞として訓読する。サ変の活用表を確実に覚えておかないと、「未熟」を「未だ熟さず」と誤って訓読することになる。

▽上二段・下二段　終止形を迷わず、確実に言えるようにする。その際、活用の行も意識する。

恥じる→恥づ（ダ行上二段）
例 寡人恥ヅレ之ヲ。

閉じる→閉づ（ダ行上二段）
例 閉ヅ二府庫ヲ一。

過ぎる→過ぐ（ガ行上二段）
例 蘇代過グ二易水ヲ一。

収める→収む（マ行下二段）
例 古来白骨無シ二人ノ収ムル一。

尋ねる→尋ぬ（ナ行下二段）
例 尋ヌ二胡隠君ヲ一。

▽カ変・ナ変　訓読にはカ変・ナ変動詞は現れない。

来く→来たる（ラ行四段）
例 来タル者ハ不レ拒マ。

死ぬ→死す（サ変）
例 乃チ自刎シテ而死ス。

往ぬ→往く（カ行四段）
例 雖モ二千万人ト一吾往カン矣。

◎訓読に必要な助詞の知識

特に注意を要するのは、次の数種である。

▽接続助詞「に・も・ども」　いずれも逆接の確定条件を表すのに用いる。「ど」は、用いない。

例 始メ以テ二強壮ヲ一出デシニ、及ビテレ還ルニ須髪尽ク白シ。
例 門牆如クナルモレ故ノ、巳ニ鎖二扃セリ之ヲ一。
例 又近ツキテ出ヅレドモ二前後ニ一、終ニ不二敢ヘテ搏タ一。

模擬授業編
【第2回】書き下し文のポイント
②書き下し文の原則

［例文の解説］

書下…書き下し文

◎動詞の知識
書下 寡人 之を恥づ。
書下 府庫を閉づ。
書下 蘇代 易水を過ぐ。
書下 古来 白骨 人の収むる無し
書下 胡隠君を尋ぬ
書下 来たる者は拒まず。
書下 乃ち自刎して死す。
書下 千万人と雖も吾 往かん。

◎助詞の知識

▽**接続助詞「とも」**　「縦ひ…とも」（かりに…であっても）のように、逆接の仮定条件を表すのに用いる。「と」は、用いない。

例 縦江東父兄憐而王レ我、

例 朝聞レ道、夕死可矣。

▽**副助詞「すら」**　「Aすら且つB、況んやCをや」（AでさえBだ、ましてCはなおさらだ）のように、抑揚の形に用いる。「だに・さへ」は、用いない。

例 死馬且買レ之。況生者乎。

◎**訓読に必要な助動詞の知識**

「得レ狐。」は「狐を得。」とすると読みにくいので、「狐を得たり。」と訓読することが多い。しかし、「たり」を添えることは必須ではなく、「狐を得。」でもかまわない。完了の助動詞「つ・ぬ・り」や過去の助動詞「き・けり」も同様に必須ではない。

訓読に用いる助動詞は、次の数種に限定される。

▽**使役の「しむ」**　未然形に接続。「す・さす」は訓読には用いない。

例 民可レ使レ由レ之。不レ可レ使レ知レ之。

▽**受身の「る・らる」**　「る」は四段・ナ変・ラ変の未然形に接続、「らる」はそれ以外の未然形に接続。

「殺さる・殺害せらる」と覚える。

例 越レ官則死、不レ当則罪。

▽**打消の「ず」**　未然形に接続。活用表のザ行の部分を確実に覚える。訓読では連体形の「ぬ」と已然形の「ね」は用いない。

例 不レ知為レ不レ知。

例 其身不レ正、…。

▽**可能・適当などの「べし」**　終止形（ラ変は連体形）に接続。

例 三軍可レ奪レ帥也。〔可能〕

例 汝可二疾去一。〔適当〕

▽**断定の「なり」**　体言・連体形に接続。訓読には伝聞・推定の「なり」は出てこないから、安心してよい。

例 仁、人之心也。

例 是知也。

▽**比況の「ごとし」**　体言・連体形・助詞「の・が」に接続。「の」と「が」の使い分けは、「雪のごとし」「雪ふるがごとし」と覚えるとよい。

例 人生如二朝露一。

例 殺レ人如レ不レ能レ挙、…。

例 浮生若レ夢。

例 髣髴若レ有レ光。

例 過猶レ不レ及。

本項では、二年生の漢文の授業のはじめに押さえておきたい古典文法について整理しました。

書下 始め強壮を以て出でしに、還るに及びて須髪尽く白し。

書下 門牆故のごとくなる**も**、已に之を鎖扃せり。

書下 又近づきて前後に出づれ**ども**、終に敢へて搏たず。

書下 縦ひ江東の父兄憐れみて我を王とす**とも**、

書下 朝に道を聞かば、夕べに死すとも可なり。

書下 死馬**すら**且つ之を買ふ。況んや生ける者をや。

◎助動詞の知識

書下 民は之に由ら**しむ**べし。之を知ら**しむ**べからず。

書下 官を越ゆれば則ち死さ**れ**、当たらざれば則ち罪せ**らる**。

書下 知ら**ざる**を知らずと為す。

×知らぬを知らずと為す。

書下 其の身正しから**ざれ**ば、…。

×其の身正しからねば、…。

書下 三軍も帥を奪ふ**べき**なり。

書下 汝疾く去る**べし**。

書下 仁は、人の心**なり**。

書下 是れ知る**なり**。

書下 人生は朝露**の**ごとし。

書下 人を殺すこと挙ぐる能はざる**が**ごとく、…。

書下 浮生は夢**の**ごとし。

書下 髣髴として光有る**が**ごとし。

書下 過ぎたるは猶ほ及ばざる**が**ごとし。

再読文字の指導
——早い段階で集中的に

1 再読文字学習の意味とタイミング

本項では再読文字について考えてみます。漢文入門期の生徒は、ほぼ例外なく再読文字で苦労するようです。「現代語訳が難しい」「書き下し方がわからない」など症状はさまざまですが、漢文嫌いを作らないためにも、再読文字の指導には細心の注意を払う必要があります。

入門期に再読文字をしっかり学習しないと、受験期になっても次のようなミスを犯すことになります。

○ 未ダル二完成セ一品　　× 未ダ二ル完成セ一品

「未完成品」という熟語を訓読し、返り点と送り仮名を付させた結果です。×印の例のように、再読部分の送り仮名と返り点の位置を逆にする生徒が、少なからずいるのです。このような生徒には、訓読の基本にもどって、送り仮名と返り点の位置を再確認させる必要があります。

筆者は再読文字に指導にあたり、次の点を重視しています。

1 入門期の早い段階で集中的に扱う。
2 できるだけ親しみやすく、意味のある例文を集め、その例文をしっかり覚えさせる。
3 「再読文字一覧」などにある訳語は代表的なものであり、解釈の中では柔軟に対処する必要があることを知らせる。

筆者は句法を漢文学習の中心に置くことには消極的な立場です。しかし、再読文字に関しては早い段階での学習が望ましいと考えています。後に掲げるプリントは高校一年生を対象としています。

入門期の途中あるいはそれを終えた時点では、既習の教材から得られる例文には限りがあります。漢和辞典や解説書から例文を集める際には、親しみやすく意味のあるものを採るとよいでしょう。出典を示すのは、例文に親しみを持たせるためです。出典は編名を省略して書名だけ、詩の場合は詩題を省いて「○○の詩」で十分です。意味のある例文とは、修身や道徳の教条という意味ではなく、事柄を説明するのにふさわしい文のことです。詩を例にする場合は、二句セットで採ると、状況や背景を理解しやすくなるでしょう。意味のある例文を多く覚えることは、迂遠に思えますが、実は漢文の力を向上させる近道なのです。

2 再読文字学習の実際と指導のポイント

高校一年生の授業で用いている「再読文字の学習」のプリントをご紹介します（↓次ページ）。先に述べたように、漢文入門期という段階に配慮して出典は簡略化しています。なお、この「漢文学習シリーズ」は、#02「『レバ則ち』の形」、#03「対句」、#04「重要語」、#05「人称代名詞」と続きます。

教師が例文を読み、生徒がそれを聞いて返り点と送り仮名を付す形で授業を進めます。筆者の長年の経験では、最初から返り点と送り仮名が付いたものを使うよりも、この形が効果的です。現代語訳は生徒を指名して答えさせてもよいし、宿題として課してもよいでしょう。

プリントの掲載順に、要点を説明します。

① 未

教科書や便覧類の「再読文字一覧表」には、②「〜しない。〜でない。」を掲げないものが多くあります。まじめな生徒は「不」と同意の「未」を見た時に、訳文に「まだ」という副詞がうまく収まらずに苦労するのです（↓48ページ）。たとえば次の例がそれです。

発問例　次の文を「未」の働きに注意して訳しなさい。

則チ吾ガ斯ノ役之不幸ハ、未ダルレ若カ下復スル二吾ガ賦ヲ一不幸之甚ダシキニ上也。（柳宗元「捕蛇者説」）

この文で「未だ〜若かざるなり」は「まだ及ばない」「まだましである」と訳せそうですが、その場合の「まだ」は「よくはないが、どちらかというと」の意味で、あることが実現していないことを表す「未」の訳語としてはふさわしくありません。「まだ」を省いて「及ばない」と訳すのが妥当でしょう。

② 将・且

生徒は、②の意味「いまにも〜しそうだ（なりそうだ）」を案外忘れがちです。「欲」に同じ意味があることも大事な情報です。

③ 当・応・宜・須「〜べし」グループ

「＊微妙な意味のちがいに注意！」と付記したように、四つの再読文字の意味を見分けるのは、なかなか難しいことです。適切な例文によって意味のちがいを納得させたいものです。なお、「当」の項にあげた陶潜の「雑詩」其一の一節「及レ時当二勉励一、歳月不レ待レ人」は、原詩では「若い盛りは二度とないのだから、せいぜい行楽に励むべきである」という意味です。これを断章取義（詩文の一部を取り出し、本来の意味を無視して恣意的に利用すること）によって若者に対する訓戒の語と解釈するのは、教育関係者の悪い癖かもしれません。

[解答例]

訳 私のこの蛇捕りの役の不幸は、私の租税をもとどおりにする不幸のひどさには及ばない。

書下 則ち吾が斯の役の不幸は、未だ吾が賦を復する不幸の甚だしきに若かざるなり。

再読文字の学習　漢文学習シリーズ＃01

身近な熟語である「未来」や「将来」は、「未レ来（未だ来たらず）」「将レ来（将に来たらんとす）」と訓読できる。この時、「未」や「将」は、まず「いまだ」「まさに」と読み、後でもう一度「ず」「す」と読まれている。このように「返ってきて再び読む文字」を再読文字と呼ぶ。

「当然」という語も「当レ然（当に然るべし）」と訓読できるが、「当」を「当に～べし」と読む可能性があることを知らないと、お手上げだ。

幸いに現在、再読文字として認知されているのは、次の一〇字ほどに過ぎない。この機会に確実に覚え、漢文読解の武器にしたい。

なお、それぞれの文字の訳語はあくまでも代表例なので、実際の文中では柔軟に対処する必要がある。

1　未〔いまダ～ず〕

①まだ～していない。まだ～でない。

未成、一人之蛇成。（戦国策）

②～しない。～でない。＊「まだ」のニュアンスはない。

不善之人、未必本悪。（後漢書）

2　将・且〔まさニ～（ント）す〕

①いまにも（これから）～しようとする。

人之将死、其言也善。（論語）

一人蛇先成、引酒且飲之。（戦国策）

②いまにも～しそうだ（なりそうだ）。

今、人乍見孺子将入於井、皆有怵惕惻隠之心。（孟子）

不者、若属皆且為所虜。（史記）

＊「欲（ほっス）」と意味は同じ。

江碧鳥逾白、山青花欲然（杜甫の詩）

3　当・応・宜・須「～べし」グループ　＊微妙な意味のちがいに注意！

当〔まさニ～ベシ〕

当然～すべきだ。当然

及時当勉励、歳月不待人（陶潜の詩）

応〔まさニ～ベシ〕

①きっと（おそらく）～だろう。

君自故郷来、応知故郷事（王維の詩）

②～すべきだ。＊「当」より意味が軽い。

寄言全盛紅顔子、応憐半死白頭翁（劉廷芝の詩）

宜〔よろシク～ベシ〕

～するのが適当だ。～したほうがよい。

惟仁者宜在高位。（孟子）

須〔すべかラク～ベシ〕

ぜひ～する必要がある。必須

人生得意須尽歓、莫使金樽空対月（李白の詩）

4　猶（由）〔なホ～ガ（ノ）ごとシ〕

ちょうど～のようだ。

過猶不及。（論語）

5　盍（蓋）〔なんゾ～ざル〕

＊「何不（何ゾ～ざル）」の二字を合わせたもの。

①～してはどうか。勧誘

盍各言爾志。（論語）

②どうして～しないのか。詰問

王欲行之、則盍反其本矣。（孟子）

★補足　再読文字の書き下し方

最初の読みは漢字で、二度目の読みはひらがなで書く。

「未曾有（みぞう）」を訓読し、書き下す場合

○未だ曾（かつ）て有らず　×未だ曾て有ら未　×いまだ曾て有ら未

〔例文の解説〕

1［未］①書下 未だ成らざるに、一人の蛇成る。

訳 まだ描き上がらないうちに、もう一人の蛇の絵が完成した。

②書下 不善の人も、未だ必ずしも本より悪ならず。

訳 悪いことをする人も、もともと悪人だったわけではない。

2［将・且］①書下 人の将に死せんとするや、其の言や善し。

訳 人が今にも死のうとする時の言葉は真実である。

書下 一人の蛇 先づ成り、酒を引き且に之を飲まんとす。

訳 一人の蛇の絵が完成し、酒を引き寄せて今にも飲もうとした。

②書下 今、人 乍ち孺子の将に井に入らんとするを見れば、皆怵惕惻隠（じゅつてきそくいん）の心有り。

訳 今かりに人が、突然幼児が井戸に落ちようとするのを見たとすれば、誰でも驚きはっとし、かわいそうにと思う気持ちが起こるであろう。

書下 不ずんば（しからずんば）、若が属 皆且に虜とする所と為らんとす。

訳 さもなければ、お前たちの仲間は皆、やがて捕虜にされてしまうぞ。

［欲］書下 江 碧にして鳥 逾（いよいよ）白く、山 青くして花 然（も）えんと欲す

④ **猶（由）**

「由」は同音の「猶」と同じ意味で用いられますが、例は多くありません。補足程度でよいでしょう。

⑤ **盍（蓋）**

同様に、「蓋」もまれに同音の「盍」の代わりに用いられます。これも例をあげるまでもないでしょう。

3 再読文字学習のヒント

生徒の興味を喚起するために、再読文字の成立や変遷を話題にするのも有効でしょう。一例をあげます。

○平安時代初期までは再読の習慣がなく、「将(む)」「将(むトス)」のように読んでいた。

○平安時代中期に再読が始まるが、同じ文字に数種の読み方が混在していた。

○使役の助字「使」「令」を「しテ・しムルコト」と再読することも多かった。

○再読の仕方は次第に整理され、ほぼ現在の読み方に固定されたのは室町時代後期である。

○再読文字の再読部分の送り仮名の付け方には二種類あるが、現在の教科書はAの方式を採用している。しかし大学入試問題の中には、いまだにBの方式に拠っているものがある。「未だ完成せざるに」と誤読しないように注意したい。

A　未(ダ)(ルニ)$_{二}$完成(セ)$_{一}$

B　未(ダ)(ザルニ)$_{二}$完成(セ)$_{一}$

訳川の水は深緑色で、そこに遊ぶ水鳥はますます白く、山は新緑の色で、あたりの花は赤く燃え上がろうとしている。

3［当］書下時に及んで当に勉励すべし、歳月は人を待たず

訳時を逃さずに、楽しめるときには精一杯楽しむのがよい、歳月は人を待ってはくれないのだから。

［応］①書下君　故郷より来たる、応に故郷の事を知るべし

訳あなたは私の故郷から来られた、きっと私の故郷の消息などをご存じでしょう。

②書下言を寄す　全盛の紅顔子、応に憐れむべし半死の白頭翁

訳聞きたまえ、青春のまっただなかにいる少年たちよ、あわれみをかけてやってほしい、死の間近いこの白髪の老人に。

［宣］書下惟(た)だ仁者のみ宜しく高位に在るべし。

訳ただ仁の人だけが高い位に就くべきだ。

［須］①書下人生　意を得ば須らく歓びを尽くすべし、金樽をして空しく月に対せしむること莫かれ

訳人の一生で思いのままに振る舞える時には、ぜひとも歓楽を尽くすべきだ、立派な酒樽をいたずらに月に向けておくことはないだろう。

4［猶］書下過ぎたるは猶ほ及ばざ

書き下し文の採点基準

問 次の各文を書き下し文に改めなさい。

① 学ビテ而時ニ習レフ之ヲ、不二亦タ説バシカラ一乎。

【正答】
○学びて時に之を習ふ、亦た説ばしからずや。

【誤答】
×学びて時に習ふ之を、亦た説ばしからずや。《語順が不正》

【減点対象】
△学びて而時に之を習ふ、亦た説ばしからずや。《置き字の処理が不正》
△学びて時に之を習ふ、亦た説ばしから不乎。《平仮名化が不正》
△学びて時に之を習う、亦た説ばしからずや。《仮名遣いが不正》
△学びて時にこれを習う、また説ばしからずや。《原則に反した平仮名化》

② 不下為ニ二児孫ノ一買ハ中美田ヲ上。

【正答】
○児孫の為に美田を買はず。

【誤答】
×美田を買はず児孫の為に。《語順が不正》
×美田を児孫の為に買はず。《語順が不正》

【減点対象】
△児孫の為に美田を買は不。《平仮名化が不正》
△児孫の為に美田を買わず。《仮名遣いが不正》
△児孫のために美田を買はず。《原則に反した平仮名化》

③ 過ギタルハ猶ホレシ不ルガレ及バ。

【正答】
○過ぎたるは猶ほ及ばざるがごとし。

【誤答】
×過ぎたるは及ばざるがごとし。《再読文字の欠落》

【減点対象】
△過ぎたるは猶ほ及ば不るがごとし。《平仮名化が不正》
△過ぎたるは猶ほ及ばざるが猶し。《再読文字の処理が不正》
△過ぎたるはなほ及ばざるがごとし。《原則に反した平仮名化》

るがごとし。
訳 行き過ぎは、及ばないのと同じだ。

5 [盍] ① 書下 盍ぞ各（おのおの）爾（なんぢ）が志を言はざる。
訳 お前たちそれぞれの志を述べてみなさい。
② 書下 王 之を行はんと欲すれば、則ち盍ぞ其の本に反（かへ）らざる。
訳 王様、このことを実行しようとなさるなら、どうしてその根本に立ち返ろうとなさらないのか。

第2章 漢文指導の実践〈句法編〉

句法の知識は大事。
ただし、それだけがすべてではないことを肝に銘じよう。

【ツカダ先生のアドバイス】

＊句法指導は、単調で無味乾燥になりがち。必ず教材と関連させて扱い、豊かな読解をめざしましょう。

＊生徒に安心感を与えるために、絞り込むことも大事。解釈に大きくかかわる疑問・反語、主語の確定に役立つ使役・受身は最重要と心得ましょう。

句法指導の心得

─四大句法① 使役の形

1 句法との適切な距離とは

筆者の高校時代には、二年生の文系クラスに古典文法の時間がありました。当時を振り返ってみると、退屈と我慢という言葉しか浮かんできません。古典文法のテキストを一年かけて一冊こなしたものの、自身の意欲不足も手伝って、古文の力がついたという実感はありませんでした。

漢文の句法だけを扱う時間があったらどうでしょうか。時間数不足が悩みの種になっている昨今では、あまり現実的ではありませんが、筆者と同様に、つまらない時間と感じる生徒が多く出現するでしょう。

句法学習の重要性を否定するわけではは、まったくありません。むしろ「句法は大事」というスタンスを取りつつも、「漢文を攻略するためには、句法がすべて」とか、「まず句法を全部頭に入れる」という受験界の一部の「常識」に抵抗したいのです。

では、漢文の授業では、句法とどのように向き合えばよいのでしょうか。筆者の考えは、次の五点に集約できます。

1 句法は大事である。しかし、句法だけですべてが解決するわけではない。

2 句法を指導する際は、その句法が大事である理由を生徒に明確に説明する必要がある。

3 句法の中でとりわけ大事なのは、疑問と反語、使役と受身の四つ。この四つの形は、教材に出てくるたびに必ず触れる。

4 句法は、必ず教材と関連させて扱う。句法集の短文の羅列を覚えさせても、効果は期待できない。

5 句法は「型」であることをしっかり認識させる。訓読では「型無し」や「型破り」は認められない。

2 句法指導の実際

先に掲げた五項の補足説明も兼ねて、句法指導の実際的な場面を考えてみます。

　漢文の読解には、様々な力が要求されます。漢字の意味、語順、文体、詩の形式、作者、時代背景など、多岐にわたる知識に加えて、第一章で取り上げた古典文法も、訓読には不可欠です。句法だけで解ける問題がないわけではありませんが、句法は読解のためのツールの一部に過ぎず、漢文読解は「総力戦」であることを強く意識させなければなりません。

　また、句法指導は単調で無味乾燥なものになりがちです。そこで、数ある句法を最低限必要なものに絞り、生徒に安心感を与えることにします。筆者は最重要句法を、疑問と反語、使役と受身の四つに絞り込み、それぞれ組み合わせて指導しています。その理由を簡潔に整理してみましょう。

【疑問と反語】　特殊な例を除き、疑問と反語は見かけでは区別がつかない。区別は文脈からで、疑問は相手からの返答を期待するが、反語はそうではない。反語は、「…でない」「…である」という発言者の主張や意志を強く発信するためのレトリックであるから、解釈の上でも重要な部分になる。

【使役と受身】　この二者は、「型」を知らないと訓読できない。いずれも古文で学習した助動詞を当てて訓読する「型」である。使役の基本型「…をして…（せ）しむ」の「…をして」を、勝手に「…を」とか「…に」に変えてしまう生徒が多くいるが、「型破り」は困る。受身は、使役とちがって「型」が何種類もある点が、生徒をとまどわせる原因になっている。

　また、どちらの形も主語の確定と深く関わり、漢文読解のための有力な武器となる。

　これ以外の句法、たとえば詠嘆や限定の形は、あえて時間をかけて指導する必要性は感じられません。「ああ」で始まったり、「かな」で結んだりすれば、詠嘆の形であることは一目瞭然です。「ただ…（のみ）」と来れば、限定の形と命名するまでもないでしょう。ただし、「ああ」という感嘆詞や、「ただ」と読む限定の助字にはどのようなものがあるかは、必ず漢和辞典の音訓索引などを使って調べさせておきたいものです。

　指導する側が、句法との距離を適切に保つことが求められるのです。

3 使役の形の指導例

ここでは、筆者が行っている使役の形の指導例をご紹介します。

筆者のかつての勤務校では、古典文法のテキストと便覧〔図説〕は採用していましたが、漢文専用の副教材は生徒に持たせていませんでした。そのため、句法の指導には、自作のプリントを用いていました。次に掲げたのは、高校三年生が使うものです。使役の形は教材に出てくるたびに取り上げて説明していますから、これは「使役の形の総まとめ」ともいえましょう。指導時間は、一時間を想定しています。

くり返しますが、このプリントは、三年生が一時間で使役の形の総まとめができるように工夫したものです。一・二年生で、使役の形が出てくるたびに簡単に触れていることを前提としていますので、このプリントだけで使役の形をマスターさせることには、無理があります。

授業は、プリントの項目に従って進めていきます。〔ステップ2〕以降の白文の部分は、教師が読みを提示し、生徒が返り点と送り仮名を書き取ります。矢印の下が空欄になっている箇所は、生徒が各自で書き下し文を記入します。

〔ステップ3〕の発問はかなり高度ですから、段階を踏んで考えさせましょう。まず「『遣』と『守』の主語は何か。」と問いかけます。「遣」は沛公、「守」は「将」が主語であると確認した上で、「一文に主語の異なる動詞が二つある場合、訓読する際には、どちらかの動詞を使役か受身に読む必要が生じる。この文は『沛公』を主語としているため、『守』を『守らしむ』と読むことになる。『遣』を使役の助字に読んだ場合も、動詞として扱った場合も、事情は変わらない。」と説明すると理解が得られるでしょう。

最も実戦に役立つのは、〔ステップ4〕です。生徒の多くは「AをしてB（せ）しむ」と丸暗記していて、使役の対象であるAが省略されるケースがあることに気づかないのです。「不肖の王に使ひせしむ。」も「絹二匹を遺らしむ。」も、「人をして」を省略した形であることを知ると、〔ステップ2〕で「『人』とは誰のことか。」と発問した意図を容易に理解できるはずです。「人をして」の「人」は、あえてその名を書き記すほどではない家臣や下僕をさしています。したがって、使役の対象の「人」を「家臣」「下僕」などと訳すことも可能ですし、「人」を無視して現代語訳することも許されるでしょう。

句法の指導にあたっては、効果的で無理のない方法を追究したいものです。

使役の形　句法シリーズ＃01

使役の形とは、「誰かに、何かをさせる」という意味を表す形。原則として、「使二Ａ Ｂ一」の形で、「ＡをしてＢ（せ）しむ」と読む。

■ステップ１　使役の助字を四つ覚える。

・「使・令・教・遣」は、いずれも助字として「しム」と訓読する。文語文法では、「す・さす・しむ」を使役の助動詞とするが、漢文訓読では「しむ」だけを用いる。

・使役の助動詞「しむ」は、未然形に接続する。「（せ）しむ」と表記するのは、そのためである。

・「使・令・教・遣」の四字には、もともと意味の違いがあったようだ。しかし、解釈の上ではその違いを表す必要はない。

・「使・令・教・遣」の中で、よく用いられるのは「使」と「令」。「教」と「遣」、特に「教」は、あまり用例がない。

・高校三年生には言わずもがなのことだが、書き下し文では「使・令・教・遣」はひらがなに改める。

■ステップ２　基本形に習熟する。

使涓人求千里馬。（十八史略）→

使人抵昭王幸姫求解。（十八史略）→

問 右の文で、「人」とは、誰のことか?

令将軍与臣有郤。（史記）→

遂教方士殷勤覓。（白居易「長恨歌」）→

■ステップ３　「遣」は、必ずしも「しム」と訓読しないことを知る。

故遣将守関者、…。（史記）

↓故らに将をして関を守らしめし者は、…。

↓故らに将を遣はして関を守らしめし者は、…。

問 右の文で、「遣」を「つかハス」と動詞に読んだ場合も、「しム」を添える必要があるのは、なぜか?

■ステップ４　「使二Ａ Ｂ一」の「Ａ」は省略されることがあることを確認する。

使使不肖王。（晏子春秋）→

令遣絹二匹。（後漢書）→

■ステップ５　使役の助字がなくても使役の形に読む理由を考える。

予助苗長矣。（孟子）→予苗を助けて長ぜしむ。

以為四隊、四嚮。（史記）

→以て四隊と為し、四に嚮はしむ。

問 右の文で、使役を表す助字がなくても使役の形に読む理由を考えてみよう。

※「使役を暗示する文字がある場合は、使役に読む。」という説明があるが、あまり現実的ではない。念のために「使役を暗示する」とされる文字の例をあげておく。

命　命じて…（せ）しむ　　勧　勧めて…（せ）しむ

説　説きて…（せ）しむ　　詔　詔して…（せ）しむ

■ステップ６　「使・令」が仮定の意味を表すことがある。しかし、この場合は送り仮名が付いていて、そこから判別できるはずだから、心配は無用である。

只使墜、亦不能有所中傷。

→只だ墜ちしむるも、亦た中傷する所有る能はず。

（もし落ちてきたとしても、人に当たってけがをさせることなどあり得ない。）

但令心似金鈿堅、…（白居易「長恨歌」）

→但だ心をして金鈿の堅きに似しめば、…

（二人の心が、金や螺鈿のように堅くしっかりしてさえいれば、…）

［例文の解説］

■ステップ２

書下 涓人をして千里の馬を求めしむ。

訳 使用人を派遣し、千里の馬を買い求めさせた。

書下 人をして昭王の幸姫の抵り解かんことを求めしむ。

訳 従者を昭王のお気に入りの夫人のもとに送り、釈放を要求させた。

書下 将軍をして臣と郤有らしむ。

訳 将軍と私とを仲違いさせた。

書下 遂に方士をして殷勤に覓めしむ。

訳 すぐに方士に命じて、心を込めて捜し求めさせた。

■ステップ４

書下 不肖の王に使ひせしむ。

訳 愚かな王のもとに使いさせた。

書下 絹二匹を遣らしむ。

訳 絹の反物二匹を贈らせた。

■ステップ５

訳 私は苗を助けて伸ばした。

訳 （騎を）分けて四隊とし、四方面に向かわせた。

句法指導の心得

―四大句法② 受身の形

1 受身の形を学ぶ意味

句法の学習の中で、受身の形が重視されるのはなぜでしょうか。「型」がいくつもあって、教えるのも覚えるのも大変だから、というのは一面的な理由でしかありません。説明のために、『史記』項羽本紀の「四面楚歌」の一節を抜粋してみます。

項王則(チ)夜起(チテ)飲(ス)二帳中(ニ)一。有(リ)二美人一、名(ハ)虞(ぐ)。常(ニ)幸(セラレテ)従(フ)。駿(しゅん)馬(めアリ)、名(ハ)騅(すい)。常(ニ)騎(ルレ)之(ニ)。

右の部分を句法的な視点で観察すると、動詞「幸す」を、「見」「被」「為」などの受身の助字がないにもかかわらず、「幸せらる」と読んでいる点が目を引きます。では、「幸す」を受身に読む根拠は、どこにあるのでしょう。試みに「有(リ)二美人一」以下の部分を、次のように図式化してみます。

有二美人一、	名虞。	常幸従。
駿馬、	名騅。	常騎レ之。

項羽と、彼の最も身近な「従属物」であった「虞」「騅」との関係が、対句によって対比的に示されていることに気づかされます。

ここで、「幸す」の主語を考えてみます。この語と対の関係にある「騎る」の主語が項羽であることは明らかですから、「幸す」の主語も項羽と考えて間違いないはずです。項羽を主語と考えると、「常に幸して従はしむ。」と訓読できます。一方、伝統的な訓読では、「常幸」の主語を虞美人として、「虞美人はいつも寵愛されて、項羽のお供をしていた。」という解釈に立った読みが行われています。

○〈項王を主語として〉
（項王は）常に（虞美人を）幸して従はしむ。

＝使役の助字がないにもかかわらず、「しむ」を添えて「従」を使役の形に読んでいる。
○〈虞美人を主語として〉
（虞美人は）常に（項王に）幸せられて従ふ。

＝受身の助字がないにもかかわらず、「らる」を添えて「幸」を受身の形に読んでいる。


このことからわかるように、使役の形と受身の形とは表裏一体の関係にあり、どちらの形も主語の確定と深く関わるのです。「受身の形はなぜ大事なのか」という疑問に対しては、受身の形への習熟が動作の主体の確認につながるから、と答えることができます。

2 指導の実際

本項でも高校三年生用の「受身の形」の総まとめのプリントを用いて、能率的な指導法を考えてみます。指導時間は、一時間を想定しています。この種のプリントを作る際には、次の四点に注意する必要があります。

1 生徒が作業しながら知識を吸収できるようなワークシートのスタイルに仕上げる。
2 一時間の授業内で完結するように構想する。
3 文例はできるだけ既習の教材から選ぶ。初出の文を掲げる際は、書き下し文と現代語訳を添える。
4 参考書ではないので、瑣末な知識は省く。

次ページに掲げたプリントの内容に従って、受身の形の指導内容を見ていきましょう。

(1) 助動詞「る・らる」の接続の違いを意識させます。

る………四段・ナ変・ラ変の未然形に接続。

らる……それ以外の活用の未然形に接続。


中には「古文の時間じゃないのに……。」とつぶやく生徒もいるかもしれませんが、漢文の訓読は文語訳であることを思い出させる絶好の機会です。

(2) タイプ1では、「見」「被」の順にこだわりましょう。というのは、受身の助字というと真っ先に「被」を想起する生徒が多いのですが、実際には「被」を用いた受身の文は多くありません。ここでも「る・らる」の使い分けを思い出させます。「疑ふ」「逐ふ」「駆る」はいずれも四段に活用しますから、「疑はる」「逐はる」「駆らるる（こと）」と訓読することになります。ただし、「駆らるる」は「駆－らる－る」という錯覚を招きやすいようですから、丁寧な説明が必要でしょう。

(3) タイプ2については、同じ「為」を用いながら、一文目と二文目では「為」の読み方が異なることに疑問を持つ生徒がいるはずです。この疑問に対しては、次のように説明するとよいでしょう。

受身の形　句法シリーズ#02

受身の形とは、「…に…される」という意味を表す形。

基本的な形は、次の四つのタイプに分類される。

文語の助動詞「る・らる」の活用と接続を覚えておくと便利である。

基本形	未然形	連用形	終止形	連体形	已然形	命令形	接続
る							
らる							

■タイプ1　受身の助字「見」「被」を用いる形

薄者見疑。（韓非子）→

吾嘗三仕三見逐於君。（史記）→

被駆不異犬与鶏（杜甫「兵車行」）→

■タイプ2　受身の助字「為」「為所」を用いる形

身為宋国笑。（韓非子）→

厚者為戮。（韓非子）→

若属皆且為所虜。（史記）→

■タイプ3　受身の助字「於」を用いる形

以節倹力行、重於斉。（十八史略）→

秪辱於奴隷人之手。（韓愈「雑説」）→

■タイプ4　文脈から判断して受身に読む

誹謗者族、偶語者棄市。（史記）

→誹謗（ひぼう）する者（もの）は族（ぞく）せられ、偶語（ぐうご）する者（もの）は棄市（きし）せらる。

問 右の文で、受身を表す助字がなくても受身の形に読む理由を考えてみよう。

※「受身を暗示する文字がある場合は、受身に読む。」と説明されることがあるが、あまり現実的ではない。念のために「受身を暗示する」とされる文字の例をあげておく。

封　封（ほう）ぜらる　　任　任ぜらる　　補　補せらる

左遷　左遷せらる　　誅　誅（ちゅう）せらる

●助動詞「る」「らる」の活用と接続

活用…下二段型

基本形	未然形	連用形	終止形	連体形	已然形	命令形
る	れ	れ	る	るる	るれ	○
らる	られ	られ	らる	らるる	らるれ	○

基本形	接続
る	四段・ナ変・ラ変の未然形
らる	右以外の動詞の未然形

[例文の解説]

■タイプ1

書下 薄き者は疑はる。

訳 軽い場合には疑われる。

書下 吾 嘗て三たび仕へ三たび君に逐はる。

訳 私は以前、何度も仕官し、そのたびに主人に追い出された。

書下 駆らるること犬と鶏とに異ならず

訳 （兵士として）駆り出される様子は、犬や鶏と違いがなかった。

■タイプ2

書下 身は宋国の笑ひと為る。（身は宋国に笑はる。）

訳 その人は宋国の笑い者となった。

書下 厚き者は戮せらる。（厚き者は戮するところと為る。）

訳 ひどい場合には殺される。

書下 若が属 皆且に虜とする所と為らんとす。

訳 お前たちの仲間は皆、やがて捕

○身 為二宋 国 笑一。
「身は宋国の笑ひと為る。」が一般的だが、「身は宋国に笑はる。」と訓読することも可能。
○厚 者 為レ戮。
「厚き者は戮せらる。」が一般的だが、「厚き者は戮するところと為る。」と訓読することも可能。ただし、この文はタイプ1の「薄き者は疑はる。」とセットであるため、通常は「戮せらる」と訓読される。

(4) タイプ3でも、「る・らる」の使い分けを確認しましょう。「重んず」はサ変ですから「重んぜらる」と接続し、「辱かしむ」はマ行下二段ですから「辱かしめらる」と接続します。

(5) タイプ4の例文には動詞が複数あり、それぞれの主語は二種類に分類できます。

民が皇帝を「誹謗す」。皇帝が民を「族す」。
民が（皇帝のことを）「偶語す」。皇帝が民を「棄市す」。

使役の項でも触れたように、一文に主語の異なる動詞が二つ存在するという漢文特有の現象が、ここにも見られます。この文では「誹謗者」「偶語者」という形で主格が明示されていますから、二つ目の動詞「族」「棄市」は「族せらる」「棄市せらる」と受身に読むことになります。

なお、プリントにも書いたように、「受身を暗示する文字」については、軽く触れる程度でよいでしょう。

3 使役の形の再確認

ここまで扱った使役の形について、一点だけ補足しておきます。使役の形の訓読を誤って覚える生徒が、例年一定数います。具体例をあげると、「使二人読一。」を「人をして読ませしむ。」と読んだり、「令レ写。」を「写させしむ。」としてしまうのです。

使役の形は、一般に「使二AB一。（AをしてB（せ）しむ。）」とパターン化して説明します。助動詞の「しむ」は未然形接続であり、漢文訓読には「愛す」「論ず」のようなサ変動詞が多く出てくるところから、「B（せ）しむ」と表記するのですが、「動詞の未然形に『せしむ』を添えればよい」と早合点する生徒がいるようです。あるいは、近ごろはやりの「文書を読まさせていただく」のような、「サ入れ」表現の影響があるのかもしれません。

いずれにしても、「せ」を補う意図を丁寧に説明する必要があります。その際、次のような練習問題も有効でしょう。

問 次の各文を訓読せよ。
①范 増 使三項 荘 殺二沛 公一。
②范 増 使三項 荘 殺二害 沛 公一。

「殺す」は四段動詞ですから、「殺さしむ」と接続し、「殺害す」はサ変動詞ですから、「殺害せしむ」と接続します。「殺させしむ」とはならないことを、しっかり認識させたいものです。

虜にされてしまうぞ。

■タイプ3
書下 節倹力行を以て斉に重んぜらる。
訳 倹約をむねとし、力を尽くして励んだので、斉国で重く用いられた。
書下 秖だ奴隷人の手に辱めらる。
訳 使用人の手で粗末に扱われるだけだ。

■タイプ4
訳 （皇帝を）そしる者は一族皆殺しにされ、（道端で）二人で語り合っている者は、死刑にされ、その死体を市中にさらされた。

[解答例]
①范増　項荘をして沛公を殺さしむ。
②范増　項荘をして沛公を殺害せしむ。

句法指導の心得
——四大句法③ 疑問の形

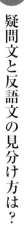

1 疑問文と反語文の見分け方は？

授業で句法を扱うと、きまって「疑問と反語は、どうやって見分ければよいのですか。」と質問する生徒がいます。本講座をお読みの先生方なら、どのようにお答えになるでしょうか。

たとえば次のような答え方は、どうでしょう。

「文末が『…か。』なら疑問文、『…や。』なら反語文と判断できる。」

一見スッキリした説明ですが、不正確です。例を示しましょう。

A 誰耶。（誰ぞや。）〔どなたか。〕（孟棨「人面桃花」）

B 何 謂 也。（何の謂ひぞや。）〔どういう意味か。〕（『論語』里仁）

C 何 為 不 去 也。（何為れぞ去らざるや。）〔どうして（ここから）立ち去らないのか。〕（『礼記』檀弓下）

いずれも文末を「…や。」と読んでいますが、疑問文です。詳しく説明しましょう。

Aは唐代のラブストーリー「人面桃花」の一場面で、門をたたいた崔護に対して、娘が「どなたですか。」と尋ねています。Bでは、孔子の門人たちが曽子に「先生の言われたことは、どういう意味ですか。」と質問しています。Cは、「舅・夫・息子が相次いで虎の被害に遭った。」と語る婦人に対する孔子の問いかけです。いずれも問答の形をなしていますから、疑問文であって反語文でないことは明らかでしょう。「文末が『…や。』だから、疑問文だ。」と即断することは非常に危険です。

では、「疑問と反語の見分け方は？」という質問には、どう答えるべきでしょうか。筆者は常々、次のように説明しています。

まず、疑問文と反語文の使用目的のちがいを考えよう。

疑問文＝相手（時には自分自身）に問いかけ、回答を求めるもの。
反語文＝表面上疑問の形を借りて、文意を強調するもの。

反語文専用形という例外を除けば、一文を単独で挙げ、これは疑問文か反語文かを判断することは、ほぼ不可能である。日本語の例を挙げれば、「今何時ですか。」は、時計が見当たらないという状況では、誰かに時を尋ねる疑問文として機能している。しかし、大事な用件に大幅に遅刻した相手に「今何時ですか。」と言えば、「こんな日に遅刻して、まったく困ったものだ。」という思いを言外に込めたものとなる。つまり、どのような場面で用いられているかが疑問文と反語文の判別の基準になるのであり、参考書などが「文脈で判断する」と説明するのは、このことである。

このように説明すると、大方の生徒は納得します。さらに、「反語文は文意を強調するという性質から、作者や話者の思いや主張、訴えを強く表している場合が多く、読解上重要な箇所と考えてよい。」とつけ加えることで、疑問文と反語文の学習の重要性を再認識させることができるでしょう。

② 疑問・反語の形の学習の前に

授業で疑問文と反語文を学習する際に、いつも奇異に感じることがあります。というのは、文末の疑問の助字の読み方を偏って覚えている生徒が多いのです。

× 乎・与〜「か」と読む。
× 也・耶〜「や」と読む。

事実はそうではありません。文末の疑問の助字「乎・邪・与・也・耶・歟」などは、いずれも「や・か」両方に読む可能性を持っています。そのことを実感させるためには、次のような説明が有効でしょう。「有耶無耶」の語を訓読してみるのです。

有りや無しや　→「や」は終止形に接続
有るか無きか　→「か」は連体形に接続

まずこの点をしっかり飲み込ませた上で、次のように付け加えて安心感を与えるとよいでしょう。

疑問文では、文末の助字を「か」と読む傾向が強い。
反語文では、文末の助字を「や」と読む。

3 疑問の形の学習の実際

本項でも高校三年生用の「疑問の形の総まとめ」のプリントを用います。

疑問の形　　句法シリーズ＃03

疑問とは、相手に問いかけ、回答を期待するもの。

三つのタイプがあるが、文頭の疑問詞と文末に用いられる助字の種類が多い。それらの読みと意味を確実に覚えよう。

■タイプ1　「何・誰・孰」などの疑問詞を用いる形

今是何世。（陶潜「桃花源記」）↓

※「何」は、広く用いられる疑問詞で、単独でも用いられるが、さまざまな語の前に置かれて、慣用句を作る。

「何」を含んだ慣用句の代表的なもの

何也　なんゾや　　何以　なにヲもつテ
何処・何所　いづレノところ　　何時　いづレノとき
何日　いづレノひ　　何為　なんすレゾ
何為者　なんすルものゾ　　幾何　いくばく
何如（・何奈・何若）　いかん
如何・奈何（・若何）　いかん

子行三軍、則誰与。（論語）↓

弟子孰為好学。（論語）↓

※「誰・孰」は、人物について問う疑問詞。「孰」は、「いづれか」と読み、選択疑問を表す場合もある。

花落知多少（孟浩然「春暁」）

爾安敢軽吾射。（帰田録）

沛公安在。（史記）

■タイプ2　文末に「乎・邪・也・与・耶・哉」などの疑問を表す助字を置く形。

石可漱乎。（世説新語）

其真無馬邪、其真不知馬也。（韓愈「雑説」）

然則師愈与。（論語）

※文末に置かれる疑問の助字は、いずれも「や・か」のどちらにも読む。疑問文では「か」と読む傾向が強く、反語文では「や」と読むことが普通だが、それだけが疑問か反語かを見分ける絶対的な基準ではない。「有耶無耶」の訓読「有りや無しや・有るか無きか」を覚えておくと、「や・か」の接続を導きやすい。

■タイプ3　疑問詞と疑問の助字を併用する形

何謂也。（論語）

誰耶。（本事詩）

荆卿豈有意哉。（史記）

【例文の解説】

■タイプ1

書下 今は是れ何の世ぞ。
訳 今は何という時代か。
書下 子（し） 三軍を行（や）らば、則ち誰（たれ）と与（とも）にせん。
訳 先生が大軍を指揮する場合には、誰といっしょになさいますか。
書下 弟子（ていし） 孰（たれ）か学を好むと為す。
訳 門人の中では誰が学問好きか。
書下 花 落つること知る多少
訳 花はどれほど散ったことか。
書下 爾 安くんぞ敢へて吾が射を軽んぜんや。
訳 あなたはどうして私の弓術をあなどったりするのか。
書下 沛公 安くにか在る。
訳 沛公はどこにいるのか。

■タイプ2

書下 石は漱（くちすす）ぐべきか。
訳 石でうがいができるのか。
書下 其れ真に馬無きか、其れ真に馬を知らざるか。
訳 いったいほんとうに名馬がいないのか、それとも、ほんとうに名馬を見抜くことができないのか。
書下 然らば則ち師 愈（まさ）れるか。
訳 それなら、師（子張）が優れているのか。

■タイプ3

書下 何の謂（い）ひぞや。

指導内容を見ていきます。タイプ1は、最も代表的な疑問詞である「何」を中心に説明を進めます。疑問詞の「何」は使途が広く、意味によって次のように読み分けます。

〈「何」の読み分け〉

何	
なに・なん・なんノ	事物を問う
なんゾ	原因・理由を問う
いづレノ	時間・場所を問う
いづクニ・いづクニカ	場所を問う

また、「何」は慣用句を多く作ることも特徴です。特に「何如（いかん）」と「如何・奈何（いかん）」の意味のちがいは、確実に定着させたいものです。

何如＝（…は）どうであるか。状態・程度・性質・可否などを問う

如何・奈何＝（…を）どうするか。どうしようか。手段・方法などを問う

プリントで「何如（・何奈・何若）」「如何・奈何（・若何）」と表記したのは、情報を精選するためです。使用例の多くないものまで覚えさせるのは、非効率的でしょう。「これ以外の『いかん』と読む疑問詞が出てきたら、『何』が上にあるか下にあるかで意味がわかる。」と一言添えることで、安心感を与えられるはずです。さらに、「何如」と「如何・奈何」は、意味を混同して用いている例があることも知らせておくとよいでしょう。

タイプ2では、文末の疑問の助字は「や・か」のどちらにも読む可能性があることを力説しましょう。

これに反して、タイプ3の三つの例文では、文末の疑問の助字の読みは、ほぼ「や」に固定されています。

何の謂ひぞ**や**。

誰ぞ**や**。

荊卿　豈に意有らん**や**。（荊卿　豈に意有り**や**。）

三つ目の例文には「荊卿　豈に意有る**か**。」という読み方もあるものの、一般的ではありません。筆者の知る限りでは、この部分を「意有るか。」と読んでいる教科書は一社だけです。

訓読には長い歴史があります。『史記』を例にとれば、平安時代以来、多くの人たちがその講読や研究、出版に携わってきました。教科書の訓読は、それらをふまえたものです。

繰り返しになりますが、問題にしている箇所は、「荊卿　豈に意有るか。」と読んでも間違いではありません。ここをテストで書き下し文にさせる場合には、「荊卿　豈に意有らん**や**。（荊卿　豈に意有り**や**。）」はどれも正解です。

訳 どういう意味か。

書下 誰（たれ）ぞや。

訳 どなたですか。

書下 荊卿（けいけい）　豈に意有らんや。（荊卿　豈に意有りや。）

訳 荊軻どの、何かお考えがおありか。

句法指導の心得
―四大句法④ 反語の形

1 なぜ反語は大事なのか？

ある予備校の調査によれば、大学入試で最もよく問われる句法は反語の形だそうです。その尻馬に乗って、「だから反語は大事だ。」と主張するつもりは毛頭ありませんが、筆者も句法学習の山場は反語の形だと考えています。なぜ反語の形は重要なのでしょうか。

前項では、反語の重要性についてこう述べました。

> 反語文は文意を強調するという性質から、作者や話者の思いや主張、訴えを強く表している場合が多く、読解上重要な箇所と考えてよい。

疑問文との違いを、このように整理することも可能でしょう。

> 疑問文…疑問や理由を問いただすことが目的。
> 反語文…疑問文の形を借りて、強い感情を表すことが目的。

筆者が受験勉強でお世話になった『漢文研究法』（小林信明著、洛陽社、一九五七年初版）には「（疑問と反語の区別の目やすは）一に感動の意を含んでいるかいないかにある。」との記述がありますが、そそっかしい高校生は「感動の意」の意味を狭くとらえてしまうかもしれません。そこで、筆者は「強い感情」の語を使うようにしています。

反語文が読解上重要であることを示す好例があります。二・三年生向け教科書の定番教材である柳宗元の「捕蛇者説」（唐宋八家文読本）には、三か所に反語の形が出てきます。

a 豈若吾郷隣之旦旦有是哉。〔豈に吾が郷隣の旦旦に是れ有るがごとくならんや。〕
［どうして同郷の人々が、毎日命懸けの危険を冒すのと同じといえようか。］

b 安敢毒耶。〔安くんぞ敢へて毒とせんや。〕
［どうして苦痛に思ったりするだろうか。］

c 孰知賦斂之毒、有甚是蛇者乎。〔孰か賦斂の毒、是の蛇よりも甚だしき者有るを知らんや。」
［いったい誰が、重税を割り当て、厳しく取り立てることの害毒が、この蛇の害毒よりもひどいことを知っているだろうか。］

a・bは、蛇捕りをなりわいとする蔣氏の発言の終末部分にあり、cは、それを受けた地の文の末尾に位置しています。a・bからは、「辛い蛇捕りの仕事も、近隣の人々が日々税の徴収に苦しめられるのに比べれば、ずっとましだ。」という「強い感情」が読み取れます。またcには、「苛斂誅求(かれんちゅうきゅう)の害が、毒蛇の害よりもはなはだしいことを、いったい誰が知ろうか。」という怒りの交じった「強い感情」がこめられています。反語文に注目すれば、その文章の要旨が把握できるともいえそうです。

「捕レ蛇者説」の例は、偶然の条件がそろっての結果かもしれません。しかし、反語文によって作者や話者の「強い感情」が読み取れることは、疑いようのない事実です。

2 反語はどう訳すか？

疑問と反語の見分け方と並んで生徒が苦労するのは、疑問文と反語文の訳し分けのようです。筆者が「疑問と反語は形が同じことがポイントなのだから、どちらも『どうして〜か。』でよいのだ。」と説明しても、なかなか納得してもらえません。「反語の場合は、『どうして〜か。いや、〜ではない。』式に当てはめればよいではないか。」とお考えの向きもあるでしょうが、「いや、〜ではない。」を添えただけでは「強い感情」を表したことになりませんし、そもそも現実的な言葉遣いではありません。

では、どうすれば「いや、〜ではない。」を用いずに、平易な現代語訳を作れるでしょうか。

○安クンゾ求メン二其ノ能ノ千里ナルヲ一也。（韓愈・雑説）［安くんぞ其の能の千里なるを求めんや。］
［どうして千里を走る能力を望むことができるだろうか、いや、できない。↓　望めるわけがない。］

○故郷何ゾ独リ在ルノミナランヤ二長安ニ一（白居易「香炉峰下、新ト二山居一草堂初成、偶題二東壁一」）［故郷何ぞ独り長安に在るのみならんや。］
［故郷はどうして長安だけにあるだろうか、いや、そうではない。↓　どこにでもあるのだ。］

このように、反対の内容を示すことで、強調したい真意が明確になります。続いて、代表的な疑問詞である「何」を含んだ反語文を例にあげて、反語文らしい現代語訳を探ることにします。

○我何ノ面目アリテ見まみエンレ之ニ。（史記、項羽本紀）［我何の面目ありて之に見(まみ)えん。］
［私はどんな顔で彼らとお会いできようか。］

○何辞為。（史記、項羽本紀）〔何ぞ辞せんや。〕

〔別れの挨拶などしていられるものか。〕

また、反語の強い感情を表すという使用目的に照らせば、次のような現代語訳も可能でしょう。

○帝力何有於我哉。（十八史略、巻一、五帝）〔帝力何ぞ我に有らんや。〕

〔天子様のお力などわしらにはなんの関係もない。〕

○精神一到、何事不成。（朱子語類）〔精神一到、何事か成らざらん。〕

〔精神を集中すれば、どんなことでもできないことはない。〕

3 反語の形の学習の実際

本項でも、高校三年生の授業で用いている「反語の形」の総まとめのプリントをご紹介します。用例はすべて既習のもので、初見の白文を読むことを目標にしているわけではありません。授業では教師が訓読を示し、生徒はそれに従って返り点と送り仮名を付していきます。前項の疑問の形のプリントと異なり、例文にはすべて現代語訳を添えています。反語の現代語訳に迷う生徒への配慮からです。

タイプ4は、疑問と反語、反語と詠嘆はまったく別物であるという認識を持った生徒には、やや受け入れがたい内容かもしれません。その際には、次のような例を使った説明も有効でしょう。

「君がA大に合格したって。」

1　ふつうに言えば、疑問文になる。

2　「まさか、ウソだろう」という気持ちをこめて言えば、反語文になる。

3　「すごいなあ」という気持ちをこめて言えば、感嘆文になる。

（『漢文語法ハンドブック』江連隆著、大修館書店、一九九七年）

反語の形　句法シリーズ＃04

訴え、怒り、嘆き、悲しみなどの強い感情を表すために用いる修辞的な表現である。表面上疑問の形を用いることが特徴で、否定の語を含むものは肯定を表し、そうでないものは否定を表す。

「疑問の形」で取り上げた疑問詞や助字は、多くの場合反語の形でも用いられる。したがって、疑問と反語との区別は基本的には文脈で判断するしかない。

■タイプ1　文頭に疑問詞を用いる形

反語の形は、次の例のように「どうして辞退しようか。」と表面上疑問の形をとりながら、「辞退するつもりはない。」という強い感情を表す。この場合、現代語訳は「辞退などしない。」としてもよい。

卮酒安足辞。（史記）

訳　大杯の酒など、どうして辞退いたしましょう。（辞退などいたしません。）

我何面目見之。（史記）

訳　私はどんな顔をして彼らにお会いできようか。（彼らに向ける顔などない。）

割鶏焉用牛刀。（論語）

訳　鶏を料理するのに、どうして牛刀を使う必要があろうか。（牛刀を使う必要は、まったくない。）

■タイプ2　疑問詞と文末の助字を併用する形

反語の形は、文頭に「安・豈・何・誰」などの疑問詞を置き、文末には「哉・乎・耶」などの助字を置くことが多い。

安敢毒耶。（柳宗元「捕蛇者説」）

訳　どうして苦痛に思ったりするだろうか。（少しも苦痛ではない。）

豈若吾郷隣之旦旦有是哉。（柳宗元「捕蛇者説」）

訳　どうして同郷の人々が毎日命懸けの危険を冒すのと同じといえようか。（それとは到底比較にならない。）

此何遽不為福乎。（淮南子）

訳　これがどうして福に転じないことがあろうか。（必ず福に転じる。）

得非君殺之耶。（本事詩）

訳　あなたが我が娘を殺したのではないといえようか。（あなたが殺したのだ。）

■タイプ3　反語専用の形

次の二例は特殊で、反語の専用形である。疑問の用例はない。

籍独不愧於心乎。（史記）

訳　私はどうして心に恥じたりしようか。（心に深く恥じずにはいられない。）＊注「籍」は、項羽の名。

百獣之見我而敢不走乎。（戦国策）

訳　獣たちが私を見たら、どうして逃げないだろうか。（必ず逃げるにちがいない。）

■タイプ4　詠嘆の意味を含んだ反語の形

次の二例は、詠嘆の意味を含んだ反語の形で、「なんと～ではないか。」と訳してよい。

学而時習之、不亦説乎。（論語）

訳　（礼を）学び、その内容を機会あるごとに復習するのは、なんとまあ喜ばしいことではないか。

是何楚人之多也。（史記）

訳　なんとまあ楚出身の兵士の多いことよ。

■タイプ5　再読文字の「盍」も、実は反語の意味を表す

「盍」は、「何不」の合字。したがって、「盍ぞ～ざる」と訓読することになる。再読文字としての側面だけを意識しやすいが、反語の意味であることを忘れてはならない。

盍各言爾志。＝何不各言爾志。（論語）

訳　どうしてめいめいの志望を言わないのか。（めいめいの志望を言ってごらん。）【勧誘の意味】

盍反其本矣。＝何不反其本矣。（孟子）

訳　どうしてその根本に立ち返らないのか。（その根本に立ち返るべきだ。）【詰問の意味】

［例文の解説］

■タイプ1

書下 卮酒（ししゅ）安（いづ）くんぞ辞するに足らん。

書下 我 何の面目ありて之に見（まみ）えん。

書下 鶏を割くに焉（いづ）くんぞ牛刀を用ゐんや。

■タイプ2

書下 安（いづ）くんぞ敢へて毒とせんや。

書下 豈（あ）に吾が郷隣の旦旦に是れ有るがごとくならんや。

書下 此れ何遽（なん）ぞ福と為らざらんや。

書下 君 之を殺すに非ざるを得んや。

■タイプ3

書下 籍独り心に愧（は）ぢざらんや。

書下 百獣の我を見て敢へて走らざらんや。

■タイプ4

書下 学びて時に之を習ふ、亦た説（よろこ）ばしからずや。

書下 是れ何ぞ楚人の多きや。

■タイプ5

書下 盍（なん）ぞ各（おのおの）爾（なんぢ）が志を言はざる。

＝何ぞ各爾が志を言はざる。

書下 盍ぞ其の本に反らざる。

＝何ぞ其の本に反らざる。

再び句法指導の心得
——否定・禁止の形① 否定詞の種類と用法

1 句法との向き合い方

本項では、否定・禁止の形を扱うことにします。ここで、句法指導にあたっての筆者の考え方を整理しておきます。

1 句法さえ知っていれば漢文は読めるという考え方は誤りである。句法学習の優先順位は高くない。
2 漢文学習の第一段階は、訓読に慣れること。
3 第二段階は、漢字の意味に注目し、普段使っている漢字に様々な意味があることを実感すること。重要語（特に多義語）については、基本的な意味をマスターする。
4 第三段階は、漢文の語順には法則性があることを知ること。身近な熟語を訓読することで、漢文の語順を実感できる。
5 句法の学習は、次の第四段階。使役・受身・疑問・反語の「四大句法」を優先して扱う。
6 「四大句法」以外の句法は、重要度に応じて扱いにめりはりをつける。形の名前と意味が一致している限定の形や詠嘆の形などは、生徒の自学自習に任せてよい。
7 教師自身が句法学習の意義を理解し、句法と適切に向き合うことが求められる。

本項で扱う否定・禁止の形は、「四大句法」には含まれません。この形は名称によって意味が推定できることから、教室で扱う必要はないとの意見もあるでしょう。しかし、筆者は時間に余裕があれば、ぜひ扱いたいと考えています。その理由を示しましょう。試みに、教室で生徒に次の熟語と地名を訓読させてみます。

問 次の熟語を訓読せよ。

①有線 → ②無線 →
③無論 → ④勿論（もちろん） →
⑤勿来（なこそ）（福島県いわき市の地名） →

[解答例]

①線有り
②線無し
③論無し
④論勿し
⑤来たる勿かれ

この場面は訓読の練習ですから、「線が有る」「線が無い」は不正解とします。この点をクリアできたとしても、「勿論」を「論勿し」と訓読できる生徒は、実は少ないのです。「勿論」は、誰でも知っていて、日常的に使用する言葉でありながら、「勿」が否定詞であることを認識している生徒は、多くありません。また、「勿」は「なカレ」としか読まないと思い込んでいる生徒も、少なからずいます。

「勿来」という地名に至っては、ほとんどの生徒がお手上げです。ヒントは、古文の時間に得た「な来そ」＝「来てはいけない」という知識です。「勿」は否定詞だから、下の「来」を先に訓読するはずだと気づけば、「来る勿かれ」という訓読には到達できるでしょう。ここに、漢文の訓読ではカ変の「来」は用いず、ラ行四段の「来たる」を用いるという知識を重ねることで、ようやく「来たる勿かれ」という正解にたどり着けるのです。

以上を整理すると、「勿論」や「勿来」を正しく訓読するためには、次の三種の知識を動員しなければならないことがわかります。

① 「勿」は否定詞で、「〜なシ」または「〜（スル）なカレ」と訓読する。

② 否定詞は下の語を先に訓読するので、「勿」は「論」や「来」の後に読まれる。

③ 「来」は、訓読の約束事で、「く」ではなく、「きタル」と読む。

否定・禁止の形を扱う場合には、パターンを整理するだけではなく、訓読の基本である漢字の意味・読みと語順を再確認する必要も生じます。次ページに示す授業プリントは、その点に留意して作成しています。

2 指導上の留意点

プリントの内容に沿って、指導上の要点を説明します。

■ステップ1　否定詞の位置を確認する

漢字仮名交じりに書き下した文を、もとの漢文に復元することを復文といいます。復文は、現行の学習指導要領では推奨されていません。しかし、授業にごく簡単な復文作業を取り入れることは、漢文の語順を確認する上で効果的です。

春眠　暁を覚えず　→　春 眠 不 覚 暁

親朋　一字無し　→　親 朋 無 一 字

七十連勝目前で涙を呑んだ大横綱は、その時の心境を「吾未木鶏為得不」と揮毫したそうです。生徒の解答にも、そのような誤答が見つかるでしょう。「返読文字」という仰々しい語はあまり使いたくありませんが、「否定の『不』や『無』は、必ず下から返って読むので、返読文字ということがある。」とサラリと説明してもよいかもしれません。

設問にした「可杯」は、底に小さな穴が空いていたり、底がとがっていたりして、飲み干すまで下に置けない杯をいう

●「来」と「来タル」の活用

〔カ行変格活用〕
・「来」一語と、その複合語。
・語幹とその活用語尾の区別がない。

基本形	未然形	連用形	終止形	連体形	已然形	命令形
来	こ	き	く	くる	くれ	こ こよ

〔四段活用（ラ行）〕
・「来タル」

基本形	未然形	連用形	終止形	連体形	已然形	命令形
来たる	・ら	・り	・る	・る	・れ	・れ

否定・禁止の形 1　句法シリーズ#05

漢文には否定詞が多く出てくる。たとえば韓愈の「与㆓于襄陽㆒書」という文章では、三十六文中、三十四の文に「不・非・無・莫・未」のいずれかが使われている。漢文攻略には否定詞の理解が欠かせない。

■ステップ1　否定詞の位置を確認する

漢文の否定文は日本語と語順が異なり、否定詞は動詞や形容詞などの述語の前に置かれる。

不ㇾ入㆓虎穴㆒、不ㇾ得㆓虎子㆒。（後漢書）
有ㇾ備無ㇾ患。（書経）

※否定詞は、訓読では下から返って読まれる。そのため、返読文字と呼ばれることがある。

否定詞以外の返読文字には、次のものがある。この機会に返読文字としての読みを確認しておこう！

有　多　少　難　易　可　以　自・従　使・令・教・遣
見・被　如・若　能　欲　雖　為　所　……

問 落語に出てくる「可杯（べくはい・べくさかづき）」とはどんなものか、推理してみよう。

■ステップ2　否定詞の数々を知る

漢文の否定詞は種類が多い。代表的なものの音訓と意味を知っておこう。

問 表中④～⑨の字音を比較して、どのようなことに気づいたか。

否定詞	呉音	漢音	読み方	主な意味
①不	フ	ブ	～（セ）ず	～しない。～でない。
②弗	ホチ	フツ		
③非（匪）	ヒ	ヒ	～（ニ）あらズ	～でない。
④無	ム	ブ	～なシ ～（スル）なカレ	～がない。 ～するな。・～してはいけない。〔禁止〕
⑤莫	マク	バク		
⑥勿	モチ	ブツ		
⑦毋	ム	ブ		
⑧亡	モウ	ボウ	～なシ	～がない。
⑨未	ミ	ビ	いまダ～（セ）ず	まだ～ない。～しない。～でない。（「不」と同じ。）
			いまだシ	まだである。
⑩盍	ゴウ	コウ	なんゾ～（セ）ざル	～してはどうか。〔勧誘〕 どうして～しないのか。〔詰問〕

①吾嘗終日不食、終夜不寝、以思。（論語）
②舎其路而弗由。（孟子）
③我非生而知之者也。（論語）
（我心匪石、不可転也）（詩経）
④無恒産者無恒心。（孟子）
⑤吾盾之堅、莫能陥也。（韓非子）
⑥棄捐勿復道、努力加餐飯（文選）
⑦趙王恐秦、欲毋行。（史記）
⑧人皆有兄弟、我独亡。（論語）
⑨至誠而不動者、未之有也。（孟子）
不善之人、未必本悪。（後漢書）
「学詩乎。」対曰、「未也。」（論語）
⑩盍各言爾志。（論語）〔勧誘〕
王欲行之、則盍反其本矣。（孟子）〔詰問〕

〔例文の解説〕

■ステップ1

書下 虎穴に入らずんば、虎子を得ず。

訳 トラの住んでいる穴に入っていかなかったら、トラの子を手にすることはできない。

書下 備へ有れば患ひ無し。

訳 準備を十分にしていれば、心配はいらない。

■ステップ2

書下 吾嘗て終日食らはず、終夜寝ねず、以て思ふ。

訳 私はある時、一日中食物を取らず、一晩中寝もしないで、思索をめぐらしたことがあった。

書下 其の路を舎てて由らず。

訳 従うべきである義を捨てて、それに従おうとしない。

書下 我は生まれながらにして之を知る者に非ざるなり。

訳 私は生まれつき何かを知っているわけではない。

書下 我が心 石に匪ず、転ずべからず

訳 私の心は石ではないから、転がすことはできない。

書下 恒産無き者は恒心無し。

訳 一定の職業に就いていない者には、一定の道義心はない。

書下 吾が盾の堅きこと、能く陥す莫きなり。

そうです。「可」は漢文や候文（そうろうぶん）では必ず上にあって下に置けないところからの命名で、江戸時代の人々の教養と洒落っ気がうかがえます。生徒に命名の由来を推理させてみてはいかがでしょうか。

■ステップ2　否定詞の数々を知る

「罔（なシ）」や「末（なシ）」などの特殊なものは別にして、ここに挙げた文字群は、確実に押さえておきたいものです。

「不」は、漢文訓読用の活用表を書かせてみましょう。ず漢文訓読では、連体形の「ぬ」や已然形の「ね」は用いません。したがって、「ず」の活用表は次のようになります。

〈助動詞「ず」の活用〉

基本形	意味	未然形	連用形	終止形	連体形	已然形	命令形	接続
不（ず）	否定	ざラ	ず ざリ	ず	ざル	ざレ	ざレ	活用語の未然形

訓読によく出てくる「ずンバ」という形は、連用形の「ず」に係助詞「は」が付いた「ずハ」が転じたもので、仮定条件を表します。一方、已然形の「ざレ」に接続助詞「ば」が付いた「ざレバ」も、訓読では仮定条件を表すことがあり、生徒は混乱するようです。表面的な読みから安易に解釈することがないように、注意を喚起しましょう。

以前の項でも述べましたように、①～⑩の例文は既習の教材を中心に選んでいます。生徒になじみのない例文を挙げる場合は、意味がわかりやすい形で引用します。「未（いまダシ）」の例文として「未也。」だけを載せるのは、不親切でしょう。授業では、教師が例文を読み、生徒が聞き取って返り点と送り仮名を書き込むという形で進めます。難しい例文には、適宜現代語訳も添えます。

なお、「表中④～⑨の字音を比較して、どのようなことに気づいたか。」という設問には、「無・莫・勿・毋・亡・未」の字音が似通っていることに気づかせるねらいがあります。この六字は、呉音がm-、漢音がb-で始まることが共通で、古代は発音が近かったことが想像できます。「小笠原諸島の英語名がBonin islandsなのはなぜか?」と質問して、興味を持った生徒に調べさせるのもよいでしょう。

■ステップ3　否定詞を用いた句形に習熟する

(1)部分否定の形

部分否定か全部否定かは、否定詞の位置によって決まります。「副詞に『ハ』や『シモ』が付いているから部分否定だ。」と短絡的に考える生徒には、「不倶戴天」を「倶に天を戴かず」と訓読している辞典が多くあることを知らせて、誤解を解く必要があります。

「不復～」の形については議論があるところですが、一度目はどうだったかを吟味して意味を決めるのは、生産的ではありません。「不復～」は便宜的に部分否定の項に置かれているだけで、「それきり～しない」「もう二度とは～しない」と解釈して差し支えありません。

訳 私の盾の堅いことといったら、突き通すことのできる武器はない。

書下 棄捐（きえん）して復た道（い）ふこと勿からん、努力して餐飯を加へよ

訳 あなたに捨てられたなどとはもう申しません、（ただあなただけは）お元気でいてください。

書下 趙王 秦を恐れ、行くこと毋からんと欲す。

訳 趙王は秦を恐れて、行くのをやめようと思っていた。

書下 人皆兄弟有り、我独り亡し。

訳 人には皆兄弟がいるのに、私だけにはいない。

書下 至誠にして動かざる者は、未だ之れ有らざるなり。

訳 この上ない真心を尽くしても人を感動させないということは、まだあったためしはない。

書下 不善の人も、未だ必ずしも本より悪ならず。

訳 悪いことをする人も、もともと悪人だったわけではない。

書下 「詩を学びたるか。」と。対（こた）へて曰はく、「未だし。」と。

訳 （孔子）「詩を学んだか。」と。（息子の鯉（り）は）「まだです。」とお答えした。

書下 盍ぞ 各（おのおの） 爾（なんぢ）が志を言はざる。

訳 お前たちそれぞれの志を述べてみなさい。

書下 王 之を行はんと欲すれば、則ち盍ぞ其の本に反らざる。

(2)二重否定の形

「否定詞が二つ使われているから二重否定だ。」と早合点する生徒がいます。この場合は、次のように板書することで、否定詞が否定する範囲を確認できます。

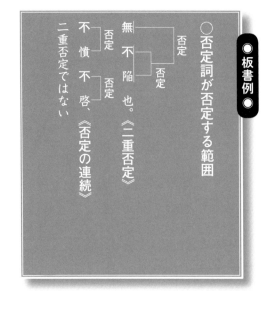

◉板書例◉

○否定詞が否定する範囲

無（否定）不（否定）陥也。《二重否定》

不（否定）憤　不（否定）啓、《否定の連続》

二重否定ではない

(3)禁止の形

ここでは否定の形のバリエーションとして扱っていますが、禁止の形を独立させて扱うことも可能です。

「無・莫・勿・毋」以外の否定詞が「なカレ」と読まれる例はないことから、禁止の形に用いられるのは「無・莫・勿・毋」の四字と限定してよいでしょう。

訳 王様、このことを実行しようとなさるなら、どうしてその根本に立ち返ろうとなさらないのか。

再び句法指導の心得

——否定・禁止の形② 部分否定と二重否定

1 否定詞を用いたさまざまな句形

前項では句法プリント#05「否定・禁止の形1」を使って、ステップ1「否定詞の位置を確認する」とステップ2「否定詞の数々を知る」の指導内容を確認しました。

本項では45ページに示す句法プリント#06「否定・禁止の形2」によって、否定詞を用いたさまざまな句形の指導ポイントについて考えてみます。

2 指導上の留意点

①部分否定の形

プリントでも強調しているように、副詞に「ハ」や「モ」が添えられているから部分否定だ、と考えるのは誤りです。「不倶戴天」を「倶には天を戴かず」ではなく、「倶に天を戴かず」と訓読している辞典や書籍は、現在でも少なくありません。「倶に」と読んだら間違いだ、とはいえないのです。副詞の送り仮名によって部分否定と全部否定を読み分けるのは、教育上の配慮に過ぎません。

部分否定か全部否定かは、語順によって決まります。次のような説明によって、理解を促しましょう。

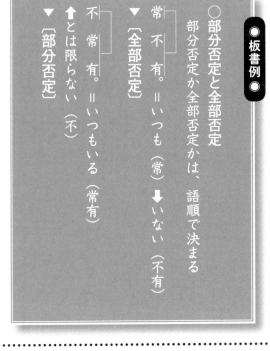

◎板書例◎

○部分否定と全部否定
部分否定か全部否定かは、語順で決まる
常不有。＝いつも（常）⬇いない（不有）
▼〔全部否定〕
不常有。＝いつもいる（常有）
⬆とは限らない（不）
▼〔部分否定〕

なお、「不復」の形については、「復不」の形がほとんど見当たらないために、わざわざ部分否定と全部否定の別を考える必要はありません。「一度目にできたかどうか」などという区別は不要であり、「それきり〜しない、もう二度とは〜しない」と訳せれば十分です。

②二重否定の形

二重否定の形は比較的理解しやすいものですが、紛らわしい形があるので、次のように説明します。

◉板書例◉

○二重否定の形

二重否定は、否定詞を含んだ部分をさらに否定する

非　不　悪　寒　也。

=寒さをきらわない（不悪寒）のではない（非）。

▼〈二重否定〉

否定詞が連続しているだけでは、二重否定とはいえない

不　憤　不　啓、不　悱　不　発。

=憤しない（不憤）場合は、啓しない（不啓）、悱しない（不悱）場合は、発しない（不発）。

▼〈二重否定ではない〉

③禁止の形

否定詞のうち「無」「莫」「勿」「毋」の四字は、命令形で「なカレ」と読んで禁止の意味を表します。ここで注意すべきは、禁止専用の語があるわけではなく、文脈に即して否定か禁止かに読み分けるという点です。たとえば「己所レ不レ欲、勿レ施二於人一。」は、「己の欲せざる所、人に施すこと勿し。」と訓読することも可能です。しかし『論語』では、弟子の子貢に終身実行するにふさわしい言葉を問われた孔子が、それは「恕（思いやり）」であるとし、「恕」の具体的な説明としてこの言葉を述べています。目の前の人物に対して、「〜してはいけない」と諭したりとがめたりする場面では、「〜する勿かれ」と読む必要が生じるのです。

なお瑣末なことですが、書き下し文で「なかれ」を漢字で書くか仮名書きするか迷う生徒には、「『なかれ』は、形容詞『なし』の命令形だよ。（助詞・助動詞として読んでいるわけではないから、漢字で書こう。）」と一言アドバイスすることも有効です。

〈形容詞「勿」の活用〉

〔ク活用〕

基本形	未然形	連用形	終止形	連体形	已然形	命令形
勿し		・く	・し	・き	・けれ	
	・から	・かり		・かる		・かれ

［例文の解説］（45ページ）

■ステップ3

書下 常には有らず。**訳** いつもあるわけではない。

書下 常に有らず。**訳** いつもない。

書下 倶には天を戴かず。**訳** 同じ天のもとにいっしょにはいない。

書下 倶に天を戴かず。**訳** 同じ天のもとに二人ともいない。

書下 必ずしも備はらず。**訳** 備わっているとは限らない。

書下 必ず備はらず。**訳** きっと備わっていない。

書下 兎 復た得べからずして、身は宋国の笑ひと為る。**訳** ウサギは二度とは手に入れることができず、その人は宋国中の笑い者になった。

書下 黄鶴 一たび去りて復た還らず、白雲千載 空しく悠悠 **訳** 黄色いツルはひとたび飛び去るとそれっきり返ってくることはなく、白雲だけが千年も変わらぬ姿で、

■ステップ3　否定詞を用いた句形に習熟する

(1) 部分否定の形

部分否定か全部否定かは、否定詞の位置によって決まる。「ハ」や「シモ」があるから部分否定だ、と考えるのは短絡的だ。

［不常有。　部分否定
［常不有。　全部否定

［不倶戴天。　部分否定
［倶不戴天。　全部否定
※「倶に天を戴かず。」と読んでいる辞書もある。

［不必備。　部分否定
［必不備。　全部否定

兎不可復得、而身為宋国笑。（韓非子）
黄鶴一去不復還、白雲千載空悠悠　（崔顥「黄鶴楼」）
来此絶境、不復出焉。（陶潜「桃花源記」）
※「不復～」の形は、対応する「復不～」の形がほとんど見当たらないために、あえて部分否定・全部否定と区別する必要はない。「それきり～しない、もう二度とは～しない」と訳す。

(2) 二重否定の形

否定詞を二度用いた形。多くは強い肯定を表している。
士不可以不弘毅。（論語）
非不悪寒也。（韓非子）
吾矛之利、於物無不陥也。（韓非子）
偶有名酒、無夕不飲。（陶潜「飲酒」序）

※次のものは、形が似ているが二重否定ではない。要注意！
不憤不啓、不悱不発。（論語）
無貴無賤、無長無少、道之所存、師之所存也。（韓愈「師説」）

(3) 禁止の形

否定詞「無・莫・勿・毋」は、命令形で「なカレ」と読み、禁止の意味に用いられる。「～スルコトなカレ」の形で読む。「コト」を省いて「～スルなカレ」と読んでもよい。
寧為鶏口、無為牛後。（十八史略）
酔臥沙場君莫笑、古来征戦幾人回　（王翰「涼州詞」）
己所不欲、勿施於人。（論語）
毋友不如己者。（論語）

(4) 否定詞を用いた慣用表現

○「不能」と「不得」
食之不能尽其材。（韓愈「雑説」）
※「不能～」は、（能力がなくて）～できない、の意。
荘不得撃。（史記）
※「不得～」は、（機会に恵まれずに）～できない、の意。

○「不敢」と「敢不」
昆弟妻嫂、側目不敢視。（十八史略）
※「不敢～」は、～する勇気がない、思い切って～しようとはしない、の意。
百獣之見我、而敢不走乎。（戦国策）
※「敢不～」は、「敢へて～（せ）ざらんや」と読む反語専用の形で、～せずにいられようか、きっと～する、の意。

はるかな大空にぽっかり浮かんでいる。

書下 此の絶境に来たり、復た出でず。訳 この世間と隔絶したところにやって来て、それ以来二度と外へ出ていない。

書下 士は以て弘毅ならざるべからず。訳 道に志す者は、心が大きく強くなければならない。

書下 寒きを悪まざるに非ざるなり。訳 寒いのをいやだと思わなかったわけではない。

書下 吾が矛の利きこと、物に於いて陥さざる無きなり。訳 私の矛の鋭いことといったら、どんなものでも突き破らないことはない。

書下 偶 名酒有り、夕べとして飲まざるは無し。訳 たまたま良い酒が手に入ると、どんな夜でも飲まないことはなかった。

書下 憤せずんば啓せず、悱せずんば発せず。訳（理解しようと）苦しみ憤らなければ教え導かないし、（表現できずに）口ごもるようでなければ教え導かない。

書下 貴と無く賤と無く、長と無く少と無く、道の存する所は、師の存する所なり。訳 身分の上下に関係なく、年齢の多少にも関係なく、道理の存在するところには師が存在する。

書下 寧ろ鶏口と為るも、牛後と為る無かれ。訳 小さなものであって

④否定詞を用いた慣用表現

「不能」と「不得」のちがいは、次の例文によって明らかになるでしょう。

項荘抜レ剣起舞。項伯亦抜レ剣起舞、常以レ身翼二蔽沛公一。荘不レ得レ撃。（史記、項羽本紀）

「鴻門の会」の最も緊迫した場面です。項荘は、范増が腕を見込んだ若者ですから、「力がないために沛公を撃つことができなかった」はずはありません。項伯が身を挺して沛公を守ったために、「チャンスに恵まれずに沛公を撃つことができなかった」のです。

「不敢〜」の解釈を参考書や問題集で見ると、二とおりあることに気づきます。どちらが妥当でしょうか。

▼〜する勇気がない。〜しようとはしない。
▼けっして〜しない。

「不敢〜」は「敢〜（勇気を出して〜する）」を否定した形ですから、「けっして〜しない」と解釈することはできません。筆者は次のように説明して生徒の理解を得ています（↓板書例）。

「告白」は、ありのままに言う、正直に言う、の意ですから、現代語の「愛の告白」も、その延長線上にあると考えてよいでしょう。断られたらどうしようかと悩みつつ、勇気をふるっての行動が「敢告白。」なのです。しかし、告白の勇気が持てない時、思い切った行動が取れない時には、「不二敢告白一。」となってしまいます。先ほどまで思い詰めていた人物が、急に「けっして告白しない」という心情に変わるものでしょうか。「不敢〜」を「けっして〜しない」と解釈することが、不適切であるのは明白です。

「敢不〜」は、多くの文例によって反語表現であることが明らかにされています。ただし、一般の反語表現と異なり、否定詞を含んでいる点が「敢不〜」の特徴です。うまく訳せない生徒には、「否定詞を含んだ反語表現は、『必ず〜する』『きっと〜する』という肯定の意味になる。」と丁寧に補足する必要があるでしょう。

◉板書例◉

○「不敢」と「敢不」
敢告白。＝勇気をふるって（思い切って）告白する。
不二敢告白一。＝告白する勇気がない。思い切って告白しようとはしない。
↓ 告白したりはしない。
×けっして告白しない。
無二敢告白一。＝告白しようとしてはいけない。
×けっして告白するな。
敢不二告白一。＝告白せずにいられようか。きっと告白する。 ＊「敢不〜」は、反語専用の形。

…………………………………………

もその頭となるのがよく、大きなものの下についてはならない。
書下 酔ひて沙場に臥す 君笑ふこと莫かれ、古来征戦 幾人か回る
訳 酔って砂漠の戦場に倒れ伏したとしても、諸君、どうか笑わないでくれたまえ、昔からこの地に出征して、無事生還した人がどれだけいるだろうか。
書下 己の欲せざる所、人に施すこと勿かれ。**訳** 自分がいやに思うことは、他人にさせてはいけない。
書下 己に如かざる者を友とする毋かれ。**訳** 自分より劣った者を友としてはいけない。
書下 之を食ふに其の材を尽くさしむる能はず。**訳**（千里の馬を飼育する人が無能なために、）千里の馬を飼うのにも、その才能を存分に出し尽くすようにさせてやれない。
書下 荘 撃つことを得ず。**訳**（項伯が沛公をおおいかばったため、）項荘は沛公を撃つことができなかった。
書下 昆弟妻嫂、目を側めて敢へて視ず。**訳** 兄弟や妻、兄嫁は、目をそらしてまともに見ようとはしなかった。
書下 百獣の我を見て、敢へて走らざらんや。**訳** 獣たちは私を見て、どうして逃げないことがあろうか。

訓読が意味まで表す句法の指導

―①比較・選択の形／仮定の形／詠嘆の形

1 三つの句法の共通点

句法の指導もいよいよ最終段階に入りました。ここからは、ここまで扱わなかった句法の指導ポイントを確認することとします。まず本項では、比較・選択の形、仮定の形、詠嘆の形の三つを取り上げます。

この三つの句法には、ある共通点があります。たとえば「…よりも」「…に如(し)かず」と訓読できれば、比較・選択の意味であることにすぐに気づきます。同様に、「如(も)し…」「苟(いやし)くも…」と読めれば、わざわざ仮定の形と確認するまでもないでしょう。「嗚呼(ああ)…」「…かな」と出てくれば、詠嘆の形であることは一目瞭然です。今回の三つの句法の共通点は、訓読から意味を容易に推測できることです。

まずは、49ページの授業プリントをご覧いただきます。

2 指導上の留意点

①比較・選択の形

タイプ1は、厳密に言えば比較の形です。指導のポイントを三点あげます。

(1)「如」と「若」は通用する。

既に何度も触れたことですが、「如」と「若」の読みと意味は、次の表のような共通点を持っています。

〈「如」と「若」は双生児〉

如	若
ごとし	
如(し)く	若(し)く
如(も)し	若(も)し
如(ゆ)く	若(なんぢ)

表中で漢字とひらがなを使い分けたのは、書き下し文対策です。ここでは、頻度の低い「如(も)しくは・若(も)しくは」は省略しています。

[例文の解説]（49ページ）

(1)

■タイプ1　書下 苛政は虎よりも猛なり。訳 むごい政治の害は、トラに食い殺される被害よりもひどいものだ。

書下 礼は其の奢(おご)らんよりは、寧ろ倹なれ。訳 礼は、贅沢に派手に行うよりも、倹約して質素に行え。

書下 百聞は一見に如かず。訳 他人から百回聞くよりは、たった一度でも自分の目で見た方が正しく知ることができる。

書下 六国従親(しょうしん)して、以て秦を擯(しりぞ)くるに若くは莫し。訳 六か国が南北に同盟して、秦を追い払うにこしたことはない。

書下 未だ吾が賦を復する不幸の甚だしきに若かざるなり。訳 私の租税をもとどおりにする不幸のひどさには及ばない。

書下 寧ろ鶏口と為るも、牛後と為ること無かれ。訳 小さなものであってもその頭(かしら)となるのがよく、大きなものの下についてはならない。

■タイプ2　書下 創業と守成と孰(いづ)れ

(2)「A如レB」の否定形が「A不レ如レB」である。

「ごとし」と「しかず」は読み方がまったく異なりますから、生徒が気づかないのも無理はありません。丁寧な説明が必要です。

◎板書例◎

○「ごとし」と「しかず」
「A如レB」を否定すると「A不レ如レB」になる

A如レB　＝AはBに似ている。
A不レ如レB＝AはBに似ていない
　　　　　→AはBに及ばない。
　　　　　　AよりBのほうがよい。
　　　　　　AよりBのほうが程度が重い。

※混乱してA・Bの優劣がわからなくなったら、「百聞不レ如二一見一。」の例文を思い出そう！

(3)「A不レ如レB」を解釈する時は、訳語を慎重に選ぶ。

柳宗元の「捕レ蛇者説」の学習で、多くの生徒は「未レ若下復二吾賦一不幸之甚上也。」の文の解釈に苦労します。以前に否定の形の項で触れたように、この「未」は「まだ」の意を含まず、「不」に置き換えることが可能です。したがって、この文も「A不レ如レB」のパターンに当てはめれば、さして苦労することなく解釈できるはずですが、現実はそうではありません。

解釈に悩む生徒は、「AよりBのほうがよい」にそのまま落とし込んで解釈しようとしているようです。このような生徒には、次のような説明が有効です。

◎板書例◎

○「未レ若下復二吾賦一不幸之甚上也。」の解釈

この文では、「未」は「不」の意味。
「A不レ如レB」に当てはめて考えればよい。

A＝蛇捕りの不幸
B＝租税の納入をもとの形に戻す不幸

A〈蛇捕りの不幸〉よりもB〈租税の納入をもとの形に戻す不幸〉のほうが程度が重い。
　　　↓
B〈租税の納入をもとの形に戻す不幸〉よりもA〈蛇捕りの不幸〉のほうが、ずっとましだ。

か難き。**訳**創業と守成とでは、どちらが困難か。
書下師と商とや、孰れか賢なる。**訳**師（子張）と商（子夏）とは、どちらが賢明だろうか。
書下弟子孰か学を好むと為す。**訳**門人の中では誰が学問好きか。

(2) ■タイプ1 **書下**如し詩成らずんば、罰は金谷の酒数に依らん。**訳**もし詩が出来上がらなかったら、金谷園の故事にならって（罰として）酒を飲ませることにしよう。
書下男児志を立てて郷関を出づ、学若し成る無くんば死すとも還らず **訳**一人の男子として志を立てて郷里を出ることになった、学問が成就しなかったら、死んでも故郷には帰らないつもりだ。
書下苟くも恒心無ければ、放辟邪侈、為さざる無きのみ。**訳**もしも一定の道義心がなければ、勝手気ままなことを行い、どんな悪いことでもやらないことはない。
書下縦ひ彼言はずとも、籍独り心に愧ぢざらんや。**訳**たとえ彼が（不満の意を）口にしなくても、私は深く心に恥じずにいられようか。
書下今、人乍ち孺子の将に井に入らんとするを見れば、皆怵惕惻隠の心有り。**訳**今かりに人が、突然幼児が井戸に落ちようとするの

(1) 比較・選択の形

■タイプ1　「AよりもBのほうがよい」「Aが一番だ」と述べる形。

苛政猛於虎。（礼記）
礼与其奢也、寧倹。（論語）
百聞不如一見。（漢書）
莫若六国従親、以擯秦。（十八史略）
未若復吾賦不幸之甚也。（柳宗元「捕レ蛇者説」）
寧為鶏口、無為牛後。（十八史略）

■タイプ2　「AとBとでは、どちらが……か」「一番はどれか」と尋ねる形。

創業守成孰難。（十八史略）
師与商也、孰賢。（論語）
弟子孰為好学。（論語）

(2) 仮定の形

■タイプ1　文頭に「もし」「かりに」などの意味を表す語を用いる形。

如詩不成、罰依金谷酒数。（李白「春夜宴二桃李園一序」）
男児立志出郷関、学若無成死不還（月性「将二東遊一題レ壁」）
苟無恒心、放辟邪侈、無不為已。（孟子）
縦彼不言、籍独不愧於心乎。（史記）
今、人乍見孺子将入於井、皆有怵惕惻隠之心。（孟子）

■タイプ2　文中に「雖（モ）」を用いる形。

其身不正、雖令不従。（論語）
回雖不敏、請事斯語矣。（論語）

問「雖」の意味のちがいを確認しよう。

■タイプ3　文脈から判断して仮定に読む形。

勧君更尽一杯酒、西出陽関無故人（王維「送三元二使二安西一」）
不憤不啓、不悱不発。（論語）
不-者、若族皆且為所虜。（史記）
不然、籍何以至此。（史記）
使我有洛陽負郭田二頃、豈能佩六国相印乎。（十八史略）

(3) 詠嘆の形

■タイプ1　文頭に「ああ」と読む語を置く形。

嗚-呼、其真無馬邪、其真不知馬也。（韓愈「雑説」）
嗟-乎、燕雀安知鴻鵠之志哉。（十八史略）
唉、孺子不足与謀。（史記）

■タイプ2　文末に「かな」と読む助字を用いる形。

賢哉回也。（論語）
唯我与爾有是夫。（論語）

■タイプ3　反語から転じた形。

吏呼一何怒、婦啼一何苦（杜甫「石壕吏」）
是何楚人之多也。（史記）
学而時習之、不亦説乎。（論語）

を見たとすれば、誰でも驚きはっとし、かわいそうにと思う気持ちが起こるであろう。

■タイプ2　書下 其の身正しからざれば、令すと雖も従はれず。訳 為政者自身の身の処し方が正しく無ければ、たとえ政令を発しても従われない。

書下 回 不敏なりと雖も、請ふ斯の語を事とせん。訳 私顔回は愚か者ではあるが、この言葉を努め行ってゆきたい。

■タイプ3　書下 君に勧む 更に尽くせ一杯の酒、西の方陽関を出でなば（出づれば）故人無からん　訳 さあ君、どうかもう一杯飲み干したまえ、ここから西に進んで陽関を出てしまったならば、もう昔なじみもいなくなるだろうから。

書下 憤せずんば啓せず、悱（ひ）せずんば発せず。訳（理解しようと）苦しみ憤らなければ教え導かないし、（表現できずに）口ごもるようでなければ教え導かない。

書下 不（しか）らずんば、若が属 皆且に虜（とりこ）とする所と為らんとす。訳 さもなければ、お前たちの仲間は皆、やがて捕虜にされてしまうぞ。

書下 然らずんば、籍 何を以て此（ここ）に至らん。訳 そうでなければ、私はどうしてこのような決断をするに至っただろうか。

書下 我をして洛陽負郭の田（でん）二頃（にけい）有

タイプ2は選択の形で、特に「孰」の読み分けが重要です。人と事物で読み分けができればいいのですが、基準は必ずしも明確ではありません。大まかに次の点を示せば、十分でしょう。

〈「孰」の読み分け〉
○人を選択する場合 → たれカ（＝誰）・いづレカ
○人以外を選択する場合 → いづレカ（＝何）

② 仮定の形

タイプ1で生徒が迷うのは、仮定の語の係る範囲の結び方です。多少の例外はあるものの、次のように整理することができます。ここでも「如」と「若」の関係について、言及しておくとよいでしょう。

◉板書例◉
○仮定の語と結びの呼応
もシ → ……バ（……トモ）
いやシクモ → ……バ
たとヒ → ……トモ

タイプ2では、二つの例文の「雖」の意味のちがいを確認する必要があります。「其身不レ正、雖レ令不レ従。」の「雖」は「……したとしても」という逆接の仮定条件です。これに対して「回雖二不敏一、……。」の「雖」は「……ではあるけれども」という逆接の確定条件です。

タイプ3は、仮定の意味を表す文字がないだけに、接続助詞の「ば」に接続する文字の訓読が問題になります。たとえば「西出二陽関一無二故人一」の「出」の読み方は、「出づれば」と「出でなば」のどちらでしょうか。「出づれば」と訓読すると、古典文法を真面目に勉強した生徒は「出たので」と解釈するかもしれません。「出でなば」ならば、完了の助動詞「ぬ」の未然形＋「ば」で、「出てしまったならば」という仮定条件であることは一目瞭然です。

「不レ憤不レ啓、」の「不レ憤」の読み方は、「憤せざれば」でしょうか、それとも「憤せずんば」でしょうか。「憤せざれば」と読むと、「憤しなかったので」という誤解が生じそうです。古文の時間に接続助詞「ば」の接続をしっかり学習している生徒はとまどうかもしれませんが、漢文の訓読では仮定条件を表すのに「未然形＋ば」と「已然形＋ば」のどちらも許容されることを知らせておきましょう。

③ 詠嘆の形

タイプ1とタイプ2については、指導に時間をかける必要はないでしょう。

タイプ3では、反語との関係を再確認します。疑問と反語、反語と詠嘆は、見た目の判断が難しいことを実感させたいものです。

らしめば、豈に能く六国の相印を佩びんや。訳私がもし洛陽郊外に二頃の畑を持っていたら、どうして六国の宰相の印を身につけることができただろうか。

(3)
■タイプ1 書下嗚呼、其れ真に馬無きか、其れ真に馬を知らざるか。訳ああ、いったいほんとうに名馬がいないのか、それとも、ほんとうに名馬を見抜くことができないのか。
書下嗟乎、燕雀 安くんぞ鴻鵠の志を知らんや。訳ああ、小さな燕雀にどうして大きな鴻鵠の志がわかろうか。
書下唉、孺子 与に謀るに足らず。訳ああ、小僧め、ともに大事をはかるわけにはいかない。
■タイプ2 書下賢なるかな回や。訳賢明だなあ、顔回は。
書下唯だ我と爾と是れ有るかな。訳私とお前だけであるなあ。
■タイプ3 書下吏の呼ぶ 一に何ぞ怒しき、婦の啼く 一に何ぞ苦だしき 訳役人の叫び声のなんと荒々しいことか、老婦の泣き声のなんと辛そうなことか。
書下是れ何ぞ楚人の多きや。訳なんと楚兵の多いことだろう。
書下学びて時に之を習ふ、亦た説ばしからずや。訳学問をして絶えず身につけるように復習するのは、なんとうれしいことではないか。

訓読が意味まで表す句法の指導
──②限定・強調の形／抑揚の形

1 限定・強調の形の特徴

いよいよ句法指導の最終項です。前項では比較・選択、仮定、詠嘆の三つの句形について、訓読と解釈が直結していることを確認しました。ここで取り上げる限定・強調の形にも、同じ特徴があります。例を挙げましょう。

A　祇(ダ)辱(メラレ)[二]於奴隷人之手(ニ)[一]、……。（韓愈・雑説）

B　直(ダ)不(ル)[二]百歩(ナラ)[一]耳。（孟子・梁恵王上）

Aでは、「祇」を「たダ」と読むことがわかれば、「ただ使用人の手で粗末に扱われるだけで、」と解釈できます。Bでも、「直」を「たダ」と読めれば、「ただ百歩でないだけだ。」と解釈するのは難しくありません。文末の「耳」についても、「のみ」と読み、「ただ」と呼応して「……だけ」の意味であることを知っていれば、鬼に金棒でしょう。このように限定・強調の形は、その意味を表す文字を読むことができれば、解釈を容易に推測できるのです。

ただし、限定・強調の意味を表す文字は少なくありません。「ただ」だけを見ても、「唯」「惟」「只」「祇」「但」「直」「徒」「特」のように多くの種類があります。特殊な「顧」「啻」まで覚える必要はありませんが、先に挙げた八字はしっかり記憶に留めさせたいものです。また「のみ」については、「耳」だけではなく、「已」やその複合語である「也已」「而已」も確実に押さえさせましょう。

本項で扱う授業プリントを53ページに示します。

2 限定・強調の形の指導上の留意点

タイプ1には、「ただ」と読む文字を幅広く配列しました。いずれも「ただ」と読む可能性があることを強く意識させましょう。「但」を日本語の連想で「ただし」と読む生徒がいますが、これは日本語に限った用法であることもつけ加えておきたいものです。

タイプ2では、「已」と他の語との関係に気づかせることが重要です。

［例文の解説］（53ページ）

(1)■タイプ1　書下 孤帆の遠影　碧空に尽き、唯(た)だ見る　長江の天際に流るるを　訳 たった一つの帆掛け船のかすかな姿が、青空に吸い込まれて消え、（あとには）長江の水が空の果てへと流れていくのが見えるばかりだ。

書下 室中　更に人無く、惟(た)だ乳下の孫有るのみ　訳 家の中にはもう誰もいない、ただ乳離れのしていない孫がいるだけだ。

書下 行(ぎやう)行(ぎやう)　別語無く、只(た)だ道(い)ふ早く郷に還れと　訳 どの行にもどの行にも他の言葉はなく、ただただ早く郷里に帰れというばかり。

書下 故に名馬有りと雖も、祇(た)だ奴隷人の手に辱められ、…。訳 だから名馬がいたとしても、使用人の手で粗末に扱われるだけで、…。

書下 道旁(だうばう)を過ぐる者　行人に問ふ、行人　但(た)だ云ふ　点行頻りなりと

◎板書例◎

○文末の「のみ」
已…「やむ・おわる」の意味から「それだけ」の意味に。
↓
也已…「也」を添えて「已」の意味を強める。
而已…「而」を添えて「已」の意味を強める。
（「耳」「爾」は「而已」の当て字。）

限定と強調の見分け方は、簡単ではありません。「限定・強調の形」と一括りの名称にしている理由も、そこにあります。限定か強調かは、文脈で判断するしかないのです。仮に次のような例文を示して、どちらが強調の意味の例文かを答えよ、という問題があったとしたら、解答は可能でしょうか。

ⓐ 法ハ三章耳。

ⓑ 此レ亡秦之続耳。

ⓐは限定、ⓑは強調らしいとは思えるものの、確信は持てません。例文をその前後も含めて現代語に置き換えてみましょう。

ⓐ 法は三か条だけだ。人を殺す者は死刑にする。人を傷つけたり、物を盗んだ者は、罪にあてて処分する。これ以外の秦のむごい法律は、すべて廃止しよう。

ⓑ いまだに諸侯に取り立てる恩賞もなく、それどころか、つまらぬ者の告げ口を聞き入れ、功労のある人を殺そうとする。これでは亡んだ秦の二の舞となるだけだ。

このように比較してみると、ⓐは限定の意味、ⓑは強調の意味であることは一目瞭然でしょう。ただし、限定と強調の区別が明瞭ではないことも多く、深入りは禁物です。

3 抑揚の形の「抑揚」とは？

ここまで四種の句形について、名称と解釈が直結していることを指摘してきましたが、抑揚の形の場合は、その名称が解釈をストレートに反映しているとは言い難い面があります。そもそも「抑揚」とは、どういう意味でしょうか。一般的には次のように説明されます。

「A。況B乎。」の形で、「Aでさえこうだ。ましてBはなおさらだ」と、Aを抑えておいてBを揚げる（強調する）、という形。（江連隆『訓読百科』「漢詩・漢文解釈講座」別巻、一九九五年、昌平社）

非常に丁寧な説明ですが、高校生には難解に感じられるようです。そこで筆者は、次のように説明しています。

訳 道ばたを通りかかった者が、出征する兵士に聞いてみた、兵士は「徴兵がしきりに行われている」と言うばかり。

書下 藺相如は徒だ口舌を以て労を為して、位 我が上に居り。訳 藺相如は口がうまくて手柄を立てたというだけで、地位は私より上になっている。

書下 相如 秦王の特だ詐詳を以て趙に城を予ふる為して、実は得べからざるを度り、…。訳 藺相如は、秦王がただ嘘をついて趙に都市を与えるふりをするだけで、実際には手に入れることはできないだろうと判断して、…。

■タイプ2 書下 放辟邪侈、為さざる無きのみ。訳 勝手気ままなことを行い、どんな悪いことでもやらないことはない。

書下 学を好むと謂ふべきのみ。訳 それこそ学問を好む人ということができる。

書下 書は以て名姓を記すに足るのみ。訳 文字は姓名を書けるだけで十分だ。

書下 王、何ぞ必ずしも利と曰はん。亦た仁義有るのみ。訳 王よ、どうして利益利益とばかり言う必要がありましょうか。（王様にも、古代の聖王と同じように）仁義が必要なだけなのです。

書下 二三子、偃の言は是なり。前

その他の形 2

(1) 限定・強調の形

■タイプ1 「ただ」と読む文字を用いて「ただ…だけ」と述べる形。

孤帆遠影碧空尽、唯見長江天際流 (李白「黄鶴楼送孟浩然之広陵」)

室中更無人、惟有乳下孫 (杜甫「石壕吏」)

行行無別語、只道早還郷 (袁凱「京師得家書」)

故雖有名馬、秪辱於奴隷人之手、……。(韓愈「雑説」)

道旁過者問行人、行人但云点行頻 (杜甫「兵車行」)

藺相如徒以口舌為労、而位居我上。(史記)

相如度秦王特以詐詳為予趙城、実不可得、……。(史記)

■タイプ2 文末に「のみ」と読む語を置いて「ただ…だけ」と述べる形。

放辟邪侈、無不為已。(孟子)

可謂好学也已。(論語)

書足以記名姓而已。(史記)

王、何必曰利。亦有仁義而已矣。(孟子)

二三子、偃之言是也。前言戯之耳。(論語)

非死則徙爾。(柳宗元「捕蛇者説」)

問 「耳」「爾」以外はすべて「已」を含んでいるのはなぜか、考えてみよう。

問 「耳」「爾」を「のみ」と読むのはなぜか、考えてみよう。

■タイプ3 「ただ」と読む文字に「のみ」と読む語を添えて「ただ…だけ」と述べる形。

直不百歩耳。是亦走也。(孟子)

■タイプ4 その他の文字を用いて「ただ…だけ」と述べる形。

今独臣有船。漢軍至、無以渡。(史記)

※限定と強調の見分け方 限定と強調は、形だけでは見分けがつかず、文脈で判断するしかない。

ⓐ 法三章耳。殺人者死。傷人及盗抵罪。余悉除去秦法。(史記)

ⓑ 未有封侯之賞。而聴細説、欲誅有功之人。此亡秦之続耳。(史記)

問 どちらが強調の意味の例文か、考えてみよう。

言は之に戯れしのみ。訳 お前たちよ、偃（子游）の言うことは正しい。さっきは冗談を言っただけだ。

書下 死するに非ざれば則ち徙りしのみ。訳 死んだのでなければ、移住しただけなのだ。

■タイプ3 書下 直だ百歩ならざるのみ。是れも亦た走るなり。訳 単に百歩でないだけで、逃げたことには変わりないのだ。

■タイプ4 書下 今独り臣のみ船有り、漢軍至るも、以て渡ること無からん。訳 今（ここでは）私だけが船を持っている。（だから）漢軍が迫ってきても、渡るすべはない。

ⓐ 書下 法は三章のみ。人を殺す者は死す。人を傷つくるもの及び盗むものは罪に抵つ。其の余は悉く秦の法を除去せん。

ⓑ 書下 未だ封侯の賞有らず。而るに細説を聴きて、有功の人を誅せんと欲す。此れ亡秦の続のみ。

[例文の解説] (54ページ)

(2) ■タイプ1 書下 死馬すら且つ之を買ふ。況んや生ける者をや。訳 死馬の骨でさえ（大金で）買ったのだ。まして生きた名馬ならなおさら（高く買うにちがいない）。

書下 且つ庸人すら尚ほ之を羞づ。

◉板書例◉

○抑揚の形
「A且(スラ カツ)B、況(いはンヤ)C乎(ヲや)。」が典型。
前半部ではトーンを抑え、後半部で一気にトーンを揚げるので、「抑揚」の形と呼ぶ。
〈トーンを抑える〉〈一気にトーンを揚げる〉
AでさえBだ、ましてCはなおさらだ。

授業プリントの「抑揚の形」の部分を下段に示します。

4 抑揚の形の指導上の留意点

高校生の多くは、なぜか「Aすら且つB、況んやCをや。」という口調にアレルギー反応を示します。「いわんや」が、よほど古めかしい言い方に聞こえるのでしょうか。使役の形の習熟に「AをしてB（せ）しむ。」という基本パターンの体得が不可欠であるのと同様に、抑揚の形を身につけるためには、「Aすら且つB、況んやCをや。」が口から滑らかに出てくる状態になっていなければなりません。その際には、記号を使ったパターンではなく、基本的な例文を何度も音読し、記憶に残す方法が有効です。

最後に、句法指導にあたっての筆者の考え方をもう一度整理しておきます。「句法さえ知っていれば漢文は読める」という考え方は、誤りです。漢文学習の中で、句法学習の優先順位は高くはありません。何よりも、教師自身が句法学習の意義を理解し、句法を適切に扱うことが求められます。句法学習は手段であって目的ではないことを、肝に銘じたいものです。

その他の形２（承前）　句法シリーズ#08

(2) 抑揚の形

■タイプ1（典型）「A且(スラ カツ)B、況(いはンヤ)C乎(ヲや)。」の形。「且(カツ)」の代わりに「尚(なホ)」が用いられることもある。
死馬且買之。況生者乎。（十八史略）
且庸人尚羞之。況於将相乎。（史記）

■タイプ2 典型の前半部を平叙文に置き換えた形。
古人秉燭夜遊、良有以也。況陽春召我以煙景、大塊仮我以文章。（李白・春夜宴桃李園序）

■タイプ3 典型の一部を反語文に置き換えた形。
臣死且不避。卮酒安足辞。（史記）
今、王必欲致士、先従隗始。況賢於隗者、豈遠千里哉。（十八史略）

況んや将相に於いてをや。**訳**そもそも、普通の人でさえ、このようなことを恥に思う。まして将軍や大臣の立場にある方なら、なおさらだろう。

■タイプ2 **書下**古人燭を秉りて夜遊ぶ、良(まこと)に以(ゆゑ)有るなり。況んや陽春我を召くに遠景を以てし、大塊(たいくわい)我に仮すに文章を以てするをや。**訳**昔の人はあかりを手にして夜まで遊んだというが、まことに理由のあることだ。ましてや、うららかな春が、かすみたなびく春景色で私を呼び招き、万物の創造主が詩文を作る才能を私に貸し与えてくれているのだから、なおさら（この夜を楽しむべき）である。

■タイプ3 **書下**臣死すら且つ避けず。卮酒安くんぞ辞するに足らん。**訳**私は死さえもいとわない。大杯の酒など、どうして辞退しようか。
書下今、王必ず士を致さんと欲せば、先づ隗(くわい)より始めよ。況んや隗よりも賢なる者、豈に千里を遠しとせんや。**訳**今もし、王様が賢人を集めたいとお考えなら、まずこの私（隗）からお始めください。（そうすれば、）私より賢明の者たちは、（なおさらのこと、）どうして千里の道のりを遠いと考えるでしょうか。

重要漢字の総復習

1 句法よりも大切なもの

既に何度も強調したことですが、高等学校の漢文学習で最優先されるのは句法・句形ではありません。もちろん句法・句形の学習は無視できません。しかし、漢文学習ではそれよりも優先すべきものがあります。

試みに、次の文章を高校三年生の授業で扱うことを想定してみましょう。

> 斉之国氏大富、宋之向氏大貧。自宋之斉、請其術。国氏告之曰、「吾善為盗。始吾為盗也、一年而給、二年而足、三年而大壌。自此以往、施及州閭。」〈以下略〉
>
> （列子、天瑞）

〔注〕 斉・宋＝いずれも春秋時代の国名。 術＝やり方。方法。 盗＝こっそりと財貨を取り込む。 給＝必要なものが備わる。 壌＝豊かである。「穣」と同じ。 以往＝以後。 施＝恩恵。 州閭＝村里。

〔書き下し文〕 斉の国氏は大いに富み、宋の向氏は大いに貧し。宋より斉に之き、其の術を請ふ。国氏 之に告げて曰はく、「吾 善く盗を為す。始め吾が盗を為すや、一年にして給し、二年にして足り、三年にして大いに壌なり。此れより以往、施 州閭に及ぶ。」と。〈以下略〉

〔現代語訳〕 斉の国氏の家はたいへんな金持ちで、宋の向氏の家はたいそう貧乏だった。（そこで向氏は）宋から斉に出かけて行き、（金持ちになる）方法を教えてほしいと頼んだ。国氏は向氏に、「私はうまくこっそりと財貨を取り込んでいる。最初、こっそりと財貨を取り込んだ時のことをふり返ると、一年で必要なものが備わり、二年目にはそれが十分に行きわたり、三年目にはたいへんな金持ちになった。それ以後は、恩恵が（私が治める）村里にまで及ぶようになった。」と教えた。〈以下略〉

文章はこの後、向氏が文字通りの「盗」を働き、財産をすべて失ってしまったという記述に続きます。右の引用文は、注釈を見落とすことがなければ、さほど解釈に苦しむようなレベルではありません。特に傍線部「自宋之斉」には平易な漢字が四字並ぶだけで、難解な句法や特殊な慣用表現は見当たりません。それにもかかわらず、この一節の解釈に苦労する生徒が多くいるのです。なぜでしょうか。

漢文学習で句法よりも優先されるのは、語の意味と語順に関する知識です。「自宋之斉」の一節は、四字の意味と語順に着目しないと正しい読解にはたどりつけないのです。筆者は読解の手順を次のように説明しています。

1 注から「斉」と「宋」が国名であることを確認する。

「自宋之斉、」「自宋之斉、」のように、印をつけて固有名詞を際立たせてもよい。

2 「自」の読みの可能性を列挙する。

――みづから・おのづから・…より

3 同様に、「之」の読みの可能性を列挙する。

――ゆク・これ・こノ・の

4 「自」と「之」の読みを組み合わせて、意味の通じる文にする。

多くの組み合わせができるが、「そうよりせいニゆキ、」以外は、すべて意味の通じない文である。後文に「自ㇾ此」とあり、「自」が返読されていることも大きなヒントになる。

5 語法から検証する。

念のために、「宋」という固有名詞の上には副詞の「みづから」「おのづから」は来ないことと、「之」を「これ」「こノ」「の」と読んだら述語がなくなってしまうことも確認する。

6 文意から検証する。

確定した読み方が、主語を「向氏」とする後文の「請フ二其ノ術ヲ一」とも無理なくつながることを確認する。

この手順をみると、漢文訓読はジグソーパズルと似た面を持っていることに気づくのではないでしょうか。「自」と「之」の読みと意味はそれぞれ複数ありますが、この一節で「自」と「之」に相当するピースは、一つずつしかありません。正しいピースの手持ちがなければ、どう工夫してもジグソーパズルは完成しません。漢字の多義性に気づき、一つの漢字の持つ意味を多く知ることが、手持ちのピースを増やすことにつながるのです。

2 漢文読解に役立つ基本一二〇字

とはいえ、高校生に無制限に漢字の意味を覚えさせるのは、過重負担を招きかねません。そこで、筆者は重要漢字を基本の一二〇字に絞り、生徒に自学自習を促しています。（次ページの〈重要漢字一二〇字〉）

一二〇字のうち、七割にあたる八五字は「常用漢字表」に載っています。つまり、大多数は高校生なら誰でも読めて書ける漢字なのです。それ以外も、「矣」や「兮」など、ふだん目にしないごく少数のものを除けば、難しい漢字はありません。「漢文は難しい漢字ばかりが並んでいるから、なじみにくい」という先入観を持っている生徒には、ぜひ伝えたい事実です。

また、一二〇字の多くは多義・多訓語です。手持ちのピースをより多くするためにも、これらの漢字を我が物にしておかなければなりません。日常生活では気づきにくい漢字の多様な意味を知ることは、漢文読解の強力な武器となるのです。

しかし残念ながら、授業では基本漢字の習得にあてる時間はほとんどありません。そこで筆者は、この一二〇字について、基本的な読みと意味、その漢字を含んだ熟語も載せた教材プリントを作成しました。次ページにその一部を示しましょう。プリントの要点は、資料編「知らないと困る基本一二〇字」にまとめています。ワード・PDF形式のデータもダウンロードできますので、ご活用ください。

〈重要漢字一二〇字〉（代表的な字音による五十音順。*は表外漢字）

悪（アク・オ）　安（アン）　已*（イ）　以（イ）
矣*（イ）　為（イ）　唯（イ）　謂*（イ）
一（イツ）　于*（ウ）　亦*（エキ）　易（エキ・イ）
焉*（エン）　於*（オ）　応（オウ）　可（カ）
何（カ）　蓋（ガイ）　看（カン）　敢（カン）
還（カン）　願（ガン）　其*（キ）　豈*（キ）
幾（キ）　宜（ギ）　況（キョウ）　教（キョウ）
竟*（キョウ）　倶*（グ）　偶（グウ）　兮*（ケイ）
奚*（ケイ）　見（ケン）　遣（ケン）　乎*（コ）
固（コ）　故（コ）　向（コウ）　肯（コウ）
苟*（コウ）　盍*（コウ）　忽*（コツ）　坐*（ザ）
哉*（サイ）　之*（シ）　此*（シ）　使（シ）
斯*（シ）　而*（ジ）　耳（ジ）　自（ジ）
事（ジ）　爾*（ジ）　且（シャ）　者（シャ）
邪（ジャ）　若（ジャク）　須（シュ）　終（シュウ）
従（ジュウ・ショウ）　縦（ジュウ・ショウ）

孰*（ジュク）　所（ショ）　諸（ショ）　女（ジョ）
如（ジョ）　少（ショウ）　尚（ショウ）　将（ショウ）
勝（ショウ）　嘗*（ショウ）　身（シン）　親（シン）
尽（ジン）　遂（スイ）　誰（スイ）　雖*（スイ）
是（ゼ）　請（セイ）　然（ゼン）
相（ソウ・ショウ）　即（ソク）　則（ソク）
卒（ソツ・シュツ）　多（タ）　乃*（ダイ）
当（トウ）　特（トク）　得（トク）　独（ドク）
難（ナン）　寧（ネイ）　能（ノウ）　莫*（バク）
否（ヒ）　非（ヒ）　被（ヒ）　必（ヒツ）
不（フ）　夫（フ）　毋*（ブ）　復（フク）
弗*（フツ）　勿*（ブツ）　便（ベン・ビン）　未（ミ）
方（ホウ）　亡（ボウ）　毎（マイ）　又（ユウ）
無（ム）　也*（ヤ）　耶*（ヤ）　欲（ヨク）
有（ユウ）　猶（ユウ）　与（ヨ）
令（レイ）　或*（ワク）

知らないと困る基本一二〇字（抜粋）

ここに挙げた一二〇字の約三分の二は「常用漢字表」にも載る漢字。難しい漢字を知らないと漢文が読めないというのは、まったくの誤解だ。漢文の学習では、身近な漢字の意外な読みと意味に気づくことが大事。必要最小限のものを厳選したので、ぜひ活用してほしい。

【使い方】

読めて意味がわかったら、□・◇内を塗りつぶす。

□は重要なもの、◇はできれば知っておきたいものを示す。

読み方や意味がわからないものがあったら、必ず漢和辞典で調べておこう。

ここに掲げたのは、主要な読みと意味だけ。すべての読みと意味を網羅したものではないので、漢和辞典の代わりに使うのはやめよう！

1 悪 アク・オ

（アク）

□アク＝わるいこと。「善悪」「旧悪」「勧善懲悪」「賞善罰悪」

□あシ＝①わるい。「悪風」「悪習」「悪徳」「悪名」「醜悪」「俗悪」②劣っている。粗末な。「悪衣」「悪食」「悪貨」「粗悪」

（オ）

□いづクンゾ〔疑問・反語〕＝どうして…か。

□いづクニカ〔疑問・反語〕＝どこに…か。

□にくム＝にくく思う。きらう。「羞悪」「憎悪」「好悪」

◇ああ〔詠嘆〕

2 安 アン

□いづクンゾ〔疑問・反語〕＝どうして…か。

□いづクニカ〔疑問・反語〕＝どこに…か。

□やすンズ＝落ち着ける。安定させる。「安国」「安置」「安命」

□やすシ＝落ち着いている。安らかである。「安心」「安泰」

3 已 イ

□すでニ「已往」「已然」

□すでニシテ＝やがて。※「已而」の形が多い。

□のみ〔限定・断定〕＝…だけである。…なのである。※「而已・而已矣・也已」などの形が多い。

◇やム＝終わる。やめる。「不レ得レ已（已むを得ず）」「已矣・已矣乎（已(や)んぬるかな）」

◇はなはダ＝「甚」と同じ。「已甚(はなはだ)」

複合語・慣用表現の総復習

1 覚えておきたい複合語・慣用表現

本書でたびたび述べてきたことですが、漢文を正しく読解するためには、句法・句形の知識だけでは十分とは言えません。何よりも重要なのは、語の意味です。単漢字の重要語については、前項で例を挙げました。本項では、複合語・慣用表現と解釈に役立つ常識語を取り上げます。

まず複合語・慣用表現を含んだ例文を見ましょう。いずれも高校二・三年生向け教科書の定番教材である『史記』項羽本紀の「鴻門の会」の場面から採ったものです。例文の中の太字が複合語・慣用表現を示します。

ア **不レ然**、籍何以至レ此。

イ 君王為レ人**不レ忍**。

ウ **不レ者**、若属皆且レ為レ所レ虜。

エ 請以レ剣舞。

オ 荘**不レ得レ撃**。

カ **於レ是**、張良至二軍門一、見二樊噲一。

キ **今者**、項荘抜レ剣舞。

ク 交戟之衛士、**欲二止不レ内**。

ケ 客**何為者**。

コ 豪毛**不二敢有レ所レ近**、…。

（史記、項羽本紀）

この中で、句法・句形の知識で対処できるのは、ア「不レ然」・ウ「不者」・ケ「何為者」の三項くらいでしょうか。それ以外はどれも、複合語・慣用表現の知識がないと正確な理解には至りません。とりわけオ「不レ得二…一」とコ「不レ敢二…一」は、場の情況や発言者の心情を推測する上で、正確な理解が欠かせないものです。

オ「荘不レ得レ撃。」は、「鴻門の会」の最も緊迫した場面を締めくくる一文です。項王の参謀を務める范増が、若い項荘に沛公を撃つことを命じます。ところが、沛公側の張良に恩義がある項伯が、身を挺して沛公を項荘の攻撃から守るのです。項荘には沛公を倒す能力が十分あるにもかかわらず、項伯に機会を奪われて沛公を撃つことができなかったことを、この一文が鮮やかに描き出しています。

コ「豪毛不二敢有レ所レ近、…。」は、沛公に代わって項王に熱弁を奮う樊噲の発言の一部です。当時、沛公はすでに関

[例文の解説]（59ページ）

ア 書下 然らずんば、籍 何を以て此に至らん。
訳 そうでなければ、私はどうしてこのような決断をするに至っただろうか。

イ 書下 君王 人と為り忍びず。
訳 君王はお人柄が（人情もろく）残忍なことができない。

ウ 書下 不らずんば、若が属 皆且に虜とする所と為らんとす。
訳 さもなければ、お前たちの仲間は皆、やがて捕虜にされてしまうぞ。

エ 書下 請ふ 剣を以て舞はん。
訳 剣舞を演じさせていただきたい。

オ 書下 荘 撃つを得ず。
訳 （項伯が沛公をおおいかばったため、）項荘は沛公を撃つことができなかった。

カ 書下 是に於いて、張良 軍門に至り、樊噲を見る。
訳 そこで、張良は軍門に行き、樊

中の王でしたが、「ほんのわずかなものも、自分のものにしたりしていない」と控えめに述べることで、沛公の誠実さと項王への服従ぶりを伝えることに成功しています。

筆者は重要な複合語・慣用表現について、次のような教材を配布して、生徒に自学自習を促しています。その一端をお目にかけましょう。

2 基本的な語順

漢文の語順に関する知識も軽視できません。しかし、この分野に割くことができる学習時間は、ほとんどないのが実情です。学習内容の精選が求められるゆえんですが、忘れてはならないのが文中での目的語と補語の位置です。A・Bのように目的語・補語の順で出てくる場合と、C・Dのように目的語・補語の位置が逆転している場合があることを、ぜひ知らせておきたいものです。また、A・Bは「於」の有無にかかわらず、同じ構造と認定されることにも触れておきましょう。

なお、漢文の語法では「目的語」「補語」という呼び方は、必ずしも正確ではありません。ここでは、生徒が英語の時間に慣れ親しんだ用語を使うことで、学習の便宜を優先しました。

●板書例●

○目的語と補語を含んだ文の語順

〈述語＋目的語＋補語〉の形

A 寧生而曳尾於塗中。（荘子、秋水）

B 治天下、可運之掌上。（孟子、公孫丑上）

〈述語＋補語＋目的語〉の形

C 項梁乃教籍兵法。（史記、項羽本紀）

D 賜之卮酒。（史記、項羽本紀）

3 解釈に役立つ漢文の常識語

近年の大学入試では、「君子」や「聖人」のような漢文常識語の意味だけを問うような出題は、ほとんど見られません。しかし、漢文の背景を理解し、より深い解釈を行うためには、これらの語についての知識が不可欠です。筆者は二三〇語に絞り、生徒に学習を促しています。

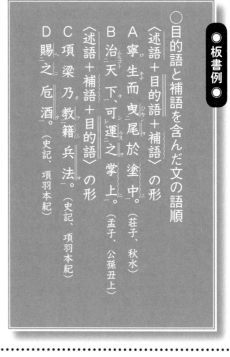

喩に会った。

キ 書下 今者、項荘 剣を抜きて舞ふ。

訳 今、項荘は剣を抜いて剣舞を演じている。

ク 書下 交戟の衛士、止めて内れざらんと欲す。

訳 戟を交差して軍門を守る衛士たちは、（樊噲を）止め、中に入れまいとした。

ケ 書下 客 何為る者ぞ。

訳 お前は何者だ。

コ 書下 豪毛も敢へて近づくる所有らずして、……。

訳 ほんのわずかなものも自分の身に近づけたりせず、……。

[例文の解説] （62ページ）

A 書下 寧ろ生きて尾を塗中に曳かん。

訳 やはり、生きていて尾を泥の中に引きずっていたい。

B 書下 天下を治むること、之を掌上に運らすべし。

訳 天下を治めることなど、手のひらの上で物を転がすような（ごくたやすい）ことだ。

C 書下 項梁 乃ち籍に兵法を教ふ。

訳 項梁はそこで項羽（籍）に兵法を教えた。

D 書下 之に卮酒を賜へ。

訳 この者に大杯の酒を与えよ。

覚えておきたい漢文の複合語・慣用表現 七五（抜粋）

【使い方】

□覚えていたら□・◇内を塗りつぶす。
□（特に太字）は重要なもの、◇は知っておきたいものを示す。
未知のものがあったら、漢和辞典で意味と用例を調べておこう。

1 疑問・反語

□**何-如・何-奈・何-若**　いかん〔状態・程度・性質・可否などについて〕＝…はどのようであるか。…はどうだろうか。
□**如-何**・奈-何・**若-何**　いかん・いかんせん・いかんぞ〔手段・方法・処置などについて〕＝…をどうしようか。…をどうしたらよいか。
□何為・**奚為**・**胡為**　なんすレゾ＝どうして…か。
□何為者　なんするものゾ＝どういう者か。どういう身分・職業の者か。
□何以・**奚以**　なにヲもつテ＝どうして…か。
□何由・**何因**・**何従**　なにニよリテ＝どうして…か。
□何也・**何哉**　なんゾや＝…はどうしてか。
□何能　なんゾよク＝どうして…できるのか。
□何日　いづレノひカ＝いつ…か。
□何処・何許　いづく・いづこ＝どこ。どこの。
□何謂也　なんノいヒゾや＝どういう意味か。
□幾-何・**幾許**　いくばく＝どれくらいか。どれほどか。いくつか。

□孰-与・孰-若　いづレゾ＝どちらが…か。
※「Aハ孰-与レゾBニ」（孰-若レゾ）（＝AとBとでは、どちらが…か）の形で、多くの場合、暗にAよりもBの方が優れていることを示す。
□何必　なんゾかならズシモ＝どうして…する必要があろうか。どうして必ず…することがあろうか。※反語専用。
□何有　なにカあラン＝なにがあろうか。なんでもない。※反語専用。

（中略）

8 その他

□聞-道　きクナラク＝聞くところによると。聞けば。
□為人　ひとトなリ＝生まれつき。性格。人柄。
□所-謂　いはゆる＝世に言う。言うところの。
□如此・若此・如斯・若斯　かクノごとシ＝このようである。
□以A為B　AヲもつテBトなス＝AのことをBだと思う。
※Aを省略すると次の形になる。
□以為B　もつテBトなス＝Bだと思う。
※「以」は省略されない。Bの字数が長い場合は、次のように読む。
□以-為B　おもヘラクBト＝Bだと思う。
□A以B　AスルニBヲもつテス＝BでAをする。Bを使ってAする。
※「以B A」（BヲもつテAス）と同じ。

解釈に役立つ漢文の常識語二三〇（抜粋）

【使い方】
正しく読め、意味を理解している語は、□・▽内を塗りつぶす。
▽は、和漢で読みまたは意味が異なる語。

1 天地・自然

□乾坤（けんこん）　天と地。天地自然。
□太初（たいしょ）・太極（たいきょく）　宇宙を構成する万物の根元。
□二気（にき）　陰と陽の二つの気。
□五行（ごぎょう）　万物の根元となると考えられた五つの元素。木（もく）・火（か）・土（ど）・金（ごん）・水（すい）。
□十干（じっかん）　五行を陽（兄（え））と陰（弟（と））に分けたもの。甲（コウ・きのえ）から始まり、癸（キ・みずのと）で終わる。
□十二支（じゅうにし）　時日や方角などを表す十二の名。子（シ・ね）で始まり、亥（ガイ・い）で終わる。十干と組み合わせると、六〇とおりの干支（カンシ・えと）ができる。※「還暦・華甲」は、数え年六一歳で生まれた年の干支に還ること。満六〇歳ではない。
□四海（しかい）　①四方の海。②天下。国家。
□八荒（はっこう）　国の八方の遠い地の果て。
□雲漢（うんかん）　天の川。「天漢・銀漢・星漢・天河・銀河・星河」なども。
▽新月（しんげつ）　出たばかりの鮮やかな月。
▽嵐（らん）　①山中の青々とした気。②山の風。※「あらし」ではない。
▽霞（か）　朝焼け。夕焼け。※「かすみ」ではない。
□煙花（えんか）・烟花（えんか）　かすみがたなびき、花が咲く景色。花がすみ。
□煙景（えんけい）・烟景（えんけい）　かすみたなびく春景色。
▽時雨（じう）　ちょうどよい時に降る雨。※「しぐれ」ではない。
□寒山（かんざん）　①秋から冬にかけての、もの寂しい山。②冬枯れの山。
□空山（くうざん）　人気（ひとけ）のないさびしい山。
□青山（せいざん）　①青々と木の茂っている山。②骨を埋めるにふさわしい地。墓地。
□沙場（さじょう）・砂場（さじょう）　砂漠。西域に広がる戦場としての砂漠。
□江上（こうじょう）・川上（せんじょう）　①川のほとり。②川の水面。※川の上流ではない。
□駿馬（しゅんめ）　足の速い馬。名馬。
□班馬（はんば）　①隊列から離れた馬。②別れていく馬。
□戎馬（じゅうば）　①軍馬。②武器と軍馬。③戦争。

第3章

漢文指導の実践〈教材編〉

史伝・思想・詩文は漢文の三大ジャンル。
教材の魅力を鮮やかに伝える授業を構想しよう。

【ツカダ先生のアドバイス】

*歴史上の偉人たちも、実は身近で人間くさい存在。『史記』に描かれた人物と心情を共有し、自らの心の底をのぞかせましょう。

*『論語』の学習目標は、多様な考え方を知り、自己を見つめ直すこと。師弟がかかわる中で、互いに思想を深めていく姿に学びましょう。

*詩文のテーマを理解するには、精神的な成長と経験が必要。答えを性急に求めず、心に種を蒔く授業を心がけましょう。

『史記』の授業に向けて
——長文教材を扱う工夫

1 「廉頗・藺相如列伝」の魅力

『史記』には七〇巻の列伝が収められています。『史記』は全一三〇巻ですから、巻数だけで考えると、列伝の占める割合は五割を超えています。列伝とは個人または類型的な人物群の伝記のことで、司馬遷が採り上げた一四〇人の人物像は多種多様です。『史記』の列伝のうち、高等学校の漢文教科書に教材として採録されている代表的な八編を挙げてみましょう。

○**伯夷列伝第一**　殷代の末期、周の武王の殷討伐に抗議して首陽山で餓死した伯夷・叔斉兄弟の伝記。伯夷・叔斉のような善人が悲運に終わり、悪人が栄えることに対して、司馬遷は「天道是か非か。」と疑問を投げかける。列伝の第一に位置する。

○**管・晏列伝第二**　春秋時代、斉の名宰相であった管仲と晏子（晏嬰）の伝記。管仲と鮑叔の交遊を記した「管鮑の交わり」の部分が有名で、ここだけを扱うことも多い。ドライで合理的な管仲と、謹厳実直で人情家の晏子との対比的な人物描写も興味深い。

○**蘇秦列伝第九**　戦国時代、舌先三寸で諸侯の間を説き巡った遊説家の蘇秦の伝記。蘇秦は勢力を拡大しつつあった秦に対抗して、東方の六国をまとめて合従同盟を結ばせ、同盟の長となった。「寧ろ鶏口と為るとも、牛後と為ること無かれ。」は、蘇秦が韓の宣王を説得する時に引いた当時の俗諺。

○**張儀列伝第十**　蘇秦とともに鬼谷先生に学んだ遊説家の張儀の伝記。張儀は秦の恵文王のために秦を主軸とする連衡策を提案し、蘇秦が建てた合従同盟を打ち破って、六国を秦に服従させた。張儀は弁舌に自信を持ち、その妻に「舌さえあれば十分だ。」と語ったエピソードで知られる。

○**孟嘗君列伝第十五**　戦国時代の斉の王族で、多くの食客を養っていた孟嘗君（田文）の伝記。こそ泥の得意な食客と鶏の鳴き真似を特技とする食客の働きによって、孟嘗君が窮地を脱した「鶏鳴狗盗」の場面がよく知られる。『史記』の記述が長いために、コンパクトにまとまった『十八史略』で読むことも多い。

○**廉頗・藺相如列伝第二十一**　戦国時代、趙の使者として秦に赴き、勇気と智謀で趙の名誉と国益を守り抜いた藺相如と、確執の末に彼と「刎頸の交わり」を結んだ廉頗将軍の伝記。

○**刺客列伝第二十六**　戦国時代末期、燕の太子丹に依頼されて秦王暗殺を謀り、失敗に終わった荊軻を中心とする刺客五人の伝記。身体に漆を塗り、炭を呑んで、姿と声を変えて恩人のために復讐を企てた予譲の伝記も、この列伝に載る。「士は己を知る者の為に死す。」は、予譲の残した言葉。

○淮陰侯列伝第三十二　漢の建国者高祖（劉邦、沛公）に仕え、張良、蕭何とともに「漢の三傑」と称された韓信の伝記。韓信は蕭何から「国士無双」と評価され、項羽を攻撃して大功を挙げたが、漢の統一後、高祖に謀反の疑いをかけられて、楚王から淮陰侯に左遷された。「韓信の股くぐり」は、韓信の若いころの逸話。

以上のどの列伝も、漢文教材として高く評価できます。しかし筆者は「廉頗・藺相如列伝」に最も強く心を惹かれるのです。その理由は、次の三つです。

1　藺相如の秦王との虚々実々の駆け引きが機知に富み、痛快であること。
2　藺相如のサクセスストーリーとしても読め、読後感が爽快であること。
3　藺相如と廉頗の考え方や人物像の違いが鮮やかに描かれていること。

筆者はこのような理由で、教材としての「廉頗・藺相如列伝」を高く評価します。

史伝教材に限らず、教材選定に際しては「この教材で何を教えるか」よりも、「何を考えさせるか」という視点が重要です。「読んで訳して終わり」式の漢文の授業は過去のものとなりましたが、知識注入型の授業や道徳観念押しつけ型の授業はいまだに行われています。教師自身が主体的に授業に臨むためにも、「この教材で何を考えさせるか」という視点を持ち続けたいものです。

2　教材としての「廉頗・藺相如列伝」

教材としての「廉頗・藺相如列伝」は、大きく三章に分けられます。第一章「完レ璧帰レ趙（璧を完うして趙に帰る）」と第二章「澠池之会」（澠池の会）は、ほぼ全文が藺相如の言動の記録です。第三章の「刎頸之交（刎頸の交はり）」で初めて廉頗が登場するものの、ここでも主役や藺相如であり、廉頗は彼の引き立て役に過ぎません。授業の準備に当たっては、藺相如の言動を正確にたどり、その特徴をよく理解しておく必要があります。後に詳しく触れますが、徒手空拳とも言える藺相如がわずかに持つことが許された二つの武器——それは「勇気と智謀」です。この語をキーワードとして、藺相如の言動の内容を深く吟味したいものです。

第三章では、藺相如の考え方にさらに踏み込むことが求められます。勇気と智謀の人として聞こえている藺相如が、前章までとは違って臆病な様子を見せます。実は、ここでも藺相如の行動の背景には彼の勇気と智謀が発見できます。そのことを抜きにしては、藺相如に対する廉頗の態度の変化は理解できません。

「廉頗・藺相如列伝」は様々な魅力を持った教材であり、生徒に考えさせるテーマに事欠きません。教師自身が熟読し、教材の価値と魅力を実感し、「面白いから一緒に読んでみよう」というスタンスで授業に臨んでほしいと切に願います。「ためになるから」では生徒はついてきません。

ところで、『史記』一三〇巻の構成は、次のように整理できます。「廉頗・藺相如列伝」の授業の途中で、気分転換も兼ねて扱うことをお勧めします。教科書に「司馬遷と『史記』」のようなコラム教材があれば、それも活用できます。ただし、教材の本文に入る前に、時間をかけて知識を注入することは逆効果です。関連情報の扱いは軽くし、あくまでも教材本文を優先させましょう。

高等学校の漢文学習では、列伝以外の巻数を覚える必要はありません。全体の巻数と列伝の巻数が印象に残れば十分です。

「鴻門の会」や「四面楚歌」を学習済みであれば、それらが『史記』の「項羽本紀」から採ったものであることに気づかせると、面白い発見をする生徒があるかもしれません。その場合には、次

◉板書例◉

○『史記』全一三〇巻の構成
本紀　一二巻　歴代の帝王の伝記
表　一〇巻　年表
書　八巻　制度・文化などの記録
世家　三〇巻　王族や諸侯などの伝記
列伝　七〇巻　個人の伝記
本紀と列伝を柱に編成
＝紀伝体 ⇧⇩ 編年体

のことをヒントとして与え、生徒自身に調べたり考えたりすることを促したいものです。

- 「項羽本紀」とは別に、漢王朝の創業者である高祖（沛公）の伝記として「高祖本紀」がある。
- 帝王になれなかった項羽の伝記が「項羽本紀」にあるのは、司馬遷の項羽びいきが関係しているという指摘がある。
- 高祖の負の側面、人間的な欠陥などは、主に「項羽本紀」に記されている。

「紀伝体」の語の由来については、単に「本紀の『紀』と列伝の『伝』を合わせた言い方」と説明するだけでは不十分です。編年体の歴史書ではともすると埋もれがちな存在にも光を当てる手法として、司馬遷が考え出したスタイルであることに言及する必要があります。教科書のコラム教材が参照できれば、司馬遷自身の身の上に起こった不幸な事件も確認できるでしょう。司馬遷の身の上については、「李陵（りりょう）の禍（か）」という語を示して生徒に調べさせるのも一つの方法です。

3 教材処理の一例——時間との闘い

「廉頗・藺相如列伝」は長文の教材なので、時間との闘いになります。どんなに魅力的な教材でも、高等学校の授業ではおのずから時間的な制約があります。ここでは二単位の授業を想定して、四週間・八時間の授業計画を立ててみます。

「廉頗・藺相如列伝」の学習の時間配分

第一章	「完レ璧帰レ趙」	5時間
第二章	「澠池之会」	1時間
第三章	「刎頸之交」	2時間

これは大雑把な時間配分であり、実情に応じて時間数の増減は可能です。例えば第一章を四時間に減じ、第二章と第三章に計四時間を配当することも考えられます。

このような時間配分に対して、疑問をお持ちの方も少なくないでしょう。どうすれば八時間で長文の「廉頗・藺相如列伝」の学習が可能になるのか——その鍵は教材の処理にあります。

第一章「完レ璧帰レ趙」　教材処理の例

①本文の一部を大胆にカットする
②本文の一部を書き下し文に改めた形で示す
③本文の一部を現代語訳の形で示す

このような処理によって大幅なスピードアップが図れます。より大胆な処理、例えば「完レ璧帰レ趙」の章をカットして「澠池之会」の章と「刎頸之交」の章だけを学習する、あるいは三章のうちの一章だけを扱うという形も考えられますが、賛成しかねます。なぜなら、「完レ璧帰レ趙」の章の読後でなければ、「澠池之会」の章の緊迫感は伝わらないからです。また、「完レ璧帰レ趙」の章と「澠池之会」の章での藺相如の活躍を抜きにしては、廉頗将軍の嫉妬の感情は理解できません。
具体的な授業展開は、次項で紹介しましょう。

4 効果的な授業展開——豊富な発問で授業を深く豊かに

長い教材を扱う場合には、配布プリントに発問や復習事項を列挙して、生徒が学習内容を見通せるように予め準備しておくことが肝要です。

漢文学習に意欲的な生徒には予習を勧めます。漢文の予習は教科書本文を音読するだけでも意味がありますが、発問に対して文章の形で解答を記述することを習慣づけると、さらに力がつきます。初見の漢文を読み、問題に答えるのと同じ過程を予習として行うわけです。ここで注意したいのは、解答の書き方です。予習であっても、必ず文章の形で書くように指導しましょう。書くことで、考えの不確かな部分が確認できます。また、文章化によって考えを整理し、考えを深くする効果も期待できるのです。

漢文で予習まではしたくないという生徒には、授業中に確定した発問の解答を、必ず文章の形で記すことを義務づけます。教師が模範解答を板書し、生徒はそれを写すだけという学習形態は、高等学校段階にはふさわしくありません。プリントの発問を軸にした授業によって、生徒が持っている記述に対する抵抗感も軽減されるはずです。

5 「廉頗・藺相如列伝」の学習で得られるもの

漢文の授業としての史伝学習の目的は、世界史の授業でのそれとは異なります。世界史の授業では、歴史上の人物の心情に思いを致すことは、ほとんどないでしょう。そもそも『史記』の列伝に載る人物の多くは、世界史の教科書とは無縁です。廉頗や藺相如に至っては、生没年さえ明らかではなく、偉人や聖人とは縁遠い存在です。

「廉頗・藺相如列伝」を読むと、随所に上昇志向丸出しの藺相如の姿を発見できます。また、将軍の立場にありながら藺相如に嫉妬する、恰好の悪い廉頗も登場します。藺相如や廉頗は、私たちの周囲のどこにでもいる普通の男たちです。偉人でも聖人でもなく、身近で人間くさい存在だからこそ、彼らと心情を共有できるのではないでしょうか。「廉頗・藺相如列伝」を学習する目的――それは二人の心情に触れ、それを契機として、自らの心の底をのぞいたり点検したりすることにあります。もちろん文学作品としての完成度とおもしろさは一級品です。準備を万端にして、「廉頗・藺相如列伝」の授業に取り組んでみてはいかがでしょうか。

『史記』「伯夷列伝」に描かれている伯夷・叔斉兄弟の行動は、現代人にはほとんど理解しがたいものです。彼らは殷を討伐しようとする周の武王を、「父君の葬儀も済まないうちに兵を挙げるのは、『孝』に反する。臣下の分際で主君の紂王を伐つのは、『仁』に反する。」と諫めます。この発言からは、武王の行為は否定されるべきであるという、伯夷・叔斉の確固とした信念が見てとれます。

授業で「伯夷列伝」を扱う際には、伯夷・叔斉兄弟の放伐（＝悪政を行う君主を武力で追放する）観の是非が焦点になります。もし武王による放伐が認められないとしたら、殷王朝がそのまま存続し、人民の不幸は永続することになります。これを伯夷・叔斉はどう説明するのでしょうか。解決のヒントとして『孟子』の言葉を紹介します。

「仁を賊ふ者、之を賊と謂ひ、義を賊ふ者、之を残と謂ふ。残賊の人、之を一夫（＝一介の平民）と謂ふ。一夫紂を誅するを聞けども、未だ君を弑するを聞かざるなり」（梁恵王下）。

「革命」を是とする孟子の明確な主張が読みとれます。「天命」が去り、人民の信頼を失った君主は既に君主ではなく、一人の男に過ぎないという孟子の論理には、説得力があります。

このように、比較する視点から補助資料を取り入れることで、活発な議論が期待できるでしょう。

「璧を完うして趙に帰る」の授業に向けて

――藺相如の「勇気と智謀」の検証

完璧帰趙

1 廉頗者、趙之良将也。趙恵文王十六年、廉頗為趙将伐斉、大破之、取陽晋。拝為上卿、以勇気聞於諸侯。藺相如者、趙人也。為趙宦者令繆賢舎人。

2 趙恵文王時、得楚和氏璧。秦昭王聞之、使人遺趙王書、願以十五城請易璧。趙王与大将軍

書き下し文

璧を完うして趙に帰る

1 廉頗は、趙の良将なり。趙の恵文王の十六年、廉頗 趙の将と為り斉を伐ち、大いに之を破り、陽晋を取る。拝して上卿と為り、勇気を以て諸侯に聞こゆ。藺相如は、趙の人なり。趙の宦者令繆賢の舎人たり。

2 趙の恵文王の時、楚の和氏の璧を得たり。秦の昭王之を聞き、人をして趙王に書を遺らしめ、「願はくは十五城を以て璧に易へんことを請ふ。」と。趙王 大将軍廉頗・諸大臣と謀る。秦に予へんと欲せば、秦の城恐らくは得べからずして、徒らに欺かれん。予ふること勿からんと欲せば、即ち秦兵の来たらんことを患ふ。計未だ定まらず。人の秦に報ぜしむべき者

廉頗・諸大臣謀。欲予秦、秦城恐不可得、徒見欺。欲勿予、即患秦兵之来。計未定。求人可使報秦者、未得。宦者令繆賢曰、「臣舎人藺相如可使。」

3　恵文王が繆賢に尋ねた、「どうしてそのように判断したのか。」と。繆賢はお答えして、「わたくしは以前、罪を犯してひそかに燕に逃亡しようとくわだてました。すると舎人の藺相如がわたくしを引き止め、『あなた様は、どうして燕王を知っておられるのか。』と問いますので、わたくしは、『わたくしが以前、大王のお伴をして、燕王と国境付近で会った折に、燕王はこっそりとわたくしの手を握って、願わくは友人として交わりを結びたいと言った。そうしたことで知っているので、燕に行こうと思うのだ。』と言いますと、藺相如はわたくしに、『なにしろ趙は強く燕は弱い上に、君が趙王に寵愛されていたからこそ、燕王が君と交際を結びたいと思ったまでのこと。今、あなた様が趙から逃げて燕に亡命しても、燕は趙を恐れて、なりゆきとしては、君を引き留めないどころか、あなた様を縛って趙に送り返すでしょう。いっそあなた様は肌脱ぎをして処刑台に伏し、趙王に罪を請われたほうがよろしいでしょう。そうすれば、あるいは幸いに許されるかもしれません。』と申しました。わたくしは藺相如の言葉に従い、大王もまた幸いにわたくしをお赦しくださいました。わたくしはひそかに、藺相如は勇気あり智謀ある者と見ており、藺相如ならばこの使命を果たせるだろうと考えます。」と言った。

を求むるに、未だ得ず。宦者令繆賢曰はく、「臣の舎人藺相如使ひすべし。」と。

3（省略）

4是に於いて、王召見し、藺相如に問ひて曰はく、「秦王、十五城を以て寡人の璧に易へんことを請ふ。予ふべきや不や。」と。相如曰はく、「秦は彊くして趙は弱し。許さざるべからず。」と。王曰はく、「吾が璧を取りて、我に城を予へずんば、奈何せん。」と。相如曰はく、「秦城を以て璧を求むるに、趙許さずんば、曲は趙に在り。趙璧を予ふるに、秦趙に城を予へずんば、曲は秦に在り。之の二策を均るに、寧ろ許して以て秦に曲を負はしめん。」と。王曰はく、「誰か使ひすべき者ぞ。」と。相如曰はく、「王必ず人無くんば、臣願はくは璧を奉じて往き使ひせん。城趙に入らば璧は秦に留めん。城入らずんば、臣請ふ璧を完うして趙に帰らん。」と。趙王是に於いて、遂に相如をして璧を奉じて西して秦に入らしむ。

4

於是、王召見、問藺相如曰、「秦王以十五城請易⑤寡人之璧。可予不。」相如曰、「秦彊而趙弱。不可不許。」王曰、「取吾璧不予我城、⑥奈何。」相如曰、「秦以城求璧、而趙不許、⑦曲在趙。趙予璧、而秦不予趙城、曲在秦。均⑧之二策、寧許以負秦曲。」王曰、「誰可使者。」⑨相如曰、「王必無人、臣⑩願奉璧往使。城入趙而璧留秦。城不入、臣⑪請完璧帰趙。」趙王於是、遂遣相如奉璧西入秦。

5

秦王坐章台見相如。相如奉璧奏秦王。秦王大喜、伝以示美人及左右。左右皆呼万歳。⑫相如視秦王無意償趙城、乃前曰、「璧有瑕。請指示王。」王授璧。相如因持璧、却立倚柱。⑬怒髪上衝冠。謂秦王曰、「大王欲得璧、使人発書至趙王。趙王悉

5 秦王章台に坐して、相如を見る。相如璧を奉じて秦王に奏す。秦王大いに喜び、伝へて以て美人及び左右に示す。左右皆万歳と呼ぶ。相如秦王の趙に城を償ふに意無きを視て、乃ち前みて曰はく、「璧に瑕有り。請ふ王に指し示さん。」と。王璧を授く。相如因りて璧を持ち、却立して柱に倚る。怒髪上りて冠を衝く。秦王に謂ひて曰はく、「大王璧を得んと欲し、人をして書を発して趙王に至らしむ。趙王悉く群臣を召して議せしむ。皆曰はく、『秦は貪にして其の彊きことを負み、空言を以て璧を求む。償城恐らくは得べからざらん。』と。議秦に璧を予ふるを欲せず。臣以為へらく、布衣の交はりすら、尚ほ相欺かず。況んや大国をや。且つ一璧の故を以て、彊秦の驩に逆くは、不可なりと。是に於いて、趙王乃ち斎戒すること五日、臣をして璧を奉じて、書を庭に拝送せしむ。何となれば、大国の威を厳れ、以て敬を修むればなり。今、臣至るに、大王臣を列観に見て、礼節甚だ倨れり。璧を得て之を美人に伝へて、以て臣を戯弄す。臣 大王の趙王に城邑を償ふに意無きを観る。故に臣復た璧を取る。大王必ず臣に急にせんと欲せば、臣の頭は、今、璧と倶に柱に砕けん。」と。

召群臣議。皆曰、「秦貪負其彊、以⑭空言求璧。償城恐不可得。」議不欲予秦璧。臣以為、布衣之交、尚不相欺。況大国乎。且以一璧之故、逆彊秦之驩、不可。於是、趙王乃斎戒五日、使臣奉璧、拝送書於庭。何者、厳大国之威、以修敬也。今、臣至、大王見臣列観、礼節甚倨。得璧伝之美人、以戯弄臣。臣観大王無意償趙王城邑。故臣復取璧。大王必欲急臣、臣頭、今、与璧倶砕於柱矣。」

6 相如持其璧睨柱、欲以撃柱。秦王恐其破璧、乃辞謝固請、召有司案図、指従此以往十五都予趙。相如度秦王特以詐詳為予趙城、実不可得、乃謂秦王曰、「和氏璧、天下所共伝宝也。趙王恐、不敢不献。趙王送璧時、斎戒五日。⑮今、大王亦

6 相如其の璧を持ちて、柱を睨み、以て柱に撃たんと欲す。秦王其の璧を破らんことを恐れ、乃ち辞謝して固く請ひ、有司を召して図を案じ、此より以往の十五都は趙に予へんと指す。相如秦王の特だ詐詳を以て趙に城を予ふる為して、実は得べからざるを度り、乃ち秦王に謂ひて曰はく、「和氏の璧は、天下の共に伝へて宝とする所なり。趙王恐れて敢へて献ぜずんばあらず。趙王璧を送る時、斎戒すること五日なり。今、大王も亦た宜しく斎戒すること五日にして、九賓を廷に設くべし。臣乃ち敢へて璧を上らん。」と。秦王之を度るに、終に彊奪すべからずと。遂に斎すること五日なるを許し、相如をして広成伝に舎せしむ。相如秦王斎すと雖も、決ず約に負き城を償はざるを度り、乃ち其の従者をして褐を衣て、其の璧を懐き、径道より亡げて、璧を趙に帰さしむ。（中略）

7 相如既に帰る。趙王以て賢大夫の使ひして諸侯に辱められずと為し、相如を拝して上大夫と為す。秦も亦た城を以て趙に予へず、趙も亦た終に秦に璧を予へず。

8 其の後、秦趙を伐ち石城を抜く。明年、復た趙を攻めて二万人を殺す。

宜斎戒五日、設九賓於廷。臣乃敢上璧。」⑯秦王度之、終不可彊奪。遂許斎五日、舎相如広成伝。相如度秦王雖斎決負約不償城、乃使其従者衣褐、懐其璧、従径道亡、帰璧于趙。（中略）

7 相如既帰。趙王以為賢大夫使不辱於諸侯、拝相如為上大夫。秦亦不以城予趙、趙亦終不予秦璧。

8 其後、秦伐趙抜石城。明年、復攻趙殺二万人。

現代語訳

1 廉頗というのは、趙国の名将である。趙の恵文王の治世の十六年（前二八三年）、廉頗は趙の将軍として斉を攻撃し、これに壊滅的な打撃を与えて、陽晋を占領した。（かくて彼は）上卿に任命され、その勇気は諸国にとどろきわたった。藺相如というのは、趙国の人である。趙の宦官取締役たる繆賢の侍従であった。

2 趙の恵文王の時のこと、趙は楚の和氏の璧を手に入れた。これを聞いた秦の昭王は、使者を出して趙王に書簡を送り、「秦の十五の城市と交換に、その璧を譲ってもらいたい。」と申し入れた。趙王は大将軍の廉頗をはじめ、諸大臣と相談した。璧を秦に与えるとしても、秦の城市は手に入れられずに、ただ欺かれるだけかもしれない心配があり、また与えない場合には、秦軍が攻めてくる恐れもあって、方針が決まらない。秦に返答するのに適任の使者を物色するが、それも見つからない。その時、宦官取締役の繆賢が言った、「それがしの侍従の藺相如が使者として適任です。」と。

3（省略）

4 そこで王は藺相如を召し出してたずねた、「秦王は十五の城市を交換条件として、わしの璧を所望しておる。与えてよいと思うか。」と。

（藺相如）「秦は強く、わが趙は弱いのでございます。申し出を許諾せずばなりますまい。」

（王）「わしの璧を取り上げて、わしに城市をくれなければ、どうする。」

（藺相如）「秦が城市と引き換えに璧を求めてきたのに、趙が拒絶すれば、非は趙にあります。趙が璧を与えたのに、秦が城市をよこさなければ、非は秦にあります。この二策を比べてみますと、申し出を認めて秦に罪をかぶせるほうがよろしいと存じます。」

（王）「使者としては誰が適任であろうか。」

（藺相如）「王様にどうしてもお人がなければ、それがしが璧を捧げ持って使者に立ち、城市が趙の手に帰してから、璧を秦に渡すようにしたいと思います。城市が手に入らなければ、璧をきず一つつけずに趙に持ち帰りたいと存じます。」趙王はこういうわけで、すぐに藺相如を使者として、璧を奉じて西のかた秦に向かわせた。

5 秦王は、章台の御殿で藺相如を謁見した。彼は璧をささげ持ち、口上を申し述べて献上した。秦王はたいそう喜び、腰元や側近たちに手渡しにして璧を見せた。側近たちはみな万歳を歓呼した。藺相如は、秦王には趙に城市を与える気がないと見て取ると、そこで進み出て、「璧にきずがございます。王様にお示ししたいと存じます。」と言った。王は璧を渡した。藺相如はその機に乗じて璧を取り、あとずさりして柱によりかかり、憤怒の形相すさまじく、冠を突き上げんばかりに髪を逆立てて、秦王に食ってかかった、「大王は璧を得んものと、使者に手紙を持たせて趙王のもとによこされた。趙王はことごとく群臣を召して会議を開かれた。皆が言う、『秦は貪欲な国。その強さを鼻にかけて、嘘っぱちを連ねて璧を求めてきた。代償の城市はおそらく得られまい。』と。秦に璧はやれぬとの議論が強かったのですぞ。それがしは、一介の庶民ですら交友を欺くものではない以上、ましてや大国にさようなことはありますまい。それに、たかが璧一つのために強国たる秦の感情を損なうことはよろしくない、と考えたのです。そこで趙王は五日間、斎戒沐浴された上、それがしに命じて璧を奉じ、親書を貴国の宮廷に送呈せしめられたのです。なんとなれば、大国の権威を尊重して、敬意を示されたからに他なりません。さて、それがしがここに参りましたるところ、大王は側近・腰元の居並ぶ中でそれがしを引見し、その態度ははなはだ傲慢無礼である。璧を手に入れると、これを腰元どもに回して見せ、それがしを愚弄するもはなはだしい。大王には、代償として城市を趙王に与える意志なしと、それがしは見て取ったゆえ、それがしここに璧を取りもどした。大王がそれがしに迫って璧を奪い取ろうとなさるならば、それがしの頭とともに、ただちにこの璧は柱にぶつけ、たたき割りますぞ。」と。

6 藺相如はその璧を振り上げて柱をにらみ、柱にたたきつけようと身構えた。秦王は璧が割られるのを恐れて、そこで詫びを入れ、たっての願いと言いながら、係官を召して地図を広げ、ここから向こうの十五の城市を趙に与えると指さして示した。藺相如は、秦王が偽って趙に城市を与えるふりをしているだけで、実際には手に入れられぬと判断して、そこで秦王にこう言った、「和氏の璧は、天下の人々とともに後世に伝えるべき貴重な宝です。趙王は恐れ謹んで、献上せざるを得なかったものです。趙王が璧を送り出される時、五日間の斎戒沐浴をして身を清められました。今、大王様も、当然五日間、斎戒沐浴された後、宮廷にて正式の儀式を調（ととの）えられるならば、そこでそれがしより璧を献上いたしたいと存じます。」と。秦王は様子を考えるに、どうしても無理に奪うことができない。そこで五日間の斎戒沐浴を承諾し、藺相如を広成伝という宿舎に泊めた。藺相如は、秦王が斎戒沐浴したとしても、約束に背いて城市を代償によこさないに決まっていると考えて、そこで従者に粗末な衣服を着せ、平民に仕立てて、その璧を懐に入れ、間道を通って、璧を趙に持って帰らせた。(中略)

7 藺相如が帰国すると、趙王は彼がりっぱに使命を果たし、諸侯から辱めを受けなかったと考えて、藺相如を上級大夫に任命した。秦は城市を趙に与えず、趙も同様に結局秦に璧を与えずに済んだのである。

8 その後、秦は趙を攻めて石城を陥れた。翌年、また趙を攻めて二万人を殺害した。

「壁を完うして趙に帰る」の各段落ごとに、発問と復習事項の例を示します。段落番号と設問中の丸数字は68～72ページの本文に対応しています。

以下に示す発問と復習事項は、あくまでもサンプルです。生徒の実情に応じて数量や内容、難易度を調整することが大切です。

完璧帰趙

発問例1 1

段落**1**を読み、廉頗と藺相如の人物紹介を、分量と内容の両面から比較せよ。

――廉頗の紹介には三九字が費やされているが、藺相如には半分以下の一六字しか使われていない。廉頗は「趙の良将」としてその功績が紹介されているのに対して、藺相如については「趙の人」という簡単な紹介に終わっている。

▼中国の歴史書の記述では、人物の出自・祖先を明らかにするのが一般的である。

▼後の廉頗の発言（三章「刎頸之交」）「相如は素賤人なり。」は、ここを受けている。藺相如の出世の出発点を記憶に留めたい。

発問例2 2

段落**2**を読み、傍線部①「楚和氏璧」にまつわるエピソードを調べよ。『韓非子』「和氏編」を参照するとよい。

――戦国時代、楚の卞和が山中で玉の原石を見つけ、楚王に献上したところ、鑑定人がただの石としたために、卞和は罰として左足を切り落とされた。卞和は再度献上したが、鑑定結果は変わらず、今度は罰として右足も切り取られた。新しい王が即位し、卞和の求めに従って原石を磨かせると、果たして素晴らしい宝玉となった。宝玉は「和氏の璧」と名づけられ、天下の名宝として珍重された。

▼「楚和氏璧」の価値に気づくために、ぜひ行わせたい作業である。「『韓非子』の『和氏編』を見よ。」と指示するだけでは、戸惑う生徒も多いだろう。学校図書館に「新釈漢文大系」（明治書院）などの注釈書が常備されていれば、その存在を知らせたい。「和氏編」の本文を印刷して配布する場合は、書き下し文と現代語訳を付した形が望ましい。参考資料の読解に時間をかけるのは、スピーディーな授業展開を妨げかねない。

発問例3 2

傍線部②で、秦の昭王が和氏の璧を求めてきた理由は何か、考えてみよう。

――天下の名宝を我が物にし、そのことによって秦の国威を天下に示すため。

▼「名宝が欲しかったから。」という解答では、まったく不十分である。秦は強く趙は弱いという当時の情況に照らすと、秦王が和氏の璧をただ取りし、両国の力の差を天下に示そうと考えていることは容易に想像できる。昭王が十五城と交換したいと持ちかけたところから、和氏の璧は後に「連城の璧」と呼ばれることになるが、この交換条件は見せかけに過ぎない。

発問例4 2

傍線部③で、趙王と群臣が協議した結果、結論はどのようであったか。段落**2**の本文中から根拠を示して答えよ。

――「計未レ定。」とあるように、協議は紛糾して結論は出なかった。

▼協議では二つの策が比較検討された。

◎秦に璧を渡す → 見返りとしての十五城は手に入らず、秦にだまされるだけ。

◎秦に璧を渡さない → 申し出の拒否を口実にされ、秦の軍隊の来襲が心配される。

結論が出ないだけでなく、秦へ使者として立つ人物さえも決定できないという情況に、趙の朝廷の混乱ぶりを見て取ることができる。

発問例5 傍線部④で、繆賢が藺相如を推薦した理由は何か。現代語訳された段落3を参照して考えよ。 2 3

——繆賢が、過去のいきさつから藺相如が勇気と智謀の人であることを知っていて、彼ならば使命を無事に果たすに違いないと判断したから。

▼繆賢の語る事実関係がやや入り組んでいるので、現代語訳で丁寧に読ませたい。繆賢は「勇気あり智謀ある者」と藺相如を評価するが、実際には繆賢の言葉からは藺相如の「勇気」は見出せない。

発問例6 傍線部⑤「寡人」の語源を説明し、同義語を挙げよ。 4

——「寡徳之人(徳の少ない人)」が語源で、諸侯の自称。「孤」も諸侯の自称として用いられる。

▼基本的な語彙の知識の欠如は、読解の大きな障害になる。教科書の注を参照するだけでなく、進んで漢和辞典で調べる習慣を身につけさせたい。

発問例7 一人称代名詞について整理せよ。 4

——「吾」「我」「予(余)」などがある。この他、男性は「臣」と「僕」、女性は「妾」を自称として用いる。自らの名も自称として用いられる。

▼これも基本的な語彙の確認である。教科書や漢和辞典等に名前と呼び名に関するコラムが掲載されていれば、ぜひ参照させたい。

発問例8 傍線部⑥「奈何」の読みと意味を整理せよ。 4

——読みは「いかん」。「いかん」と読む語には、次の二つのグループがある。

◎何如(・何奈・何若)＝…はどうであるか。状態や程度、可否などを問う疑問詞。

◎如何・奈何(・若何)＝…をどうしようか。手段や方法等を問う疑問詞。

▼基本的な句法の知識の確認である。「如何・奈何(・若何)」が目的語を取る場合は、「如レ之ヲ何セン(之を如何せん)」「奈レ若ヲ何セン(若を奈何せん)」の形になることにも触れておきたい。

発問例9 傍線部⑦「曲」の意味を説明せよ。 4

——非。道理にそむくこと。

▼「曲」は、まがって正しくないの意。対は「直」。「曲直」「理非曲直」などの語も紹介しておきたい。「曲」は誰でも知っている漢字だが、ここでの意味を正確に理解している生徒は多くないだろう。よく知っている漢字に意外な意味があることを印象づけたい。

発問例10 傍線部⑧「之ノ二策」の内容を説明せよ。 4

——秦に璧を渡す方策と、秦に璧を渡さない方策。

▼「策」は、方策、計策の意。それぞれの方策がもたらす結果は、次のように整理できる。

◎秦以レ城求レ璧、而趙不レ許、(璧を渡さない)
→曲在レ趙。

◎趙予レ璧、而秦不レ予二趙城一、(璧を渡す)
→曲在レ秦。

発問例4とも関連づけて考えさせたい。

発問例11 傍線部⑨以下の藺相如の返答にはどのような特徴があるか。 4

——困難な任務に積極的に取り組みたいという強い意志と、任務遂行に対する自信が感じられる。

▼「秦は彊くして趙は弱し」という両国の力関係を考えるとこの任務は限りなく不可能に近い。藺相如がこのように言い切るところに、彼の強い意志と自信が読みとれる。宦者令の一舎人に過ぎなかった藺相如にとっては、名を挙げる千

載一遇の機会であったことにも気づかせたい。

発問例12 傍線部⑩「願」と傍線部⑪「請」のここでの読みと意味を整理せよ。 **4**

――「願」と「請」を文頭に用いた形は、次のように整理できる。

◎願(ねがハクハ)(請(こフ))…(セン) ＝(自分が)…したい。

◎願(ハクハ)(請(フ))…(セヨ) ＝(他に対して)…して欲しい。

▼文末の「せん」と「せよ」で意味が分かれると思い込んでいる生徒がいるが、それは誤解である。もとの漢文は、自分がしたい場合も、他人にして欲しい場合も、まったく同じ形なのである。それを日本語の事情で「せん」「せよ」と読み分けているに過ぎないことを理解させたい。

発問例13 段落**5**で、藺相如を迎えた秦王の態度はどのようであったか。 **5**

――「秦王坐二章台一見二相如一。」とあるように、秦王は尊大な態度であった。

▼章台は、外国の正式な使者を引見する場所ではない。章台を会見場所に選んだことに、秦王の趙に対するあからさまな軽視が見てとれる。教科書に「章台」に関する注があれば、それをしっかり確認させたい。もし注がなければ、最小限の説明が必要となる。藺相如はこの後の発言の中で、「今、臣至、大王見二臣列観一、礼節甚倨。」と、秦王の態度を厳しくとがめている。

発問例14 段落**5**で、璧を手にした秦王の態度はどのようであったか。 **5**

――「秦王大喜、伝以示二美人及左右一。」とあるように、十五城と交換しようとする璧を粗末に扱っている。

▼十五城と等価の璧の扱い方としては、秦王の態度はいかにも不適切であり、璧をただ取りしようとする秦王の気持ちが透けて見える。藺相如はこの後の発言で、「得レ璧伝二之美人一、以戯二弄臣一。」と、秦王をなじっている。

発問例15 傍線部⑫で、藺相如は秦王の心中をどのように読み取ったか。また、その後、藺相如はどのような行動に出たか。 **5**

――藺相如を引見した秦王の態度から、趙を対等視せず、璧をただ取りしようとする思惑を読み取った。藺相如は「璧にきずがある。それをお示ししたい。」と偽って璧を取りもどした上で、秦王の非を理路整然と訴える。

▼藺相如は秦王の前でもまったくひるむことなく、勇気と智謀の二つの武器を駆使して、璧と趙国の威信を守り抜いた。勇気は気魄、智謀は智恵、智略と言い換えてもよいだろう。

発問例16 傍線部⑬「怒髪上衝レ冠。」と類似の表現を「項羽本紀」から探せ。 **5**

――「項羽本紀」の「鴻門の会」の場面に、樊噲(はんかい)が激しく怒った様子の描写として「頭髪上指(シ)、目(もく)眥(し)尽(ことごとク)裂(ク)。」という表現がある。

▼「項羽本紀」の「鴻門の会」を既習という前提での発問。現実には怒りのために髪の毛が逆立つことはあり得ないが、それがいかにもありそうに思えるのは、司馬遷の筆の力だろう。

発問例17 傍線部⑭「空言」は何をさすか。 **5**

――璧と引き替えに十五城を渡すという秦王の約束。

▼「空言」は、中身のない言葉、実行を伴わない約束の意。段落**2**の趙の御前会議での予想が、皮肉にも見事に的中したのである。

発問例18 6

傍線部⑮で、藺相如がこのように主張した主な目的は何か。

――秘かに璧を趙に持ち帰らせる時間を稼ぐため。

▼秦王が斎戒し、九賓を宮廷に設けることは、国宝級の璧を迎える上では当然の儀礼である。しかしここでは、藺相如が時間かせぎの口実に利用していることに気づかせたい。

発問例19 6

傍線部⑯で、秦王がこのように判断したのはなぜか。

――藺相如の勇気と智謀に裏付けられた言動に圧倒され、璧を強引に奪い取ることは無理だと判断したから。

▼この時代、秦は最強国ではあったが、いまだ天下統一には至っていない。趙との紛争に乗じて他国が攻勢をかけてくることは容易に予想され、それを回避しようという判断も働いたと考えられる。

発問例20 6

段落6で、藺相如はどのような手段で璧を趙に持ち帰らせたのか。

――秦王が五日間斎戒する間に、藺相如は従者に変装させ、近道を通って璧を趙に持ち帰らせた。

▼ここでも藺相如の智謀が存分に発揮されている。同時に、五日の間、璧を持ち帰らせたことに気づかれないように平静を装った藺相如の胆力にも注目したい。

発問例21 7

段落7で、帰国後、藺相如の地位はどうなったか。

――璧を無事に持ち帰った功績を認められ、上級の大夫に任命された。

▼周代の官制では、大夫は卿の下、士の上に位置する。上大夫は大夫の最上位に当たり、出発前は「趙の宦者令繆賢の舎人」に過ぎなかった藺相如にとっては、大出世である。

周代の官制

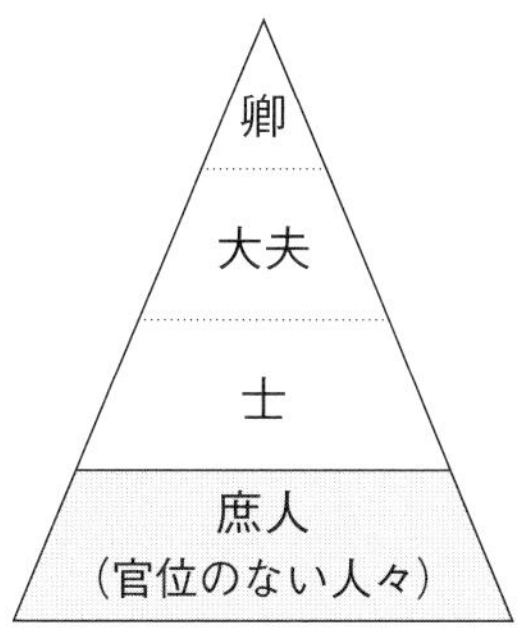

＊天子・諸侯の臣の階級は、卿・大夫・士の三つ。

発問例22 8

段落8で、事件後の両国の関係はどう変化したか。

――国境付近で秦が攻勢をかけたが、本格的な紛争には至っていない。

▼「二万人を殺す」と聞くと現代人は驚くが、この時代では国境付近での小競り合い程度と認識された。藺相如の存在を知った秦が、趙に対して思い切った行動に出られなかったことに気づかせたい。

発問例23 ［まとめ］

藺相如が無事に使命を果たすことができたのはなぜだと考えられるか。

――秦王に屈せず、持ち前の「勇気と智謀」を存分に発揮したから。

▼「勇気と智謀」無くしては、藺相如が強国秦の王と対等に渡り合うことは不可能だった。藺相如が守り抜いたものは、国宝の璧のみならず、国家の威信であったことも再確認したい。

「完レ璧帰レ趙」の章を正確に理解するためには、藺相如の二つの武器である「勇気と智謀」が、どこで、どのように行使されたかをしっかり検証する必要があります。場面に即して確実に把握したいものです。先にも述べたように、「勇気と智謀」でわかりにくければ、勇気は気魄、気力、胆力、意志の力、智謀は智恵、智略、機知と言い換えることも可能です。

「澠池の会」の授業に向けて
——時代背景をふまえて読む

澠池之会

1

①秦王使使者告趙王、欲与王為好、会於西河外澠池。趙王畏秦、欲毋行。廉頗・藺相如計曰、「王不行、示趙弱且怯也。」趙王遂行。相如従。③廉頗送至境、与王訣曰、「王行、度道里、会遇之礼畢還、不過三十日。三十日不還、則請立太子為王、以絶秦望。」王許之。遂与秦王会澠池。

書き下し文

澠池の会

1 秦王使者をして趙王に告げしめ、王と好を為し、西河の外の澠池に会せんと欲す。趙王秦を畏れ、行くこと毋からんと欲す。廉頗・藺相如計りて曰はく、「王行かずんば、趙弱くして且つ怯なるを示すなり。」と。趙王遂に行く。相如従ふ。廉頗送りて境に至り、王と訣れて曰はく、「王の行、道里を度るに、会遇の礼畢はりて還るまで、三十日を過ぎざらん。三十日にして還らずんば、則ち請ふ太子を立てて王と為し、以て秦の望みを絶たん。」と。王之を許す。遂に秦王と澠池に会す。

2 秦王酒を飲み酣にして曰はく、「寡人窃か

2 秦王飲レ酒酣曰、「寡人窃聞二趙王好一レ音。⑤請奏レ瑟。」趙王鼓レ瑟。⑥秦御史前書曰、「某年月日、秦王与二趙王一会飲、令二趙王鼓一レ瑟。」

3 藺相如前みて曰はく、「趙王窃かに秦王善く秦声を為すと聞く。請ふ盆缻を秦王に奉じ、以て相娯楽せん。」と。秦王怒りて許さず。是に於いて、相如前みて缻を進め、因りて跪きて秦王に請ふ。秦王缻を撃つことを肯ぜず。相如曰はく、「五歩の内、相如請ふ、頸血を以て大王に濺ぐことを得ん。」と。左右相如を刃せんと欲す。相如目を張りて之を叱す。左右皆靡く。是に於いて、秦王懌ばざるも、為に一たび缻を撃つ。相如顧みて趙の御史を召し、書せしめて曰はく、「某年月日、秦王趙王の為に缻を撃つ。」と。

に趙王音を好むと聞く。請ふ瑟を奏せよ。」と。趙王瑟を鼓す。秦の御史前みて書して曰はく、「某年月日、秦王趙王と会飲し、趙王をして瑟を鼓せしむ。」と。

3（省略）

4 秦の群臣曰はく、「請ふ趙の十五城を以て秦王の寿を為せ。」と。藺相如も亦た曰はく、「請ふ秦の咸陽を以て趙王の寿を為せ。」と。

5 秦王酒を竟ふるまで、終に勝ちを趙に加ふること能はず。趙も亦た盛んに兵を設けて以て秦を待つ。秦敢へて動かず。

4 秦之群臣曰「請以趙十五城為秦王寿。」藺相如亦曰「請以秦之咸陽為趙王寿。」

5 秦王竟酒、終不能加勝於趙。趙亦盛設兵以待秦。秦不敢動。

現代語訳

1 秦王は使者を出して、趙王に「趙王との親善を図って、黄河の向こうにある澠池で会見いたしたい。」と通告させた。趙王は秦を恐れて行きたくない様子である。廉頗と藺相如は相談して言った、「王様が行かれなければ、趙は弱く、かつ卑怯だと見なされるのです。」と。かくて趙王は出かけることになった。藺相如がお供した。廉頗は国境まで見送り、王に別れを告げて言った、「このたびのお出ましは、道のりをはかりますに、会見の儀を終えて帰られるまでに、三十日を過ぎることはありますまい。三十日たってもお帰りがなければ、太子を王位にお立て申し、秦の野望を絶ちたいと存じます。」と。王はそれを承認し、こうして秦王と澠池で会見した。

2 酒宴たけなわのころ、秦王が言った、「わしは趙王が音楽を好まれると仄聞しておるが、瑟を一曲奏してくださらぬか。」と。趙王は瑟を演奏した。秦の記録係の役人が進み出て書き付けた、「某年某月某日、秦王は趙王と会見し、酒宴の席上、趙王に瑟を演奏させたまへり。」と。

3 藺相如は進み出て言った、「趙王は、秦王が秦の地の民謡をよくせられると、漏れ聞いております、はちとほとぎを秦王にささげ奉って、ともに一曲を楽しませていただきたいと存ずる。」と。秦王は腹を立てて承知しない。そこで藺相如は進み出て、ほとぎを捧呈し、ひざまずいて秦王にお願いした。秦王はほとぎをたたこうともしない。藺相如は言った、「五歩しか離れぬここから、それがし、首の血を大王様に降り注がせていただきましょうぞ。」と。秦王の側近が藺相如を手討ちにしようとする。藺相如は目をむいて叱りつけた。側近どもはみなたじろいだ。そこで秦王はしぶしぶながら、やむなく一曲ほとぎをたたいた。藺相如は振り返って趙の記録係の役人を召し寄せ、「某年某月某日、秦王は趙王のためにほとぎをたたく。」と書かせた。

4 秦の群臣が言う、「趙の十五の城市を献上して、秦王様の健康を祝福してはいかがか。」と。藺相如も負けてはいない、「秦の首都咸陽を献上して、趙王様の健康を祝福していただこう。」と。

5 秦王は酒宴が終わるまで、結局趙を屈服させることができなかった。趙の方でも盛んに軍隊を展開して秦の出方を待ったので、秦軍は思いきって行動を起こすことができなかったのである。

前にも述べたように、「廉頗・藺相如列伝」の学習時間を八時間と想定した場合、「澠池之会」に配当できるのは一時間ないし一時間半です。段落❸の省略も考えられますが、この段落は割愛するには忍びない価値を持っています。

段落❷と❸を比較してみましょう。二つの段落の構成が非常に似通っていることに気づきます。

❷秦王が趙王に、「瑟を演奏して欲しい。」と要求した。
→趙王は、仕方なく瑟を演奏した。
→秦の御史が「秦王は趙王に瑟を演奏させた。」と記録した。

❸藺相如が秦王に、「ほとぎをたたいて欲しい。」と要求した。
→秦王は、いやいやほとぎをたたいた。
→藺相如が趙の御史に「秦王は趙王のためにほとぎをたたいた。」と記録させた。

次に、二つの段落の長さを比べてみます。段落❷は訓読漢文、段落❸は書き下し文という形態の違いから、単純な比較は難しいものの、段落❸は段落❷に比してかなり長い印象があります。実際に原漢文では、段落❸の字数は段落❷の三倍近くにのぼります。

この場面での両国の応酬は、まるで子どもの喧嘩のようにも見えます。しかし、子どもの喧嘩に終わらずに、弱国趙が強国秦を前に面目を保つことができたのは、藺相如が「勇気と知謀」を発揮したからにほかなりません。

段落❸は、藺相如の「勇気と知謀」を理解するために不可欠です。これを書き下し文で示したのは、時間数不足を乗り切るための窮余の策です。

澠池之会

発問例1 ❶

傍線部①で、秦王が趙王を澠池に呼び出した目的は何か。

——「完レ璧帰レ趙」の場面で受けた屈辱を晴らすため。

▼前章では、秦王はすっかり藺相如に圧倒され、まったくよいところがなかった。それが趙に対するうらみに変じたことは、想像に難くない。

発問例2 ❶

傍線部②で、趙王が尻込みしたのはなぜか。

——強国秦の要請を拒否するのは困難であるから。また、会見に行くと不利な立場になることが容易に予測できたから。

▼「秦（しん）は彊（つよ）くして趙（ちょう）は弱（よわ）し」という情勢では、対等な国交は期待できない。ましてや前章のやりとりで、秦王が趙にうらみを抱いていることを考えると、趙王が尻込みするのも、もっともに思える。

発問例3 ❶

傍線部③で、趙王との別れに際して廉頗が述べた内容を整理して示せ。

——趙王が会見を終えて帰国するまで、三十日はかからないだろう。三十日たっても趙王が帰国しない場合は、太子を王の位に就けて王位が空席になることを防ぎたい。

▼次の設問とも関係するが、最も心配されるのは、秦が趙王を人質にとって、趙に不当な要求をしてくることである。太子を王の位に就けることは、人質にとられた王が王ではなくなることを意味する。平然とした廉頗の言葉からは、いかにも冷徹な武人らしい人物像が浮かび上がる。

発問例4 ❶

傍線部④「秦望」とは何だと考えられるか。

——趙王を人質にして利益を得ようとすること。

▼「秦望」は、秦の野望の意味。秦が趙に突きつける要求として、最も可能性が大きいのは領土の割譲であろう。当時秦は、「虎狼（ころう）の国（虎や狼のように貪欲で残忍な国）」として恐れられていたことも知らせておくとよい。

発問例5 2

傍線部⑤で、秦王が趙王に瑟を弾くことを求めた目的は何か。

――無理やり瑟を趙王に弾かせて、趙王を、ひいては趙国を辱めるため。

▼宴会の余興としての楽器の演奏は楽士の役目であり、一国の王たる者のすることではない。相手が嫌がることをむりやりさせることに、秦王のねらいがある。

発問例6 2

傍線部⑥で、御史が記録することは、何を意味するか。

――趙王の行為を記録に残し、趙王の恥辱を末代まで伝えるため。

▼趙王は瑟をむりやり演奏させられた時点で十分に恥をかいているが、その行為を秦の御史に記録されたことで趙王の受けた恥辱は決定的なものとなった。

発問例7 3

段落3で、秦王に対して藺相如はどのように反撃したか。また、それが有効だったのはなぜか。

――秦王に迫って、強引に缻（素焼きの酒器）をたたかせた。趙王がしたのと同じように、秦王も座を盛り上げるために缻をたたいてほしいという迫り方が効果的だったから。

▼藺相如の要求が別のことであったならば、秦王はそれを拒否したであろう。しかし、趙王と同じく座を盛り上げるためにと言われると、秦王は拒否しようがなくなる。さらに、缻をたたきながら民謡を歌うことは、瑟を弾くよりも下卑た行為である。藺相如は、趙が受けた以上の打撃を秦に与えたことになる。

発問例8 3

段落3の秦王が缻を撃つ場面で、藺相如はどのように「武器」を発揮したか。

――ここでも藺相如は「勇気と智謀」の二つの武器を駆使して、秦王に要求を呑ませている。

勇気……命懸けで秦王に詰め寄り、秦王の側近を叱りつけてたじろがせた。

智謀……秦王が拒否できないように、要求の内容を巧みに設定した。

▼藺相如にとって、「勇気と智謀」は車の両輪の関係にある。その勇気は蛮勇ではなく、智謀に裏付けされたものであることを確認させたい。

発問例9 4

段落4の長寿を祝福するやりとりで、藺相如はどのように反撃したか。また、それが有効だったのはなぜか。

――秦が趙に「十五の都市を引き出物として、秦王の健康を祝福せよ。」と迫ったのに対して、藺相如は「秦の都の咸陽を引き出物として、趙王の健康を祝福せよ。」と応じた。

▼この設問では、咸陽に関する知識が不可欠。咸陽が秦の都であることがわからないと、藺相如の応酬の有効性は理解できない。藺相如は数量の上では譲ったと見せかけて、引き出物として都の咸陽を要求している。藺相如の論法の巧みさに気づかせたい。

発問例10 5

「澠池之会」は、どのような形で決着したか。

――「秦王竟レ酒、終不レ能レ加二勝於趙一。」とあるように、秦王は酒宴を終えるまで、結局趙を屈服させることはできなかった。

▼藺相如の活躍によって、秦側の用意したシナリオは白紙に帰したことが確認できる。

酒宴での駆け引きをスポーツの試合にたとえると、一対一の引き分けにも見えますが、弱国の趙が強国秦と引き分けたことは、実質的には趙の勝利を意味します。「勇気と智謀」を駆使した藺相如の働きは、この場面でも大きかったのです。

「刎頸の交はり」の授業に向けて

――人物の心情を共有する

1

刎頸之交

既に罷めて国に帰る。相如の功の大なるを以て、拝して上卿と為す。位は廉頗の右に在り。廉頗曰はく、「我趙の将と為り、攻城野戦の大功有り。而るに藺相如は徒だ口舌を以て労を為して、位我が上に居り。且つ相如は素賤人なり。吾羞ぢて、之が下たるに忍びず。」と。宣言して曰はく、「我相如を見ば、必ず之を辱めん。」と。相如聞き、与に会することを肯ぜず。相如朝する時毎に、常に病と称し

書き下し文

刎頸の交はり

1 (省略)

2 是に於いて、舎人相与に諫めて曰はく、「臣の親戚を去りて君に事ふる所以の者は、徒だ君の高義を慕へばなり。今君廉頗と列を同じくす。廉君悪言を宣べ、而して君は畏れて之に匿る。恐懼すること殊に甚だし。且つ庸人すら尚ほ之を羞づ。況んや将相に於いてをや。巨等不肖なり。請ふ辞去せん。」と。藺相如固く之を止めて曰はく、「公の廉将軍を視ること、秦王に孰与れぞ。」と。曰はく、「若かざるなり。」と。相如曰はく、「夫れ秦王の威を以てするも、相如之を廷叱し、其の群

て、廉頗と列を争ふことを欲せず。已にして相如出でて、廉頗を望見す。相如車を引きて避け匿る。

2

於是、舎人相与諫曰、「臣所以去親戚而事君者、徒慕君之高義也。今、君与廉頗同列。廉君宣悪言、而君畏匿之。恐懼殊甚。且庸人尚羞之。況於将相乎。臣等不肖。請辞去。」藺相如固止之曰、「公之視廉将軍、孰与秦王。」曰、「不若也。」相如曰、「夫以秦王之威、而相如廷叱之、辱其群臣。相如雖駑、独畏廉将軍哉。顧吾念之、彊秦之所以不敢加兵於趙者、徒以吾両人在也。今、両虎共闘、其勢不倶生。吾所以為此者、以先国家之急、而後私讎也。」

臣を辱む。相如駑なりと雖も、独り廉将軍を畏れんや。顧だ吾之を念ふに、彊秦の敢へて兵を趙に加へざる所以の者は、徒だ吾が両人の在るを以てなり。今、両虎共に闘はば、其の勢ひ倶には生きず。吾の此を為す所以の者は、国家の急を先にして私讎を後にするを以てなり。」と。

3 廉頗之を聞き、肉袒して荊を負ひ、賓客に因りて、藺相如の門に至る。罪を謝して曰はく、「鄙賤の人、将軍の寛なることの此に至るを知らざるなり。」と。卒に相与に驩びて、刎頸の交はりを為す。

３ 廉頗聞レ之、肉袒負レ荊、因二賓客一至二藺相如門一謝レ罪曰、「鄙賤之人、不レ知二将軍寛之至レ此也一。」卒相与驩、為二刎頸之交一。

現代語訳

１（趙王は、澠池での会見を終えて）帰国すると、相如の功績が大きかったので、官爵を与えて上卿とした。その地位は廉頗より上位であった。廉頗は言った、「私は趙の将軍となって、町を攻め落とし、野で戦って、大きな功績があった。それなのに藺相如はただ口先の働きで手柄を立てただけで、位は私より上である。そのうえ相如は卑賤の生まれである。私は屈辱を感じ、彼の下にいることに耐えられない。」と。そして、「私は相如を見かけたら、絶対に屈辱を与えてやる。」と言いふらした。相如はこれを聞いて、廉頗と顔を合わせようとしなかった。相如は朝廷に参内しなければいけない時がくるたびごとに、いつも病気と称して欠席し、廉頗と序列を争おうとはしなかった。しばらくたって相如は外出した際、廉頗を遠くに見かけた。相如は車を引き返して廉頗を避け隠れた。

２ この時に、家臣たちは一緒になって諫めて言うことには、「私たちが親戚のもとから離れてあなた様にお仕えしている理由は何かというと、ただあなた様のご立派な徳義をお慕い申し上げているからという、それだけなのです。今、あなた様は廉頗将軍と、同列でいらっしゃいます。廉君は悪口を言いふらしているのに、あなた様は彼を恐れて逃げ隠れてばかり。大変なおびえようです。そもそも、凡人でさえもこのようなことは恥に思います。まして将軍・大臣であったらなおさらです。私たちは愚かです。どうかお暇をいただきたく存じます。」と。藺相如は強く家臣たちを引き止めて言った、「君たちは廉将軍を見て、秦王とどちらが上だと思うか。」と。（家臣たちが）答えて言うことには、「（廉頗将軍は秦王には）とても及びません。」と。（すると）相如は言った、「そもそも秦王の威光があっても、（そんなことは意にもかけずに）私は朝廷で彼を叱りつけ、彼の臣下たちに屈辱を与えたのだ。私は愚か者ではあるが、どうして廉将軍などを恐れようか。ただ私が考えていることは、あの強国の秦が思いきって趙の国に攻めてこようとしない理由は、ただ私たち二人がいるからだけだ、ということだ。今、二頭の虎（ともいうべき私と廉頗将軍）が争ったなら、その成り行きとして、どちらか片方は生きてはいない（両方ともは生きのびることはできない）だろう。私がこのようにしているのは、国家の危急を優先して、個人的な恨みごとを後回しにしているからだ。」と。

３ 廉頗は（藺相如の）この言葉を耳にして、衣服を脱いで上半身を現し、いばらを背負って（罪人の姿となり）、（相如の）賓客のつてを頼って、相如の家に行った。（そして、それまでの無礼な態度を）謝罪して言うことには、「卑賤な私は、将軍がこんなにまでも寛大でいらっしゃることを理解しておりませんでした。」と。結局二人は友情を交わし、刎頸の交わりを結んだ。

三　刎頸之交

発問例1 ❶

段落❶で、「澠池之会」の後、藺相如と廉頗の地位はどのように変化したか。

――藺相如は「澠池之会」の功績により、上卿に昇進し、朝廷での序列は廉頗よりも上位となった。

▼「位は廉頗の右に在り。」の意味は、「左遷」の語で説明できる。古くは右を上位とし、左を下位としたので、位を落とすことを「左遷（左に遷す）」といった。藺相如にとっては大出世で、これに廉頗将軍が憤ったのも無理はない。

発問例2 ❶

傍線部①以下の廉頗の発言からは、どのような心情が読み取れるか。

――藺相如よりも序列が下位になったことに我慢ならず、自分に屈辱を与えた藺相如を辱めてやりたいという心情。

▼廉頗は自らを「攻城野戦の大功有り」と誇り、藺相如を「徒だ口舌を以て労を為して」と蔑んでいる。プライドの高い廉頗将軍が藺相如の出世に我慢ならなかったことは、容易に想像できよう。

発問例3 ❶

傍線部②と対応する文を第一章「完レ璧帰レ趙」の段落❶から探せ。

――為二趙宦者令繆賢舎人一。

▼藺相如の出自を考えると、廉頗の「素賤人なり。」という切り捨てた言い方は、必ずしも不当ではない。藺相如の大出世が武人廉頗のプライドをいたく傷つけたことは、想像に難くない。

発問例4 ❶

段落❶で、廉頗の発言を耳にした藺相如は、どのような行動をとったか。

――「相如　朝する時毎に常に病と称して、廉頗と列を争ふことを欲せず。已にして相如出でて、廉頗を望見す。相如　車を引きて避け匿る。」とあるように、朝廷では病気と偽って廉頗と序列を争うことを避け、外出先で遠くから廉頗を見かけた時には、車の方向を変えさせて姿を隠した。

▼第一章や第二章の藺相如からはとても想像できないような、臆病で情けないふるまいであることを確認しておきたい。このふるまいの意図は、後に彼自身の言葉で明らかになる。

発問例5 ❷

傍線部③以下の舎人たちの発言の意図は何か。

――あえて過激な発言をすることで、主人に自分たちの心情を伝え、情けない態度を諌めるため。

▼舎人たちは、この時点ではまだ藺相如の心中を知らない。主人を思うあまり言葉が過激に走っていることを理解した上で、彼らの真の意図がどこにあるのかを正確に見定めたい。

発問例6 ❷

傍線部④で、舎人たちの応答「（　　）は、（　　）にはとても及びませんとも。」の空欄には、どのような人名が入ると考えられるか。

――廉頗は、秦王にはとても及びませんとも。

▼「不レ若也。」は「A不レ若レB也。（AはBに若かざるなり。）」を省略した形で、考えられる解答は「廉頗不レ若二秦王一也。」と「秦王不レ若二廉頗也一。」の二つ。筆者の経験では、「秦王は廉頗に及ばない。」と考える生徒が圧倒的に多い。第一章と第二章での秦王の悪辣ぶりが鮮烈だっただけに、それに引かれて「秦王は廉頗に及ばない。」と考える生徒が多いと推測される。次の発問例7と並行して扱うことで、大方の納得が得られるだろう。

発問例7 2

藺相如の質問の意図は何だったのか。

——舎人たちの廉頗に対する憤りをすべて吐き出させて、落ち着かせるため。

▼舎人たちは、目の前にいる情けない主人に腹を立てているだけでなく、その原因を作った廉頗にも強い憤りを持っている。発問例6でも確認したように、舎人たちに「廉頗将軍は、あの秦王にさえ及ばないようなひどい男だ。」と語らせることによって、ガス抜きを図ろうとしているのである。

発問例8 2

傍線部⑥・⑦を丁寧に現代語訳せよ。

——⑥強国の秦が思い切って趙に攻めてこようとしない理由は、

⑦その成り行きとして、どちらか片方は生きてはいないだろう。

▼⑥は、「不二敢ヘテ…一セ」の形（46ページ参照）。秦は強国とはいえ、藺相如と廉頗のいる趙にはうかつに攻め込むことができないという事情を踏まえて解釈する必要がある。「決して攻めようとしない」と訳すと、その間の事情を無視することになる。⑦は、「不二倶ニハ…一セ」という部分否定の形（43ページ参照）。私闘によって、廉頗と藺相如のどちらかが倒れる恐れがあるということ。全部否定で「倶ニ不レ生キ。」（二人とも倒れる）は理屈に合わない。

発問例9 3

段落3で、藺相如の真意を知って、廉頗の心情はどのように変化したか。

——自分の非を悟り、罪人のみなりをして謝罪の意を表し、藺相如に心からわびた。

▼廉頗は人づてに、藺相如が個人的な感情よりも、国家の急務を優先したことを知った。その後の廉頗の行動は素早い。廉頗は自らを心のいやしい「鄙賤（ひせん）の人」と述べ、藺相如に和解を請うた。藺相如はそれを受け入れ、二人は「刎頸（ふんけい）の交（まじ）わり」を結ぶことになるのである。

発問例10 3

「刎頸の交わり」に類する友情や交友に関する語を漢字に改め、意味を調べよ。（出典がある場合は記すこと）

(1) エキシャサンユウ　(2) カンタン相照らす
(3) カンポウの交わり　(4) キンシツ相和す
(5) キンセキの交わり　(6) キンランの契り
(7) コウザンリュウスイ・チイン
(8) コウシツの交わり　(9) スイギョの交わり
(10) ダンキンの契り　(11) チクバの友
(12) バクギャクの友　(13) ボウケイの契り

——(1) 益者三友（論語）(2) 肝胆相照らす（故事必読成語考）(3) 管鮑の交わり（史記）(4) 琴瑟相和す（詩経）(5) 金石の交わり（漢書）(6) 金蘭の契り（易経）(7) 高山流水・知音（列子）(8) 膠漆の交わり（史記）(9) 水魚の交わり（三国志）(10) 断金の契り（水経注）(11) 竹馬の友（晋書）(12) 莫逆の友（荘子）(13) 忘形の契り（旧唐書）　＊意味は省略。

▼故事成語などの意味や出典を調べる際に、すぐにスマホを取り出す生徒が増えてきた。しかし、ネット情報には不確かなものが少なくないので、必ず漢和辞典で調べるように声をかけたい。「故事成語辞典」などの存在も教えておくとよい。

第三章でも前二章と同様に、藺相如の「勇気と智謀」が発揮されます。その勇気、強い心は、どんな悪口雑言を廉頗から浴びせられようとも、じっと耐え忍んだ姿勢に見ることができます。個人の感情よりも国家の急務を優先させたのは、彼の智謀——遠い先までの見通しと正確な判断力に負うところが大きいでしょう。舎人たちに廉頗と秦王の人間性を比較させたのも、藺相如の巧みな機知に裏付けされた心理作戦だったのです。

『論語』の授業に向けて
――中島敦「弟子」との融合授業

1 教室で『論語』をどう読むか

日本で最もよく知られ、人気のある中国古典は何でしょうか。おそらく『論語』の右に出るものはないでしょう。二番手は『唐詩選』、あるいは『孟子』や『孫子』、『三国志演義』、意外なところでは、ビジネスマンから『菜根譚（さいこんたん）』が推薦されるかもしれません。いずれにしても、『論語』が知名度や人気の点でナンバーワンであるのは間違いありません。『論語』関係の出版物の多さや、『論語』をテーマにした各種講座の人気ぶりが、これを裏付けます。

学校現場でも、『論語』は各校種共通の教材になっています。早くは小学校の教科書に、書き下し文の形ではあるものの、『論語』のいくつかの章が登場します。中学校教科書には、訓点を付した漢文と書き下し文を併載した形で収載されます。ちなみに、小学校・中学校の漢文教材は、ほぼ『論語』と唐詩に限られます。唐詩は絶句が中心で、李白と杜甫に人気が集まっていることも特徴的です。『史記』「項羽本紀」の「鴻門の会」の場面を収録した中学校教科書もありますが、多数派ではありません。

高等学校でも『論語』を載せない教科書はないほど、『論語』は定番教材化しています。必履習科目の漢文編の思想教材は、ほぼ『論語』一色と言っても過言ではありません。選択科目の教科書には、『論語』と並んで他の思想家、儒家の孟子や荀子、道家の老子・荘子、法家の韓非子、墨家の墨子などの文章も載せられます。しかし、『論語』以外の文章は、『論語』ほど時間をかけて扱われていないのが実情です。『論語』が小・中・高各校種の国語で、安定教材になっていることは、確かな事実です。

各校種の教科書が載せる『論語』教材を概観して、気になることが二点あります。

1 採り上げる章に偏りがあること。

一例を挙げれば、「子曰（ハク）、学（ビテ）而時（ニ）習（フレ）之（ヲ）、不（ニ）亦（タ）説（よろこバシカラ）（一）乎。」で始まる『論語』の冒頭の章は、ほぼすべての小・中・高教科書に載っています。この章は「小論語」とも評され、その意義は誰しも認めるところです。しかし、だからといって、各校種の教科書が重複して載せる意図は、簡単には説明できません。子どもは覚えるのも忘れるのも早いから、と言ってしまえばそれまでですが、小学校から高等学校まで共通して学ぶ教材は、他にはまずないでしょう。『論語』の同じ章を各校種で扱う上では、子どもたちの発達段階を踏まえた扱い方の差が議論されなければなりません。

2 学習目標が誤解を招きかねないこと。

『論語』を学習する目的は、人格形成でしょうか。『論語』を学ぶことで、結果的に人格が陶冶されることは否定できません。しかし、最初から人づくりを目的とした『論語』の授業は、本質を見失っていないでしょうか。『論語』を通した人づくりは、子ども向けの、あるいは親子を対象とした書籍や講座に任せましょう。

『論語』の学習目標は、多様な考え方を知り、自己を見つめ直すことです。孔子の言葉を鵜呑みにして実践しても、子どもたちの成長は期待できません。そもそも、二五〇〇年も前の考え方が、そのまま現代に通用するとは限りません。『論語』を教材化する際には、ともすると現代にもあてはまりそうな、「都合のよい」内容の章を選びがちです。しかし、口当たりがよく、咀嚼が容易な章ばかりでは、成長の糧にはなりません。早世した高橋和巳（一九三一―七一）は、学生時代に『論語』を読んで何度も腹を立て、その度に手にしていた岩波文庫を壁に投げつけて、とうとうぼろぼろにしてしまったそうです。高等学校段階であれば、思わず教科書を壁に投げつけたくなるような教材があってもよいでしょう。『論語』の学習イコール人格形成という短絡した考え方には、疑問を抱かざるを得ません。

ところで、『論語』を読んでいると、孔子が激して、感情を露わにしている場面に出くわすことがあります。その例を挙げてみましょう。

Ⅰ　宰予昼寝。子曰、「朽木不可彫也。糞土之牆不可杇也。於予何誅。」…。（公冶長）

Ⅱ　子之武城、聞絃歌之声。夫子莞爾而笑曰、「割鶏焉用牛刀。」子游対曰、「昔者偃也、聞諸夫子。曰、『君子学道則愛人、小人学道則易使也。』」子曰、「二三子、偃之言是也。前言戯之耳。」（陽貨）

Ⅲ　顔淵死。子曰、「噫、天喪予。天喪予。」（先進）

Ⅰの章では、孔子が平生の冷静さを失って、カンカンに怒っています。頭から湯気を立てる孔子の姿は、なかなかイメージできません。孔子はさらに続けて、「言葉を聞いただけでなく、行動を見た上で、人を信用するようにしよう。宰予の行動を見るにつけ、人を観る方針を改めるに至ったのだ。」とまで言い切っています。いったい、昼寝をしていただけで、これほど怒られるものでしょうか。宰予がしていたのは普通の昼寝ではなく、言葉にできないような別のことだという説があるのも肯けます。冷静な孔子らしくない、意外な一面が垣間見える章です。

Ⅱの章は、門人の子游が治めている武城の町を孔子が訪れた折の問答です。町が理想的に治まっている様子を見て、孔子が嬉しさのあまり、「小さな町なのに、こんなに大げさにしなくても。」とつい冗談を口にします。すると、生真面目な子游が孔子を、「私は先生がおっしゃった通りに実践しているのですよ。」とやり込めるのです。厳格な孔子も時には冗談を言い、門人に追及されると素直に謝るという、孔子の素朴で人間的な一面が見えます。

Ⅲの章は、最愛の門人顔回を亡くした際の慟哭の言葉です。孔子は顔回を自分の後継者として期待し、ことあるごとに顔回の学徳を高く評価する言葉を残しています。ここでは、孔子はⅠの章とは別の意味で感情をコントロールできずに、あろうことか「天」を非難するのです。顔回を失ったショックの大きさが想像できます。孔子が慟哭したのは、これが最初で最後だといいます。

以上の三つの章には、別の共通点があります。それは、孔子の感情がいずれも門人とのかかわりから発せられているという点です。Ⅰの章に見える孔子の過激な言葉は、ただ虫の居所が悪かったというだけでは説明できないでしょう。孔子激怒の種は、宰予という門人の日常の言動に求めざるを得ません。

Ⅱの章は、門人の子游が、孔子の期待に違わずに武城の町を治めていたという事実が前提になっています。子游が「楽」で町を治め、実績を挙げていたことが孔子を大喜びさせました。嬉しさのあまり、つい「ここまで大げさにしなくても。」と口にしてしまいます。孔子が「いや、失言だった。」と頭をかく場面は見ものです。

Ⅲの章からは、門人顔回に対する思い入れの深さが見てとれます。孔子は自分の後継者として、顔回に最も期待を寄せていました。顔回は孔子より三〇歳年下で、亡くなった時は三〇歳（一説に四〇歳）でした。孔子が生前の顔回をどのように評価していたかを知ると、孔子の「顔回ロス」の大きさを想像できます。

孔子は偉大な思想家であると同時に、精力的な教育者でもありました。私たち教員が一人では教育活動を行えないのと同様に、孔子も門人たちとのかかわりの中で様々なことを発見し、思想を深めていったのでしょう。『論語』には、孔子と門人たちとのかかわりの記録が刻まれています。

2 『論語』教材化の一例

『史記』の「孔子世家」には、孔子の門人は三千人、このうち、礼・楽・射・御・書・数の「六芸」を身につけていたのは、七十二人と記されています。同書の「仲尼弟子列伝」には七十七人という記載があり、実数は不明ながら、いわゆる「七十士之徒」（およそ七十人の門人たち）と考えてよいでしょう。

> 「七十士」の読み方は「シチジッシ」、「十哲」は「ジッテツ」です。最近はアナウンサーも「十個」を「ジュッコ」と読みますので、間違いやすいところです。しかし、国語教師たる者、言葉の変化に前のめりであっては困るのです。なぜ「ジッテツ」と読むべきなのかは、ぜひ調べてみましょう。根拠がわかれば、読み間違いは解消します。ヒントは「十」の字音「ジフ」にあります。

「七十士之徒」の中で、十人の高弟を特に「孔門の十哲」と呼びます。

「孔門の十哲」の人物名を挙げておきます（↓板書例）。

この十人は、『論語』先進編で孔子が陳・蔡の厄（遊説の旅の道中、陳・蔡の国境あたりで兵に囲まれ、食糧不足で苦しんだ災難）に遭った際にお伴をしていたメンバーで、必ずしも「最高の十人」とは言えません。先ほど名前が出た、昼寝をして孔子を激怒させた宰予も入っていますし、逆に曽子（曽参）の名はありません。曽子は孔子の道を後代に伝えた第一人者とされ、「子」をつけた形で『論語』に登場する数少ない門人の一人です。ちなみに、曽子の『論語』への登場回数は一四章です。

ここでは、最多登場回数を誇る子路に注目してみます。もちろん、登場回数多きがゆえに尊いわけではありません。しかし、考える材料が豊富であることは確かです。子貢も子路に迫る三八章に登場しますし、『史記』の「仲尼弟子列伝」では、子貢の紹介に子路の二倍近いスペースが費やされています。孔子と門人とのかかわりを考える時には、子貢も当然候補に挙がりますが、いかんせん子貢の人となりは子路ほど単純ではありませ

◉板書例◉

○孔門の十哲（じってつ）
孔子の門人の中で、学徳のすぐれた十人の高弟をいう。
＊数字は、『論語』の章に登場する回数。『論語』全体は約五〇〇章。

徳行（仁徳を身につけて行動に表すこと）
顔淵（顔回）　21章
閔子騫　5章
冉伯牛　1章
仲弓　6章

言語（弁論に巧みであること）
宰我（宰予）　5章
子貢　38章

政事（政治家として能力があること）
冉有（冉求）　15章
子路（季路）　40章

文学（詩・書・礼・楽に通じていること）
子游　8章
子夏　20章

「孔門の十哲」は四つの分野に分けられているので、「四科十哲」ともいう。

ん。子貢は顔回とともに、別の機会に譲ることとします。

なお、漢文の授業では固有名詞の読み方を統一することを心がけましょう。顔回と顔淵が別人だと錯覚する生徒は確実に存在します。一つの話題の中に、陶潜と陶淵明が混在していると、戸惑う生徒もいるでしょう。漢文に登場する人物は姓名で呼ぶのがならわしです。ただし白居易は、言いやすさから字（あざな）の「楽天」で呼ぶ人が多いかもしれません。また、陶潜は名が「潜」と「淵明」の二説あります。授業中はその人の最もポピュラーな呼び方を用い、他の呼び方はできるだけ避けるように、気を配りたいものです。したがって、ここでは季路でも仲由でもなく、最も親しまれている子路で統一します。ちなみに子路は、姓が仲、名が由、子路または季路が字です。

③ 教材化の実際

子路の人となりをより深く理解するために、中島敦の小説「弟子」を援用します。また横道にそれますが、「弟子」は「デシ」と「テイシ」のどちらに読むべきでしょうか。「弟」の字音は、漢音が「テイ」、呉音が「ダイ」、「デ」は慣用音です。したがって、漢音を優先して用いる漢文の訓読では「テイシ」ですし、漢学の素養が豊かだった中島敦も「テイシ」と読んだでしょうが、教室では「デシ」と読まないと通じないかもしれません。ちなみに教材づくりに利用する「青空文庫」の作品索引では、「デシ」と表示されています。機会があれば、「デシ」と読まざるを得ない理由にも触れておきましょう。「青空文庫」の利用法については、後で説明します。

子路が登場する章は、高等学校の漢文教科書に多く採られています。しかし残念ながら、子路の言動、あるいは孔子と子路との問答だけで教材化された例はありません。そこで今回は、教科書から離れて独自の教材を作り、授業を進めることとします。

なお、教材化にあたっては、生徒各自が中島敦の小説「弟子」の本文を持っていることを前提にしています。同じ作者の小説「山月記」は「国民教材」と位置づけられ、高等学校「現代文」の定番教材になっています。各社の文庫は「山月記」と「弟子」を併載していますから、「現代文」の授業で文庫を使っていれば、漢文の授業で再利用できるという目論見です。「現代文」で文庫を買うことを指示していないし、まして漢文の授業では……という向きには、後に別の方法を提案します。

教材例 孔子と子路

設問1 子路はどんな人だったのだろう。

次の章は、一年次にも学習した。読み方と意味を再確認しよう。

＊（ ）内は、『論語』の編名。以下、同じ。

子曰、由、誨女知之乎。知之為知之、不知為不知。是知也。（為政）

設問2 孔子と子路はどのように出会ったのか、中島敦「弟子」を読んで確認しよう。

中島敦の小説「弟子」第一節を読み、孔子と子路の出会いがどのようなものであったかをまとめてみよう。

設問3 孔子と子路の年齢差を確認しよう。

教科書の脚注や漢和辞典・資料集などの記載を参考にするとよい。

設問4 『論語』で孔子と子路の問答を読んでみよう。

入門後、子路が孔子と行った問答は『論語』に見ることができる。そのうちの数章を読み、次の点についてまとめてみよう。

(1) 子路は何を質問し、孔子はそれにどのように答えているか。
(2) 孔子の返答には、子路に対するどのような思いがこめられているか。
(3) 子路は孔子の答をどのように受け取ったと想像できるか。

A 子謂顔淵曰、用之則行、舎之則蔵。唯我与爾有是夫。

子路曰、子行三軍、則誰与。

子曰、暴虎馮河、死而無悔者、吾不与也。必也臨事而懼、好謀成者也。（述而）

B 子路問、聞斯行諸。

子曰、有父兄在、如之何其聞斯行之。

冉有問、聞斯行諸。

子曰、聞斯行之。

公西華曰、由也問、聞斯行諸。子曰、有父兄在。求也問、聞斯行諸。子曰、聞斯行之。赤也惑。敢問。

子曰、求也退、故進之。由也兼人、故退之。（先進）

C 在陳絶糧。従者病、莫能興。

子路慍見曰、君子亦有窮乎。

子曰、君子固窮。小人窮斯濫矣。（衛霊公）

D 子路問君子。

子曰、修己以敬。

曰、如斯而已矣。

曰、修己以安人。

曰、如斯而已矣。

曰、修己以安百姓。修己以安百姓、堯・舜其猶病諸。（憲問）

設問5 子路に対する孔子の評価がわかる章を『論語』から探してみよう。

次のような手順で進めるとよい。まず、小説「弟子」から、子路に対する孔子の評価を探し、箇条書きにする。

次に、語注を参考にして『論語』を出典にした記述を選び出し、『論語』の本文と比較する。

設問6 孔子は子路の死をどのように受けとめたか。

小説「弟子」第十六節を読み、子路はどのような事情で死んだのか、また孔子はそれをどのように受けとめたか。この二点についてまとめてみよう。

設問7 学習のまとめとして、孔子と子路の関係について、気づいたことや感想を書いてみよう。

子路は孔子をどのように見ていたのだろうか。これを手がかりにして、気づいたことや感想を書いてみよう。

「弟子」を収めた文庫のうち、手に入れやすいものをご紹介します。（配列は文庫名の五十音順）

ア　『山月記・李陵　他九篇』（岩波文庫）語注・解説を付す。「弟子」の語注は15ページ。

イ　『李陵・山月記　弟子・名人伝』（角川文庫・角川文庫クラシックス）（両者の実体は同じ）挿絵入り。語注・解説・参考文（班固「李陵伝」・司馬遷「任少卿に報ずる書」・李景亮「人虎伝」、すべて書き下し文）・主要参考文献目録・年譜・「李陵」関係地図を付す。「弟子」の語注は3ページ。

ウ　『山月記・弟子・李陵ほか三編』（講談社文庫）語注・解説・年譜を付す。「弟子」の語注は6ページ。

エ　『李陵・山月記』（新潮文庫）語注・解説・年譜を付す。「弟子」の語注は21ページ。

オ　『教科書で読む名作　山月記・名人伝ほか』（ちくま文庫）語注・解説・李景亮「人虎伝」（書き下し文）・年譜を付す。語注は後注ではなく、いわゆる教科書スタイルで、ページごとに付されている。

カ　『現代日本文学館　李陵　山月記』（文春文庫）語注・解説・年譜を付す。「弟子」の語注は5ページ。

この中には絶版になったものも含まれていますが、古書の通販などを利用すると、比較的容易に入手できます。六点を比較すると、様々な差異が見えてきます。特に大きなちがいは、語注のボリュームです。語注のページ数が少ないものは、先に掲げた教材で設問6の作業をする際に、難渋することが予想されます。

生徒が使いやすいのは、語注を教科書スタイルで掲げたオでしょうか。一方、教師主体で選ぶと、語注に多くのページを割いているイやエに軍配が上がります。

ところで、生徒全員に文庫本を持たせることは、とても無理だという環境の場合は、どうしたらよいでしょうか。「弟子」の本文は、私たち旧世代の教師がお得意にしてきた元祖コピー・アンド・ペースト（鋏と糊の作業）では、対処が難しそうです。文庫のページ数は、多いものでは六〇ページを超えます。『中島敦全集』など、大きめの判型の書籍を利用すれば、ページ数は少なくなるものの、激減効果は期待できません。元祖コピペの弱点は、学校での印刷が相当な枚数に上ることです。

「弟子」の場合、「青空文庫」にはＨＴＭＬファイルとテキストファイルの二種類が用意されています。校内ＬＡＮとタブレット端末が整備されている学校なら、ＨＴＭＬファイルをダウンロードすれば、すぐに電子書籍として利用できます。これは生徒全員に「弟子」本文を持たせるための、最も簡便な方法です。

「青空文庫」からダウンロードして、編集を加え、学校で印刷するという方法もあります。テキストファイルを授業用に編集するには、相当の時間と根気を要します。筆者が試したところ、（　）内のふりがなを通常の位置に振り直すのに、数時間かかりました。これをＡ４判の標準的な字詰めで印刷すると、一〇枚以上になってしまいます。やはり印刷枚数が多くなるのが弱点です。

残された方法は、「青空文庫」からテキストファイルを手に入れ、編集の後に抜粋することでしょうか。泉下の中島敦からお叱りを受けそうですが、支障のない範囲で抜粋することは不可能ではないでしょう。

学校の費用でクラスの人数分の文庫を購入し、授業で利用する方法も有力です。しかし、各学校の事情は様々ですから、強くはお奨めできません。とはいえ、何らかの形で「弟子」の本文が生徒の手許にないと、この授業は成り立たないことはご理解ください。

4 効果的な授業展開

話題がハード面に偏りましたので、軌道修正を図りましょう。ここからは、作成した独自教材の設問ごとに、その意図と授業の進め方を説明していきます。

【設問1】 子路はどんな人だったのだろう。

これまでの学習で既習の章をふり返って、子路の人柄を確認する作業です。必履修科目では、「わかっていること」と「わからないこと」のちがいに焦点を絞られたかもしれません。ここでは、この章から推測される子路の人となりを追究します。

少々大胆かもしれませんが、白文で示し、「これを読んでごらん。」と指示してみましょう。生徒は訓点が付いた漢文を読み慣れていますから、最初はとまどうものの、案外すらすらと読める生徒も多くいるでしょう。隣同士で相談させてもよいかもしれません。言うまでもなく、全文白文でという学習スタイルは、高等学校の学習形態としてふさわしくありません。しかし、要所要所で白文を取り入れることは、読解力向上に大きく寄与します。

なお「白文」とは、正確に言えば訓点（句読点・送り仮名・返り点）の付されていない文のことです。句読点の付いたものは広義の白文ではありませんが、高等学校の段階では句読点の位置まで考えさせるのは酷です。

教材の白文を見て、カギ括弧がないことにお気づきでしょうか。カギ括弧の位置を判断することは、読解する上で避けて通れません。筆者は『曰はく』」の後には、カギ括弧が来る。」を口癖にしています。この章は孔子の言葉が章末まで及んでいますから、結びのカギ括弧の位置を決定することは難しくありません。

「読んでごらん。」の指示の後、数分したら次のように読み上げて、生徒に送り仮名や返り点などを確認させます。

〔読み方〕

子曰はく、「由、女に之を知るを誨へんか。之を知るを之を知ると為し、知らざるを知らずと為す。是れ知るなり。」と。

説明の手順と要点を挙げておきます。

①カギ括弧

白文に接した時は、地の文と会話文を確実に見分け、会話文には必ずカギ括弧を付けるように呼びかけます。

②ふりがな

読めない漢字には、必ずふりがなを付す。これを習慣化させましょう。ふりがなを付すことは恥ずかしいことではなく、学習上不可欠の行為です。教科書では字音・字訓ともに歴史的仮名遣いに従っていますが、生徒がふりがなを付ける場合には、字音は「由（ゆう）」のように現代仮名遣いでかまわないことを言い添えましょう。反対に字訓は、「女（なんぢ）」のように歴史的仮名遣いを癖にすると、古文の学習にも有益です。

③送り仮名

必ず触れたいのは、「誨」の送り仮名です。「誨エン」ではなく、歴史的仮名遣いで「誨ヘン」です。「是」は、「レ」を送る・送らないの二つの立場があります。「是」に送り仮名の「ヲ」や「ニ」が付いていない場合は、「是非」の「ぜ」と誤読する恐れがあります。筆者はこのような場合は、「レ」を送るように奨めています。

④返り点

この章の訓読は、レ点と一二点だけで処理できますから、さほど困難はないはずです。ただし、一箇所だけ「知㆑之」のようにレ点と一点が複合した返り点が必要になります。すっかり忘れている生徒もいるでしょうから、復習も兼ねて丁寧に扱いたいところです。

蛇足ながら、「イチレ点」という名称はありません。俗にそのように呼ばれていることは承知した上で、筆者は頑固に「一点とレ点が複合した形」と説明することにしています。

解釈の上では、次の三点をおさえておきましょう。

①「由」は子路の名であること。

人を呼ぶ時に、相手が目下の人の場合には名（生まれた時につける本名）を用います。具体的には、君主が臣下を、親が子を、師が門人を呼ぶ場合などが、これにあたります。名は自分自身を言う場合、つまり一人称としても機能します。これ以外の他人を呼ぶ場合は、普通は字（成人した時に、名のほかにつける別名）を用います。『論語』のいくつかの章では、孔子が字で「仲尼」と呼ばれています。

②「知ル」の訳語は「知る」だけではないこと。

「知ル」の訳語は「わかる」「理解する」「気づく」「記憶する」「親しむ」「見分ける」「かかわる」などと多彩です。いつでも「知る」と訳すのではなく、その文章に即した訳語を工夫したいものです。この章では「わかる」「理解する」が適当でしょう。

③「知レ之ヲ」の「之」は指示語ではないこと。

「これをわかっていることをこれをわかっていることとし、」と訳しても、意味は通じません。「知レ之ヲ」の「之」は、下の「不レ知ラ」と音節数をそろえ、より対句表現らしくするためにつけ加えられたものです。この「之」は、語調を整える働きと説明できます。

〔現代語訳〕

孔子はいう、「由よ、おまえに『理解する』ということを教えようか。（自分で）わかっているとはわかっているとし、わからないことはわからないと（はっきり区別）する。これがつまり『理解する』ことなのだ。」と。

以上は既習の事柄です。しかし、すっかり忘れてしまったという生徒もいるでしょう。どれも今後の学習を進める上で大事な事項ですから、徹底を図りたいものです。

さて、この章からは子路のどのような人柄が読みとれるでしょうか。「既知の事柄と未知の事柄をしっかり区別せよ。」という孔子の口ぶりからすると、子路は褒められていないことがうかがえます。ひょっとしたら、子路が何か知ったかぶりをしたのかもしれません。それを孔子が厳しく戒めているのでしょう。この段階では、子路はけっして「優等生」ではなかったことが確認できれば十分です。

【設問2】孔子と子路はどのように出会ったのか、中島敦「弟子」を読んで確認しよう。

次の段階は、中島敦の小説「弟子」第一節を読み、孔子と子路の出会いがどのようなものであったかをまとめる作業です。少々長くなることを承知の上で、「弟子」第一節の前半部分を引用します。

けたたましい動物の叫びと共に眼を瞋らして跳び込んで来た青年と、圜冠句履緩く玦を帯びて几に凭った温顔の孔子との間に、問答が始まる。

「汝、何をか好む？」と孔子が聞く。

「我、長剣を好む。」と青年は昂然として言い放つ。

孔子は思わずニコリとした。青年の声や態度の中に、余りに稚気満々たる誇負を見たからである。血色のいい・眉の太い・眼のはっきりした・見るからに精悍そうな青年の顔には、しかし、どこか、愛すべき素直さがおのずと現れているように思われる。再び孔子が聞く。

「学はすなわちいかん？」

「学、豈、益あらんや。」もともとこれを言うのが目的なのだから、子路は勢込んで怒鳴るように答える。

学の権威について云々されては微笑ってばかりもいられない。孔子は諄々として学の必要を説き始める。人君にして諫臣が無ければ正を失い、士にして教友が無ければ聴を失う。樹も縄を受けて始めて直くなるのではないか。馬に策が、弓に檠が必要なように、人にも、その放恣な性情を矯める教学が、どうして必要でなかろうぞ。匡し理め磨いて、始めてものは有用の材となるのだ。

後世に残された語録の字面などからは到底想像も出来ぬ・極めて説得的な弁舌を、孔子は有っていた。言葉の内容ばかりでなく、その穏かな音声・抑揚の中にも、それを語る時の極めて確信に充ちた態度の中にも、どうしても聴者を説得せずにはおかないものがある。青年の態度からは次第に反抗の色が消えて、ようやく謹聴の様子に変って来る。

*引用は、「青空文庫」により、ふりがなの一部を改めた。傍点は、原文のまま。以下、同じ。

孔子を辱めようと勢い込んで乗り込んだ子路が、孔子の「説得的な弁舌」によって態度を変えていく様子が、鮮やかに描かれています。「弟子」の執筆にあたって作者が座右に置いたのは、『論語』のほかに『史記』の「孔子世家」や「仲尼弟子列伝」、『孔子家語』、『説苑』などの中国古典でした。特に『孔子家語』の記述は、「弟子」の構成上の骨格をなしています。試みに『孔子家語』の一編「子路初見第十九」の冒頭を見てみましょう。

子路 孔子に見ゆ。孔子曰はく、「汝は何をか好楽する。」と。対へて曰はく、「長剣を好む。」と。孔子曰はく、「我 此を之れ問ふに非ざるなり。徒だ謂ふ、子の能くする所を以てして、之に加ふるに学問を以てせば、豈に及ぶべけんや。」と。子路曰はく、「学 豈に益あらんや。」と。孔子曰はく、「夫れ仁君にして諫臣無くんば則ち正を失ひ、士にして教友無くんば則ち聴を失ふ。狂馬を御するには策を釈てず、弓を操るには檠に反かず。木は縄を受くれば則ち直く、人は諫を受くれば則ち聖となる。学を受けて重ねて問はば、孰か順ならざらんや。仁を毀り仕を悪まば、必ず刑に近づく。君子は学ばざるべからず。」と。

*訓読は、藤原正校訳『孔子家語』（岩波文庫、一九三三年）を参考にした。

先ほど引用した「弟子」冒頭の孔子と子路のやりとりの部分は、『孔子家語』の記述と見事な一致が見られます。譬えはうまくありませんが、モノクロの『孔子家語』が、中島敦の筆によって鮮やかなフルカラーになって現代によみがえったと言えるでしょう。『論語』の学習で「弟子」を参照する理由は、ここにあります。

【設問3】 孔子と子路の年齢差を確認しよう。

孔子と子路の年齢差は、どれくらいあったのでしょうか。教科書などで子路の注を見ると、そのほとんどに「孔子より九歳若い。」という記述があります。しかし残念ながら、その年齢差を実感し、読解に活かしている生徒は多くないのです。

教科書の脚注や漢和辞典・資料集などの記述を参考にして、孔子と子路の生没年を調べ、引き算によって年齢差を算出してみましょう。

孔子　前五五一年—前四七九年　享年七三
子路　前五四二年—前四八〇年　享年六三

計算すると、孔子と子路の年齢差は九歳であることがわかります。さらに、二人が何歳で亡くなったかも計算してみましょう。「孔子の享年を計算してみよう。」と指示すると、「誕生日がわからないから無理だ。」と異を唱える生徒がいます。そのような場合は、「数え年で考えるんだよ。」と言い添えると、大方の生徒は納得します。

数え年の考え方に従うと、たとえば大晦日（おおみそか）に生まれた子どもは翌日二歳です。満年齢では、大晦日生まれの子どもは、翌年の誕生日の前日までゼロ歳のままですから、数え年と満年齢とでは、最大二歳の差が生じます。古典の世界はすべて数え年ですから、誕生日がわからなくても大丈夫なのです。そもそも昔の人は、誕生日などは意識していませんでした。

せっかくですから、二人の没年と享年にも注目してみます。子路は孔子の存命中に亡くなっていることに気づくでしょう。また、孔子は当時としては異例の長寿だったことにも驚かされます。

さらに、孔門の有力な弟子二人の生没年も横に並べてみましょう。

孔子　前五五一年―前四七九年　享年七三
子路　前五四二年―前四八〇年　享年六三
顔回　前五二一年―前四八一年？　享年四一？
子貢　前五二〇年―前四五六年？　享年六五？

顔回は孔子よりも三〇歳若く、子貢は三一歳若いことがわかります。顔回と子貢は同年代で、子路よりもかなり若い世代に属しています。

顔回や子貢の没年には異説がありますが、先の数字どおりであれば、孔子は二年続きで顔回と子路の死に立ち会ったことになります。顔回の死の二年前（前四八三）には、孔子は一人息子の鯉（り）を失っています。晩年の孔子は、度重なる不幸に見舞われたようです。

本論に戻りましょう。子路は孔子と九歳しか違わないところから、『論語』には子路が孔子に遠慮せず、不躾（ぶしつけ）な質問を投げかける場面が多く見られます。子路はもともと積極的で物おじしない性格だったようですが、孔子との関係を考える上で、年齢差は無視できない要素です。

またまた余談です。大学の授業で「孔子の生年は紀元前五五一年、今年は二〇二三年。さて、孔子が生まれたのは、今から約何年前だろう。」と問いかけると、「今から一五〇〇年近く前です。」と答えてはばからない学生が、少なからずいるのです。学力差の大きさに改めて驚かされます。

＊孔子の生年は、一説に前五五二年とされています。ここでは前五五一年説に拠りました。

【設問4】　『論語』で孔子と子路の問答を読んでみよう。

入門後、子路が孔子と行った問答は『論語』に多く残っています。そのうちの数章を読んで、次の点について考えるのがこの設問の眼目です。

(1)　子路が何を質問し、孔子はどのように答えたか。
(2)　答える時、孔子の態度はどのようであったか。
(3)　子路は孔子の答をどのように受け取ったか。

授業は次のように進めます。教師がその章を数度繰り返して音読し、生徒は白文にカギ括弧、ふりがな、送り仮名、返り点を付していきます。次は斉読です。多くの生徒が読みにつまずいた箇所は、何度もくり返して読む必要があるでしょう。現代語訳、解説の後にもう一度斉読することで、生徒の理解を深めることができます。

配布教材には、ある工夫があります。白文が会話ごとに改行してあることにお気づきでしょうか。特にBのように長く、繰り返しが多い章の場合には、会話ごとの分かち書きが有効です。

念のため、各章に返り点を付したものと、その書き下し文を示します。

教材例 孔子と子路［設問4］の解説

A 子謂二顔淵一曰、「用レ之則行、舎レ之則蔵。唯我与レ爾有レ是夫。」

子路曰、「子行二三軍一、則誰与。」

子曰、「暴虎馮河、死而無レ悔者、吾不レ与也。必也臨レ事而懼、好レ謀而成者也。」（述而）

〈書き下し文〉

子 顔淵に謂ひて曰はく、「之を用ゐば則ち行ひ、之を舎(す)てば則ち蔵(かく)る。唯だ我と爾(なんぢ)と是(これ)有るかな。」と。

子路曰はく、「子 三軍を行(や)らば、則ち誰(たれ)と与(とも)にせん。」と。

子曰はく、「暴虎(ぼうこ)馮河(ひょうが)、死して悔ゆること無き者は、吾は与にせざるなり。必ずや事に臨みて懼(おそ)れ、謀(はかりごと)を好みて成す者なり。」と。


B 子路問、「聞斯行レ諸。」

子曰、「有二父兄在一、如レ之何、其聞斯行レ之。」

冉有問、「聞斯行レ諸。」

子曰、「聞斯行レ之。」

公西華曰、「由也問、『聞斯行レ諸。』子曰、『有二父兄在一。』求也問、『聞斯行レ諸。』子曰、『聞斯行レ之。』赤也惑。敢問。」

子曰、「求也退、故進レ之。由也兼レ人、故退レ之。」（先進）

〈書き下し文〉

子路問ふ、「聞くがままに斯(すなは)ち諸(これ)を行はんか。」と。

子曰はく、「父兄の在(いま)す有り、之を如何(いかん)ぞ其れ聞くがままに斯ち之を行はん。」と。

冉有(ぜんいう)問ふ、「聞くがままに斯ち諸を行はんか。」と。

子曰、「聞くがままに斯ち之を行へ。」と。

公西華曰はく、「由や問ふ、『聞くがままに斯ち諸を行はんか。』と。子曰はく、『父兄の在す有り。』と。求や問ふ、『聞くがままに斯ち諸を行はんか。』と。子曰はく、『聞くがままに斯ち之を行へ。』と。赤や惑ふ。敢へて問ふ。」と。

子曰はく、「求や退く、故に之を進めたり。由や人を兼ぬ、故に之を退けたり。」と。


C 在レ陳絶レ糧。従者病、莫二能興一。

子路慍見曰、「君子亦有レ窮乎。」

子曰、「君子固窮。小人窮斯濫矣。」（衛霊公）

〈書き下し文〉

陳(ちん)に在りて糧を絶つ。従者病みて、能く興(た)つこと莫し。

子路 慍(いか)り見えて曰はく、「君子も亦た窮すること有るか。」と。

子曰はく、「君子は固(もと)より窮す。小人は窮すれば斯(ここ)に濫(らん)す。」と。


D 子路問二君子一。

子曰、「脩レ己以敬。」

曰、「如レ斯而已矣。」

曰、「脩レ己以安レ人。」

曰、「如レ斯而已矣。」

曰、「脩レ己以安二百姓一。脩レ己以安二百姓一、尭・舜其猶病レ諸。」（憲問）

〈書き下し文〉

子路 君子を問ふ。

子曰はく、「己を脩めて以て敬す。」と。

曰はく、「斯(か)くのごときのみか。」と。

曰はく、「己を脩めて以て人を安んず」と。

曰はく、「斯くのごとくなるのみか。」と。

曰はく、「己を脩めて以て百姓(ひゃくせい)を安んず。己を脩めて以て百姓を安んずるは、尭(げう)・舜(しゅん)も其(そ)れ猶(な)ほ諸(これ)を病めるか。」と。

Aの章について

(1) 子路が「もし先生が大軍を指揮されるとしたら、誰と一緒になさいますか。」と質問すると、孔子は「お前のような蛮勇の主とは、行動をともにしない。」と一蹴した。

(2) 孔子は、子路が「当然お前だよ。」という返答を期待していることを見抜き、「暴虎馮河」の蛮勇を誇る子路を戒めている。

(3) 顔回への返答とのあまりの落差にがっかりし、顔回ばかり褒める孔子を恨めしく思っただろう。

Bの章について

(1) 子路が「先生から聞き習ったことをそのまま実行に移してよろしいでしょうか。」と質問したところ、孔子は「実行に移す前に、父上や兄上に相談しなさい」。と答えた。

(2) 同じ質問をした引っ込み思案の公西華とは正反対に、「子路は出しゃばりだから、牽制したまでのことだ。」と、子路の直情径行な性格を承知した上で返答している。

(3) 痛いところを突かれ、「また先生に叱られた。」としょげ返りながら、我が身の欠点を思いやったことだろう。

Cの章について

(1) 陳で軍隊に囲まれて、お伴の門人たちが餓えて病み疲れ、立つこともできないほどであった時に、子路が「先生のような君子でも困窮することがあるのですか。」と質問した。孔子は「君子ももとより困窮するが、その時に君子と小人のちがいがわかるのだ。」と答えた。

(2) 孔子は子路が不平を抱く気持ちを理解しながらも、「このような時にこそ、その人の器の大小がわかるのだ。」と教え諭している。

(3) 孔子の答えによって餓えや疲れが払拭されたわけではないが、子路は「こんな時でも先生は立派だな。」と改めて感じ入ったにちがいない。

Dの章について

(1) 子路が「君子とはどのような人ですか。」と尋ねると、孔子は「修養につとめ、常に自分をつつしむ人を君子というのだ。」と答えた。子路は孔子の深意を理解できずに、「たったそれぐらいでよいのですか。」と繰り返し尋ねた。

(2) 孔子は子路の理解の浅さに呆れながらも、君子の修養の範囲を自分自身から周囲の人々、さらには天下の万民にまで広げて、子路に理解させようとしている。

(3) 「堯・舜のような聖天子でさえ、苦労されたのだ。」という孔子の言葉を聞いて初めて納得し、修養の重大性を再認識したのではないだろうか。

子路の人となりは、「弟子」にも詳しく描かれています。そのいくつかを抜き出してみましょう。

後年の孔子の長い放浪の艱苦（かんく）を通じて、子路ほど欣然（きんぜん）として従った者は無い。（第二節）

欠点だらけではあっても、子路を下愚とは孔子も考えない。孔子はこの剽悍（ひょうかん）な弟子の無類の美点を誰よりも高く買っている。それはこの男の純粋な没利害性のことだ。（第二節）

どしどし問返すのは、心から納得出来ないものを表面（うわべ）だけ諾（うべな）うことの出来ぬ性分だからだ。また、他の弟子達のように、嗤（わら）われまい叱られまいと気を遣（つか）わないからである。（第五節）

「愛すべき単純な若者」（第一節）、「大きな子供」（第七節・第九節）、「朴直（ぼくちょく）子路」・「孔門随一の快男児」（第十四節）などの子路に冠せられた形容も、子路の人となりを知る重要な材料です。

小説「弟子」はけっして短くはないために、途中で投げ出してしまう生徒がいるかもしれません。あきらめずに通読するよう励ましましょう。

【設問5】 子路に対する孔子の評価がわかる章を『論語』から探してみよう。

具体的な手順を示します。

①まず、小説「弟子」から、子路に対する孔子の評価を記した箇所を探し、箇条書きにする。
②次に、語注を参考にして、その中から『論語』を出典にしたものを選び出す。
③クラスに『論語』の注釈書を数冊用意しておき、生徒は必要があれば『論語』の本文を参照する。

子路に対する孔子の評価を数例挙げてみます。

○孔子はこの剽悍な弟子の無類の美点を誰よりも高く買っている。それはこの男の純粋な没利害性のことだ。この種の美しさは、この国の人々の間に在っては余りにも稀なので、子路のこの傾向は、孔子以外の誰からも徳としては認められない。むしろ一種の不可解な愚かさとして映るに過ぎないのである。しかし、子路の勇も政治的才幹も、この珍しい愚かさに比べれば、ものの数でないことを、孔子だけは良く知っていた。（第二節）

○策を必要とする弟子もあれば、手綱を必要とする弟子もある。容易な手綱では抑えられそうもない子路の性格的欠点が、実は同時にかえって大いに用うるに足るものであることを知り、子路には大体の方向の指示さえ与えればよいのだと考えていた。（第五節）

○孔子はまた、子路の中で相当敏腕な実際家と隣り合って住んでいる大きな子供が、いつまでたっても一向老成しそうもないのを見て、可笑しくもあり、困りもするのである。（第九節）

これ以外にも子路に対する孔子の評価は随所に記されていますが、紙数の関係で引用は省略します。

さて次は、子路に対する孔子の評価の中から、『論語』の記述に基づいたものを探す作業です。『論語』の約五〇〇章を端から端まで点検するのは、高校生には荷が勝ちすぎます。そこで、「弟子」の語注を索引代わりに利用するのです。この作業に用いる文庫は、語注が豊富で詳しいものが便利であることは言うまでもありません。

子路に対する孔子の評価のうち、『論語』に依拠しているのは次の七箇所です。「弟子」の文章と『論語』の章を並べる形で示しましょう。『論語』の各章は、訓点のついた形とその現代語訳も併せて掲げます。

a 「礼と云い礼と云う。玉帛を云わんや。楽と云い楽と云う。鐘鼓を云わんや。」などと大いに欣んで聞いているが、曲礼の細則を説く段になるとにわかに詰まらなさそうな顔をする。形式主義への・この本能的忌避と闘ってこの男に礼楽を教えるのは、孔子にとってもなかなかの難事であった。（第二節）

子曰、「礼云、礼云、玉帛云乎哉。楽云、楽云、鐘鼓云乎哉。」

——先生が言った、「礼、礼とよくいうが、それは（礼物としての）玉や絹布のことをいうのだろうか。楽、楽とよくいうが、それは（楽器としての）鐘や太鼓のことをいうのだろうか。（形式よりも礼楽の根本が大事だ。）」と。

b 上智と下愚は移り難いと言った時、孔子は子路のことを考えに入れていなかった。欠点だらけではあっても、子路を下愚とは孔子も考えない。孔子はこの剽悍な弟子の無類の美点を誰よりも高く買っている。それはこの男の純粋な没利害性のことだ。（第二節）

子曰、「唯上知与下愚不移。」

——先生は言った、「生まれながらに道を知る賢い者と困窮しても学ばない愚かな者は、どちらも変わりにくい。」と。

c　子路は師の教の中から、この単純な倫理観を補強するようなものばかりを選んで摂り入れる。巧言令色足恭、怨ヲ匿シテ其ノ人ヲ友トスルハ、丘之ヲ恥ヅ　とか、生ヲ求メテ以テ仁ヲ害スルナク身ヲ殺シテ以テ仁ヲ成スアリとか、狂者ハ進ンデ取リ狷者ハ為サザル所アリとかいうのが、それだ。孔子も初めはこの角を矯めようとしないではなかったが、後には諦めて止めてしまった。とにかく、これはこれで一匹の見事な牛には違いないのだから。（第五節）

子曰、「巧言・令色・足恭、左丘明恥レ之。丘亦恥レ之。匿レ怨而友二其人一、左丘明恥レ之。丘亦恥レ之。」（公冶長）

——先生は言った、「口先がうまくて、愛想笑いをし、へつらうようにうやうやしいのを、左丘明は恥じたというが、私もこれを恥ずかしいと思う。心の底にうらみを隠しながら、友だちづきあいをするのを、左丘明は恥じたというが、私もこれを恥ずかしいと思う。」と。

d　孔子が公宮から帰って来ると、子路が露骨に不愉快な顔をしていた。彼は、孔子が南子風情の要求などは黙殺することを望んでいたのである。まさか孔子が妖婦にたぶらかされるとは思いはしない。しかし、絶対清浄であるはずの夫子が汚らわしい淫女に頭を下げたというだけで既に面白くない。（第九節）

子見二南子一。子路不レ説。夫子矢レ之曰、「予所レ否者、天厭レ之。天厭レ之。」（雍也）

——先生が（衛の霊公夫人で淫蕩の評判のあった）南子に面会した。子路は不愉快な顔をした。先生は子路に誓って言った、「もし私によくないところがあれば、天が私を見捨てるだろう。天が私を見捨てるだろう。」と。

e　子路が納得し難げな顔色で立去った時、その後姿を見送りながら、孔子が愀然として言った。邦に道有る時も直きこと矢のごとし。道無き時もまた矢のごとし。あの男も衛の史魚の類だな。恐らく、尋常な死に方はしないであろうと。（第十二節）

子曰、「直哉史魚。邦有レ道如レ矢、邦無レ道如レ矢。君子哉、蘧伯玉。邦有レ道則仕、邦無レ道、則可二巻而懐レ之。」

——先生が言った、「剛直だなあ、（衛の大夫の）史魚は。国に道が行われていてもいなくても、矢のよう（に正直一途）だ。君子だなあ、（衛の大夫の）蘧伯玉は。国に道が行われている時には、出でて仕え、国に道が行われていない時には、（その才知を）隠して懐にしまって世に現れない。」と。

f　「片言もって獄を折むべきものは、それ由か」などという孔子の推奨の辞までが、大袈裟な尾鰭をつけて普く知れ渡っていたのである。（第十四節）

g　諾を宿するなし、という子路の信と直とは、それほど世に知られていたのだ。（第十五節）

子曰、「片言可二以折一レ獄者、其由也与。」子路無レ宿レ諾。」（顔淵）

——先生が言った、「ただ一言で訴えを裁くことができるのは、（門人の中で）子路だけであろう。」と。子路は、一度承諾したことを（すぐに実行し、）翌日まで延ばすことはなかった。

このように『論語』と比較することで、「弟子」の作者が『論語』の趣旨を忠実に汲み取り、豊かに肉付けして作品を完成させたことを確認できます。

【設問6】 孔子は子路の死をどのように受けとめたか。

小説「弟子」第十六節を参照して、子路がどのような事情で死んだのか、また孔子が子路の死をどのように受けとめたかを探る設問です。

子路の死は、「弟子」には次のように記されています。この時子路は、衛の大夫の宰（家臣の長）をつとめていました。

> 子路は二人を相手に激しく斬り結ぶ。往年の勇者子路も、しかし、年には勝てぬ。次第に疲労が加わり、呼吸が乱れる。子路の旗色の悪いのを見た群集は、この時ようやく旗幟を明らかにした。罵声が子路に向って飛び、無数の石や棒が子路の身体に当った。敵の戟の尖端が頬を掠めた。纓（冠の紐）が断れて、冠が落ちかかる。左手でそれを支えようとした途端に、もう一人の敵の剣が肩先に喰い込む。血が迸り、子路は倒れ、冠が落ちる。倒れながら、子路は手を伸ばして冠を拾い、正しく頭に着けて素速く纓を結んだ。敵の刃の下で、真赤に血を浴びた子路が、最期の力を絞って絶叫する。
> 「見よ！　君子は、冠を、正しゅうして、死ぬものだぞ！」
> 全身膾のごとくに切り刻まれて、子路は死んだ。
> 魯に在って遥かに衛の政変を聞いた孔子は即座に、「柴（子羔）や、それ帰らん。由や死なん。」と言った。果してその言のごとくなったことを知った時、老聖人は佇立瞑目することしばし、やがて潸然として涙下った。子路の屍が醢にされたと聞くや、家中の塩漬類をことごとく捨てさせ、爾後、醢は一切食膳に上さなかったということである。（第十六節）

紙数の関係で『孔子家語』の該当部分を引用することは省きますが、この部分でも作者は、まず『孔子家語』の記述を輪郭線として用い、それに鮮やかに彩色しています。孔子と子路との出会いで始まった「弟子」は、孔子が子路の死の知らせを聞く場面で終わります。計算し尽くされた、見事な展開と言わざるを得ません。

【設問7】 学習のまとめとして、孔子と子路の関係について、気づいたことや感想を書いてみよう。

設問5とは反対に、孔子は子路の目にどのように映っていたのでしょうか。この点をしっかり押さえることで、読解がより深まるはずです。

子路が孔子をどのように捉えていたのか、「弟子」から主な記述を抜き出してみます。○印は肯定的評価を、▼印は懐疑的評価を表します。

○実は、室に入って孔子の容を見、……己と余りにも懸絶した相手の大きさに圧倒されていたのである。（第一節）

○このような人間を、子路は見たことがない。……闊達自在、いささかの道学者臭も無いのに子路は驚く。（第二節）

○孔子の場合は全然違う。ただそこに孔子という人間が存在するというだけで充分なのだ。少くとも子路には、そう思えた。（第二節）

○かつて長剣を手離せなかったように、子路は今は何としてもこの人から離れられなくなっていた。（第二節）

○子路よりわずか九歳の年長に過ぎないのだが、子路はその年齢の差をほとんど無限の距離に感じていた。（第二節）

○子路ほど全身的に孔子に凭り掛かっている者もないのである。（第五節）

○彼には、孔子の前にいる時だけは複雑な思索や重要な判断は一切師に任せてしまって自分は安心しきっているような滑稽な傾向も無いではない。（第五節）

○いったん事ある場合真先に夫子のために生命を抛って顧みぬのは誰よりも自分だと、彼は自ら深く信じていた。（第七節）

○生涯孔子の番犬に終ろうとも、いささかの悔も無い。（第八節）

▼警戒を要するのはここだ。これはあるいは、余り夫子に親しみ過ぎ狎れ過ぎたための慾の云わせることかも知れぬ。（第八節）

○子路は一瞬耳を疑った。この窮境に在ってなお驕るなきがために楽をなすとや？　しかし、すぐにその心に思い到ると、途端に彼は嬉しくなり、覚えず戚を執って舞うた。（第十節）

○子路は思わず顔を赧らめた。己の内なる小人を指摘された心地である。窮するも命なることを知り、大難に臨んでいささかの興奮の色も無い孔子の容を見ては、大勇なる哉と嘆ぜざるを得ない。（第十節）

○何といってもいったん有事の際に、実際に夫子の役に立ち得るのはおれなのだ。（第十二節）

▼子路にも、しかし、師への不満が必ずしも無い訳ではない。……その弟子はそう言われて納得して引き下ったが、傍にいた子路にはどうしても頷けない。（第十二節）

▼そう言われれば一応はそんな気がして来るが、やはり釈然としない所がある。身を殺して仁を成すべきことを言いながら、その一方、どこかしら明哲保身を最上智と考える傾向が、時々師の言説の中に感じられる。それがどうも気になるのだ。（第十二節）

▼この話を孔子が伝え聞き、「人を殺すの中、また礼あり。」と感心した。子路に言わせれば、しかし、こんなとんでもない話はない。……彼は怫然として孔子に喰って掛かる。（第十二節）

▼教を受けること四十年に近くして、なお、この溝はどうしようもないのである。（第十五節）

　このように並べてみると、「弟子」の節を追うごとに、子路の孔子に対する懐疑的な見方が目立ってくることに気づかされます。死ぬまで孔子に師事し、門弟筆頭の自覚は捨てなかった子路ですが、年齢を重ねるにつれて、孔子への信頼に、不満や不信が少しずつ加わっていったとも言えるでしょう。「全身的に孔子に凭り掛かっている」（第五節）子路は、いつまでも「大きな子ども」（第七節）のままでいることはできなかったのです。孔子のもとでの学問と修養が、知らず知らずのうちに子路の内面的な成長を促し、孔子もそれを喜んでいたはずです。小説「弟子」は、主人公子路の精神の成長過程を描いた「大河小説」と言えるかもしれません。

5　中島敦「弟子」との融合授業をふり返って

　高等学校の漢文が、相も変わらず「読んで、訳して、おしまい」式の授業であることに、強い不満をもつ高校生は少なくないでしょう。いや、何より指導にあたる教員自身が、「これではまずい、何とかしなければ。」という危機感を抱いているはずです。ここでは、中国の古典『論語』と中島敦の小説「弟子」との融合授業を構想しました。テキストの用意など物理的に克服すべき条件はあるものの、従来型の『論語』の授業とはちがった手応えが期待できるはずです。この構想が、漢文はあくまでも国語の一分野であり、漢文だけで生き残ることは難しいことを再確認するきっかけになれば幸いです。

「長恨歌」の授業に向けて

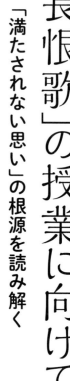

―「満たされない思い」の根源を読み解く

長恨歌　白居易

第一段

1 漢皇重色思傾国
2 御宇多年求不得
3 楊家有女初長成
4 養在深閨人未識
5 天生麗質難自棄
6 一朝選在君王側
7 廻眸一笑百媚生
8 六宮粉黛無顔色

第二段

9 春寒賜浴華清池
10 温泉水滑洗凝脂
11 侍児扶起嬌無力
12 始是新承恩沢時
13 雲鬢花顔金歩揺
14 芙蓉帳暖度春宵

書き下し文

長恨歌

1 漢皇　色を重んじて　傾国を思ふ
2 御宇　多年　求むれども得ず
3 楊家に女有り　初めて長成し
4 養はれて深閨に在り　人　未だ識らず
5 天生の麗質は　自ら棄て難く
6 一朝　選ばれて　君王の側に在り
7 眸を廻らして一笑すれば　百媚生じ
8 六宮の粉黛　顔色無し
9 春寒くして　浴を賜ふ　華清の池
10 温泉　水滑らかにして　凝脂を洗ふ
11 侍児扶け起こすに　嬌として力無し
12 始めて是れ　新たに恩沢を承くる時
13 雲鬢　花顔　金歩揺

15 春宵苦短日高起
16 従此君王不早朝
17 承歓侍宴無閑暇
18 春従春遊夜専夜
19 後宮佳麗三千人
20 三千寵愛在一身
21 金屋粧成嬌侍夜
22 玉楼宴罷酔和春
23 姉妹弟兄皆列土
24 可憐光彩生門戸
25 遂令天下父母心
26 不重生男重生女

第三段

27 驪宮高処入青雲
28 仙楽風飄処処聞
29 緩歌縵舞凝糸竹
30 尽日君王看不足
31 漁陽鼙鼓動地来
32 驚破霓裳羽衣曲

第四段

33 九重城闕煙塵生
34 千乗万騎西南行
35 翠華揺揺行復止
36 西出都門百余里
37 六軍不発無奈何
38 宛転娥眉馬前死

14 芙蓉の帳暖かにして 春宵度る
15 春宵苦だ短く 日高くして起く
16 此れより 君王 早朝せず
17 歓を承け 宴に侍して 閑暇無く
18 春は春の遊びに従ひ 夜は夜を専らにす
19 後宮の佳麗 三千人
20 三千の寵愛 一身に在り
21 金屋粧ひ成りて 嬌として夜に侍し
22 玉楼宴罷みて 酔ひて春に和す
23 姉妹弟兄 皆 土を列す
24 憐れむべし 光彩の門戸に生ずるを
25 遂に天下の父母の心をして
26 男を生むを重んぜず 女を生むを重んぜしむ
27 驪宮高き処 青雲に入り
28 仙楽風に飄りて 処処に聞こゆ
29 緩歌縵舞 糸竹を凝らし
30 尽日 君王看れども足らず
31 漁陽の鼙鼓 地を動かして来たり
32 驚破す 霓裳羽衣の曲
33 九重の城闕 煙塵生じ
34 千乗万騎 西南に行く
35 翠華揺揺として 行きて復た止まる
36 西のかた 都門を出づること百余里
37 六軍発せず 奈何ともする無く
38 宛転たる娥眉 馬前に死す

39 花鈿委地無人収
40 翠翹金雀玉搔頭
41 君王掩面救不得
42 廻看血涙相和流

第五段

43 黄埃散漫風蕭索
44 雲桟縈紆登剣閣
45 峨嵋山下少人行
46 旌旗無光日色薄
47 蜀江水碧蜀山青
48 聖主朝朝暮暮情
49 行宮見月傷心色
50 夜雨聞鈴腸断声

第六段

51 天旋日転廻竜馭
52 到此躊躇不能去
53 馬嵬坡下泥土中
54 不見玉顔空死処
55 君臣相顧尽霑衣
56 東望都門信馬帰

第七段

57 帰来池苑皆依旧
58 太液芙蓉未央柳
59 芙蓉如面柳如眉
60 対此如何不涙垂
61 春風桃李花開夜
62 秋雨梧桐葉落時
63 西宮南苑多秋草
64 宮葉満階紅不掃

39 花鈿地に委てられて　人の収むる無く
40 翠翹　金雀　玉搔頭
41 君王面を掩ひて　救ひ得ず
42 廻り看れば　血涙相和して流る
43 黄埃散漫　風蕭索
44 雲桟縈紆　剣閣に登る
45 峨嵋山下　人の行くこと少なり
46 旌旗光無く　日色薄し
47 蜀江は水碧にして　蜀山は青く
48 聖主　朝朝暮暮の情
49 行宮に月を見れば　心を傷ましむる色あり
50 夜雨に鈴を聞けば　腸断つ声あり
51 天旋り　日転じて　竜馭を廻らす
52 此に到りて　躊躇して　去ること能はず
53 馬嵬の坡下　泥土の中
54 玉顔を見ず　空しく死せし処
55 君臣相顧みて　尽く衣を霑し
56 東のかた都門を望み　馬に信せて帰る
57 帰り来たれば　池苑　皆旧に依る
58 太液の芙蓉　未央の柳
59 芙蓉は面のごとく　柳は眉のごとし
60 此に対して　如何ぞ涙垂れざらん
61 春風桃李　花開く夜
62 秋雨梧桐　葉落つる時
63 西宮南苑に　秋草多く

第八段

65 梨園弟子白髪新
66 椒房阿監青娥老
67 夕殿蛍飛思悄然
68 孤灯挑尽未成眠
69 遅遅鐘鼓初長夜
70 耿耿星河欲曙天
71 鴛鴦瓦冷霜華重
72 翡翠衾寒誰与共
73 悠悠生死別経年
74 魂魄不曽来入夢
75 臨邛道士鴻都客
76 能以精誠致魂魄
77 為感君王展転思
78 遂教方士殷勤覓
79 排空馭気奔如電
80 昇天入地求之遍
81 上窮碧落下黄泉
82 両処茫茫皆不見
83 忽聞海上有仙山
84 山在虚無縹緲間
85 楼閣玲瓏五雲起
86 其中綽約多仙子
87 中有一人字玉真
88 雪膚花貌参差是

64 宮葉階に満ちて 紅掃はず
65 梨園の弟子 白髪新たに
66 椒房の阿監 青蛾老いたり
67 夕殿に蛍飛びて 思ひ悄然
68 孤灯挑げ尽くして 未だ眠りを成さず
69 遅遅たる鐘鼓 初めて長き夜
70 耿耿たる星河 曙けんと欲する天
71 鴛鴦の瓦冷やかにして 霜華重く
72 翡翠の衾寒くして 誰と与共にせん
73 悠悠たる生死 別れて年を経たり
74 魂魄曽て来たりて夢にも入らず
75 臨邛の道士 鴻都の客
76 能く精誠を以て 魂魄を致す
77 君王展転の思ひに感ずるが為に
78 遂に 方士をして殷勤に覓めしむ
79 空を排し 気に馭して 奔ること電のごとく
80 天に昇り 地に入りて 之を求むること遍し
81 上は碧落を窮め 下は黄泉
82 両処 茫茫として皆見えず
83 忽ち聞く 海上に仙山有り
84 山は 虚無縹緲の間に在り
85 楼閣玲瓏として 五雲起こり
86 其の中 綽約として仙子多し
87 中に一人有り 字は玉真
88 雪の膚 花の貌 参差として是れなりと

第九段

89 金闕西廂叩玉扃

90 転教小玉報双成

91 聞道漢家天子使

92 九華帳裏夢中驚

93 攬衣推枕起徘徊

94 珠箔銀屏邐迤開

95 雲鬢半垂新睡覚

96 花冠不整下堂来

97 風吹仙袂飄颻挙

98 猶似霓裳羽衣舞

99 玉容寂寞涙欄干

100 梨花一枝春帯雨

第十段

101 含情凝睇謝君王

102 一別音容両眇茫

103 昭陽殿裏恩愛絶

104 蓬莱宮中日月長

105 廻頭下望人寰処

106 不見長安見塵霧

107 唯将旧物表深情

108 鈿合金釵寄将去

109 釵留一股合一扇

110 釵擘黄金合分鈿

111 但令心似金鈿堅

112 天上人間会相見

113 臨別殷勤重寄詞

114 詞中有誓両心知

89 金闕の西廂に 玉扃を叩き

90 転じて 小玉をして双成に報ぜしむ

91 聞道くならく 漢家天子の使ひなりと

92 九華の帳裏 夢中に驚く

93 衣を攬り 枕を推して 起ちて徘徊す

94 珠箔銀屏 邐迤として開く

95 雲鬢半ば垂れ 新たに睡り覚めたり

96 花冠整へず 堂より下り来たる

97 風は仙袂を吹きて 飄颻として挙がり

98 猶ほ 霓裳羽衣の舞に似たり

99 玉容寂寞として 涙 欄干

100 梨花一枝 春 雨を帯びたり

101 情を含み 睇を凝らして 君王に謝す

102 一別 音容 両つながら眇茫

103 昭陽殿裏 恩愛絶え

104 蓬莱宮中 日月長し

105 頭を廻らして 下 人寰の処を望めば

106 長安を見ずして 塵霧を見る

107 唯だ旧物を将て 深情を表はし

108 鈿合 金釵 寄せ将ち去らしむ

109 釵は一股を留め 合は一扇

110 釵は黄金を擘き 合は鈿を分かつ

111 但だ心をして 金鈿の堅きに似しめば

112 天上人間 会ず相見んと

113 別れに臨みて 殷勤に重ねて詞を寄す

115 七月七日長生殿
116 夜半無人私語時
117 在天願作比翼鳥
118 在地願為連理枝
119 天長地久有時尽
120 此恨綿綿無尽期
（白氏文集）

114 詞中誓ひ有り　両心のみ知る
115 七月七日　長生殿
116 夜半人無く　私語の時
117 天に在りては　願はくは比翼の鳥と作り
118 地に在りては　願はくは連理の枝と為らんと
119 天は長く地は久しきも　時有りて尽く
120 此の恨みは　綿綿として尽くる期無からん

現代語訳

永遠に満たされない恋の思いのうた

第一段

1 漢の天子は、女性への愛を大切にして、絶世の美人を得たいと思いつつ、
2 御治世の間、長年捜し求めたが見つからなかった。
3 （そのころ）楊家に一人の娘がいて、折しも、年頃になったばかり、
4 奥深い女性の住む部屋で育てられていたので、（その美しさを）まだ誰も知らない。
5 生まれつきの麗しい姿は、そのままにうち捨てられておかれるはずもなく、
6 ある日、選び出されて、天子のお側に侍ることになった。
7 （彼女が）振り返り見てにっこりほほえむと、なまめかしさがあふれ出て、
8 天子の奥御殿の、おしろいやまゆずみの化粧をこらした美しい女官たちも、（彼女に比べると）その美しさが美しいとは感じられない。

第二段

9 春まだ寒い頃、（彼女に）華清宮の温泉での湯浴みのお許しが出た。
10 温泉の水は滑らかで、白くつややかな肌をすべるように流れる。
11 侍女たちが助け起こすと、あだっぽく、なよなよとして力も抜けた様子で、
12 今まさに天子のご寵愛を受けようとするその時。
13 雲のように豊かな髪、花のように美しい顔、歩くほどに揺れる黄金の髪飾り、
14 蓮の刺繡をしたカーテンの中は暖かく、春の夜は過ぎる。
15 春の夜はあまりに短く、（天子は）日が高くなってからお起きになる。
16 これからというもの、天子は早朝の政務をお執りにならなくなった。
17 （彼女は）天子の喜ぶようにふるまい、宴席ではいつもお側に仕えきりで、
18 春は春の遊びのお供をし、夜は夜で天子の愛を独り占めにするのだった。
19 後宮には麗しい美人が三千人もいたというが、
20 その三千人に分け与えられるべき天子の愛情を、（彼女は）一身に受けていた。
21 立派な部屋で化粧をつくろっては、なよなよとあでやかな姿で夜の宴席に侍り、

22 美しい建物での宴が終わると、（酔い心地は）春の気分にとけこむほどの素晴らしさ。
23 （彼女の）姉妹兄弟は、みな諸侯にとり立てられ、
24 ああなんとうらやましいことに、彼らの門口にはきらびやかな光が差している。
25 かくて、天下の父母の心を、
26 男の子を生むよりも、女の子を生む方がよいと考えるように変えてしまった。

第三段

27 驪山の離宮（華清宮）は、その高くそびえる所は、はるか雲にまで届き、
28 この世のものとも思えぬ美しい音楽が、春風に漂って、あちらこちらから聞こえる。
29 ゆったりした歌や舞、（これに合わせる）弦楽器、管楽器の粋をこらし、
30 ひねもす、天子は見飽きることがない。
31 （そこに突如として）漁陽の攻め太鼓が大地をゆり動かして攻め来たり、
32 霓裳羽衣の曲を楽しんでいる二人をひどく驚かせた。

第四段

33 奥深い宮中に、（戦乱の）煙や土ぼこりが立ちこめ、
34 天子の一行は西南（の蜀）を目指して落ち延びることとなった。
35 天子の御旗はゆらゆら揺れて、進んだかと思うとまた止まってしまい、
36 （やがて）都の城門を西に出ること百余里のところで、
37 天子直属の軍隊は出発しようとせず、（天子は）いかんともしがたくて、
38 すんなりとした美しいまゆの美人は、天子の馬前で亡くなった。
39 額に飾りのある彼女のなきがらは、地に棄てられたまま、拾い上げる人とてなく、
40 かわせみの髪飾りも、金の雀の髪飾りも、玉の笄（こうがい）も（すべては地に棄てられたまま）。
41 天子は顔を覆うばかりで、救うこともできず、
42 （彼女のなきがらを）振り返るその顔には、血の混じった涙が流れ落ちるばかりであった。

第五段

43 （再び行軍が始まると）黄色い土ぼこりが一面に舞い上がり、風はものさびしく（吹く中を）、
44 雲まで届くような（蜀の）桟道は曲がりくねり、剣閣山（の難所）をよじ登る。
45 峨眉山のふもと（蜀の成都）にたどり着くと、道行く人も少なくなり、
46 天子の御旗も色あせ、日ざしまで薄れて見える。
47 蜀の川は深緑の水をたたえ、蜀の山は青くそびえるが、
48 （眺めやる）天子は、毎朝毎晩いつになっても、心は晴れやらない。
49 臨時の御所で見る月には悲しみの色が、
50 夜の雨に聞く鈴は、はらわたもちぎれるばかりの悲しい声に聞こえる。

第六段

51 天子の情勢は一変して、天子の車を都にかえして帰還することになったが、
52 （途中）ここ（馬嵬）に着くと（天子は）足を止め、立ち去ることができない。
53 馬嵬の坂道のあたり、泥土の中、
54 （そこにはかつての）玉のように美しい（彼女の）顔は見られず、空しく残るのは死去の場所。
55 天子も臣下も顔を見合わせて、皆悲しみの涙で衣を濡らし、
56 東方の都の城門を目指し、（放心したように）馬の歩みのままに帰っていく。

第七段

57 都に戻ってみれば、宮中の池も庭もみな昔のまま、
58 太液池のはすの花も、未央宮の柳までも。
59 はすの花は（亡き彼女の）顔を、柳はその眉を

しのばせる。

60 これを目にして、どうして涙を流さずにいられようか。

61 （悲しみがつのるのは）春風に桃やすもも（の花）が開く夜、

62 秋の雨に、あおぎりの（大きな）葉が落ちる時。

63 西の御殿にも南の庭園にも、秋草が生い茂り、

64 御殿の落ち葉がきざはしを埋め尽くしても、掃除すらされない。

65 （かつての）梨園の教習生たちも、このごろめっきり白髪になり、

66 皇后に仕える女性たちを取り締まった女官も、まゆのあたりに老いが見える。

67 夜の御殿のかたわらに飛ぶ蛍を見ては、（天子は）しょんぼりと物思いにふけり、

68 ぽつんとわびしい灯火の芯をかきたて、かき尽くしてしまっても、まだ寝付かれない。

69 （時を告げる）鐘や太鼓が間延びして聞こえる、（秋の）夜長を迎えたばかりの夜。

70 （やがて）かすかにぼんやり輝く天の川、（夜は）そろそろ明けようとする。

71 おしどりをかたどった屋根瓦は冷え冷えと、霜の花は重く、

72 かわせみの模様の夜具は寒々として、（天子には）ともに寝る人とてない。

73 はるかに遠くきりはなされた生と死、別れてすでに年久しいが、

74 （彼女の）魂は、その後（天子の）夢にも現れることがなかった。

第八段

75 蜀の臨邛の道士で（ちょうど）長安に滞在している人があり、

76 思いをこらせば、死者の魂を招き寄せることができるとのこと。

77 道士は、天子の夜も眠れずにしきりに寝返りをうち、（彼女を）恋い慕っているというその御心に感じ、

78 すぐに部下の方士に命じて、心を込めて彼女の魂の行方を捜し求めさせた。

79 （方士は）大空を押し開き大気に乗って、いなずまのように馳せ巡り、

80 天に昇り、地に潜って、くまなく捜し回った。

81 上は大空の果て、下は死者の行く地下の世界までも、

82 どちらも限りない広がりがあるばかりで、求める人は見つからない。

83 （そのうちに）ふと耳にしたこと、「海上に仙人の住む山があり、

84 その山は、俗界を離れた、広々とはるかな世界にあって、

85 高殿は透き通るように美しく、五色の雲がわき立ち、

86 そこにはしとやかで美しい仙女が多く住むという。

87 その中に一人、玉真と呼ばれる仙女がおり、

88 雪のような白い肌、花のような美しい顔は、まるでその人にそっくりだ。」と。

第九段

89 （すぐに方士は仙山を訪ね）黄金で飾った御殿の西の離れの扉を叩き、

90 （出てきた召使いの）小玉に、（その人の侍女の）双成に取り次がせた。

91 漢の天子の使者がやって来たと聞き、

92 花々を刺繍したカーテンの中で、夢うつつの（その人の）魂は、はっと夢から覚めた。

93 （急ぎ）上着をとり、枕を押しのけて起き上がり、部屋の中を歩き回る。

94 幾重もの玉すだれや銀屏風が次々に開かれて、

95 雲なす豊かな髪は寝乱れて、たったいま眠りより覚めたばかり（の風情）、

96 花の冠もきちんとかぶらずに、奥の部屋より歩み来る。

97 袂（たもと）は吹く風にひらひらと舞い上がり、

98 あたかもかつての霓裳羽衣の舞いに似て。

99 美しい顔にはさびしさが漂い、涙がはらはらと流れるさまは、

100 （まるで）梨の一枝の花が春雨にそぼ濡れるよう。

第十段

101 （その人は）思いをこめ、（使者を）じっと見つめて、天子のお気持ちにお礼申し上げて言う、

102 「お別れして以来（天子の）お声もお姿もはるかに遠く、

103 昔、昭陽殿でお受けしたお情けもうち絶えて、

104 ここ蓬莱宮で、長い年月が過ぎ去りました。

105 振り返って、（はるか）下の人間世界を眺めやりますと、

106 見えるのは、懐かしい長安ではなく、土ぼこりやもやだけです。

107 今はただ思い出の品を差し上げて、私の深い心をお見せしたいので、

108 螺鈿（らでん）の小箱と、金のかんざしを言付けます。

109 かんざしは二つに割いた片方を、小箱は身（み）と蓋（ふた）のどちらかを、

110 かんざしは黄金を引き裂き、小箱は螺鈿を二つに割りましょう。

111 二人の心がこの金や貝のように堅固に保たれてさえいたら、

112 天上と人間世界とに離れていても、必ずお会いできます。」と。

113 （使者との）別れ際に、（彼女は）ねんごろに重ねてことづてした。

114 その言葉の中の誓いこそ、二人の心だけが知るものであった。

115 「七月七日、七夕の夜、長生殿で、

116 世更けて人気（ひとけ）もなく、二人でささやきかわした時に、

117 『天上においては、比翼の鳥に、

118 地上においては連理の枝になりたいもの。』（と誓い合ったのでした。）」と。

119 天地は悠久であるといっても、いつかは亡び尽きるときもあろうが、

120 （このお互いに慕い合う）満たされない恋心のみは、いつまでも続いて、尽きるときはないであろう。

1 教科書の中の白居易の詩

高等学校国語科の現代文分野には、「S・M・K」の略称で知られる三大定番教材があります。Sは中島敦の「山月記」、Mは森鷗外の「舞姫」、Kは夏目漱石の「こころ」を指します。いずれも文学的に高い価値を持ち、思春期の高校生にとって有意義な作品であることは周知の事実です。

高等学校の漢文分野にも、定番教材といえるものが存在します。高校一年生の漢文で、『論語』を扱わないことはまずありません。『論語』は定番教材の筆頭といってよいでしょう。李白や杜甫の絶句も、高校一年生向けの教材として定番化しています。二・三年向けとしては、『史記』「項羽本紀」の「鴻門の会」や「四面楚歌」を採り上げる教科書が多くあります。この他にも、韓愈の「雑説」や陶潜の「帰去来辞（帰去来の辞）」など、高等学校の漢文教材で定番化しているものは少なくありません。

白居易の詩も、高等学校の漢文教材として定着しています。現行の教科書を見ると、一年生向けには「香炉峰下、新卜山居、草堂初成、偶題東壁（香炉峰下、新たに山居を卜し、草堂初めて成り、偶東壁に題す）」、二年生向けには「売炭翁」、三年生向けには「長恨歌」が多くの教科書に採られています。

二年生向けには、生涯の友元稹との友情をうたった「八月十五日夜、禁中独直、対月憶元九（八月十五日夜、禁中に独り直し、月に対して元九を憶ふ）」（七言律詩、三九歳の作）もよく知られた詩です。この詩を読解するには、この時作者と元稹が置かれていた状況の理解が不可欠で、難しい語句も多出します。「平易明白」で聞こえる白居易らしからぬ作品で、指導にあたっては教師の力量が求められます。

「新豊折臂翁（新豊の臂を折りし翁、新豊の折臂翁とも）」（七言古詩、三八歳頃の作）を掲載する教科書もありますが、少数派です。この詩は、四八句の七言古詩で、二年生の教材としては長さの点で難があります。

三年生の教材として「琵琶行」（七言古詩、九六句、四五歳の作）を掲載する場合もあります。この詩は九六句に及ぶ長編詩で、白居易の詩では「長恨歌」の一二〇句に次ぐ長さです。「琵琶行」は、落魄した歌妓の身の上話という設定であり、主題の特殊性が定番教材入りを妨げていると考えられます。

「琵琶行」は「琵琶引」とも呼ばれます。詩題の「行・引・歌」は、いずれも「うた」を意味します。七言古詩の中で、歌われることを意識して作ったものを「歌行」といい、「長恨歌」と「琵琶行」はその代表的な作品です。

ところで、「雑律詩・諷諭詩・感傷詩」は、白居易自身による自作の詩の分類です。白居易は四三歳の時、初めての詩集を編むにあたって、自らの作品を「諷諭詩・閑適詩・感傷詩・雑律詩」の四つに区分しました。

○**諷諭詩**　社会の諸問題を詠じ、人民を「兼済（兼く済ふ）」する意志を表現した詩。代表作は「新楽府」五〇首と「秦中吟」一〇首。「売炭翁」と「新豊の臂を折りし翁」は、「新楽府」に収められている。

○**閑適詩**　自分を磨き、プライベートを楽しむ、閑かで快適な「独善（独り善し）」の心境を詠んだ詩。

○**感傷詩**　外部からの刺激を受けて起こる情感を、詠嘆の調子でうたった詩。「長恨歌」と「琵琶行」が代表作。

○**雑律詩**　以上の三分類が古体詩であるのに対して、絶句・律詩・排律の三体の近体詩を収める。「香炉峰下、…」の詩は七言律詩であるために雑律詩に分類されるものの、内容的には閑適詩の色彩が強い。

　以上見てきたように、現行の教科書は白居易の詩の全分野を、見事に網羅しています。ただし、詩の配当の順序には疑問があります。具体的には、「香炉峰下、…」の詩と「売炭翁」の学習順序です。「香炉峰下、…」の詩は、多く一年生向けに配当されています。しかし、閑適詩の要素の強いこの詩は、はたして一五、六歳の少年少女に十分理解されるでしょうか。高校一年生と二年生とでは、精神面で大きな隔たりがあります。現代文の三大定番教材「山月記」や「こころ」、「舞姫」は、高校一年生には早すぎます。同様に、「香炉峰下、…」の詩も、精神的に未熟な高校一年生には、もったいない教材なのです。少々乱暴な提案をすると、学年配当を逆にして、一年生で諷諭詩の「売炭翁」を、二年生で閑適詩的な要素の強い「香炉峰下、…」の詩を学ぶようにしてはどうでしょうか。一年生の古文で、「香炉峰の雪」の話題が出てくる『枕草子』第二八〇段を学ぶ、だから漢文でも「香炉峰下、…」の詩を、という主張は本末転倒です。

　ちょっと横道にそれます。筆者は先ほどから「香炉峰の雪」の詩題を『「香炉峰下、…」の詩』と書いています。これに対して、「重題（重ねて題す）」と書けばスッキリするだろう、とお考えの方もあるかもしれません。確かにインターネット上では、この詩を「重題」と呼んでいるものを多く見かけますし、高名な作家の随筆などにも、この詩を「重題」と紹介している例があります。しかし、「重題」は「先の詩と同じ内容で書きつける」という意味で、厳密に言うとこの詩の詩題ではありません。「香炉峰の雪」の詩は五首連作の第四首で、詩題を重ねて書くことを避けて「重題　五首　其四」としたのです。したがって、連作中の一首である「香炉峰の雪」の詩を単独で取り上げる場合は、「香炉峰下、新卜二山居一、草堂初成、偶題二東壁一」とせざるを得ません。


　律詩には、広義の律詩と狭義の律詩があります。律詩の「律」はきまりの意で、押韻・平仄・対句などのきまりを守った詩を「律詩」と呼びました。白居易が自作の分類に「雑律詩」を使ったのはこの例、つまり広義の律詩です。

　広義の律詩は、近体詩（今体詩）ともいい、句数によって絶句・律詩・排律と呼び分けられます。この「律詩」が狭義の律詩です。


「白氏文集」の「文集」の読み方は、「もんじゅう」でしょうか、それとも「ぶんしゅう」でしょうか。現行の教科書には「もんじゅう」というふりがなが多く見られます。

　しかし、明治二〇年代以前には「もんじゅう」と読んだ例は皆無であり、その後、ある都合から「もんじゅう」の読みが産み出されたという事実が、研究によって明らかになっています。

　明治三〇年代に、学校現場で「卒業文集」や「修学旅行文集」などの「文集（ぶんしゅう）」が作られるようになり、これと区別するために「もんじゅう」の読みができたというのが真相のようです。現在では「はくしぶんしゅう」と読むことが中国文学研究者の共通認識であり、「ぶんしゅう」の読みを採用する教科書も出てきました。

　「文集」の読みについて、詳しくは神鷹徳治『白氏文集は〈もんじゅう〉か〈ぶんしゅう〉か』（游学社、二〇一二年）をご参照ください。

２ 「長恨歌」を扱う上で心すべきこと

(1) 時間をかけすぎず、効率的に！

「長恨歌」を扱う場合に、最も配慮を要するのは時間配分です。かつて筆者は、三年生を対象に、二か月間、一〇時間以上もかけて「長恨歌」の授業をしたことがあります。結果は失敗でした。徹底的に味わい尽くそうという筆者の目論見は空転するばかりで、多くのスリーパーを産み出してしまいました。現代文の分野では、中学校三年間をかけて中勘助の「銀の匙」を読み切るという実践も報告されていますが（橋本武『〈銀の匙〉の国語授業』岩波ジュニア新書、二〇一二年）、筆者のこの試みは無謀だったようです。

ここでいう時間数は、漢文の授業に週二時間が配当されることを前提としています。学校行事や祝日などを考慮すると、六時間はおよそ一か月に相当します。二か月の間、一〇時間以上もかけて一つの作品に取り組むとなると、大学の授業ならいざ知らず、高等学校では生徒の興味が散逸し、緊張感のない授業になるのも当然かもしれません。この反省も踏まえて、生徒の興味関心が持続する最大の時間数、一か月・六時間で「長恨歌」を扱う工夫を探ることとします。

(2) 主題を明確に！

先ほども触れたように、「長恨歌」は白居易自身の分類では「感傷詩」に属します。しかし、中国では長い間、「長恨歌」を「諷諭詩」とする考え方が主流でした。また、わが国でもそれに同調する学説が提出されています。近年では、「玄宗の楊貴妃への愛の深さと、貴妃を失った痛恨の情を歌ったものだ」（下定雅弘『長恨歌　楊貴妃の魅力と魔力』勉誠出版、二〇一一年、三五ページ。原文は引用部分全体に傍点が付されている）とするのが、学界の共通認識になっています。

文学作品の主題を、自分の言葉で、明快に語るのは容易ではありません。「長恨歌」の授業を始めるにあたっては、数種の注釈書や研究書を参照し、納得できる説明を見つけておく必要があります。筆者の場合は、次の説明が最も腑に落ち、授業で語る際に参考になりました。

> 「長恨歌」は、玄宗と楊貴妃という誰もが知っている男女をモデルとして、男が女を好きになってしまえば、愛の虜（とりこ）となって、ひたすらに愛する女を求め続ける、女を失えば、ひたすらに女を思って嘆き悲しむ、そのどうすることもできない愛の巨大な力を描いた作品である。「長恨歌」は、そのことによって、愛というものが、人間の全人格をとらえて離さない、無限に深く強い力を持つことを語っている、新たな人間認識の宣言ともいえるものである。だからこそ、中国のみならず、世界の文学の歴史の中に、今日も、そして今後も永遠に輝き続ける名作なのである。
>
> （下定雅弘、前掲書三六ページ、傍線は引用者）

筆者はこの記述によって、「長恨歌」の新しい読み方に触れることができ、授業を展開する大きな力を得ました。

(3) 「漢皇」は玄宗皇帝か？

「長恨歌」の登場人物のモデルが、唐の玄宗皇帝と楊貴妃であることは、疑いようのない事実です。では、「長恨歌」の冒頭「漢皇 色を重んじて傾国を思ふ」の句を、「唐の玄宗皇帝は……」と訳し始めてもよいのでしょうか。

注釈書や教科書の指導書で「長恨歌」の第一句の現代語訳を見ると、「漢皇」の訳語にいくつかのパターンがあることに気づきます。その代表的なものを挙げてみましょう。

A　玄宗皇帝／唐の玄宗／唐の玄宗皇帝

B　漢の天子／漢の皇帝／漢のみかど／漢の御

世の皇帝

C　漢の天子（実は唐の天子玄宗）

どうして「漢皇」の訳語に差異が生じるのでしょうか。そのヒントは、「長恨歌」の構成にあります。「長恨歌」のストーリーは、大きく二つに分けることができます。

前半　第一句「漢皇重レ色思二傾国一（漢皇 色を重んじて 傾国を思ふ）」から第七四句「魂魄不二曽来入一レ夢（魂魄 曽て来たりて夢にも入らず）」まで……人間界が舞台。

後半　第七五句「臨邛道士鴻都客（臨邛の道士 鴻都の客）」から第一二〇句「此恨綿綿無二尽期一（此の恨みは綿綿として 尽くる期無からん）」まで……天上界が舞台。

天上界を舞台とする後半部は、全一二〇句の約四割にも相当します。つまり、「長恨歌」の後半部は、まったく架空の物語なのです。物語である「長恨歌」の登場人物は、固有名詞を持つ実在の人物よりも、架空の人物がふさわしいことは言うまでもありません。

白居易が唐の玄宗を「漢皇」としたことについては、同時代の天子を直接呼ぶことをはばかったという事情もあるようです。また、漢の武帝が亡き李夫人を思慕し続けたことは、唐代の人々にもよく知られており、白居易は漢の武帝のラブロマンスを玄宗と楊貴妃のそれに重ねたとも指摘されています。いずれにしても、「漢皇」の訳語を「玄宗皇帝」と訳すのではなく、「漢の天子」「漢のみかど」などとするのはごく自然なことでしょう。

一方、「楊家の女」の訳語は、「漢皇」に比べて、やや混乱しています。

D　楊貴妃

E　その人／彼女／この女

F　楊貴妃と彼女などを混用

G　楊貴妃と彼女などを混用し、使者との対面の場面では「太真」を用いる

「漢皇」を「漢の天子」とする立場では、「楊家の女」の訳語として「その人」「彼女」を採用するのが妥当でしょう。「漢皇」を「漢の天子」と訳しながら、女性に関しては「楊貴妃」とするのは、一貫性に欠けます。

「長恨歌」は玄宗と楊貴妃をモデルとしながらも、人物に関する固有名詞を一切示さず、物語としての態度を貫いています。そこには、楊貴妃入内にまつわる醜聞をあえて想起させたくない、という意図が潜んでいるとも推測できます。

(4)　イメージを豊かに！

「長恨歌」では、随所に女性の美しさが描かれています。しかし、当時の衣装や化粧法、髪型、アクセサリーなどについては、あまり情報がありません。たとえば第三九句「花鈿委レ地無二人収一（花鈿 地に委てられて 人の収むる無く）」の「花鈿」とは、どのようなものでしょうか。教科書の脚注を見ると、「女性の額にはりつける飾り」とするものと「螺鈿のかんざし、花かんざし」とするものとがあります。どちらも根拠のある説明ですが、筆者は「額にはりつける飾り」とする説明に、より説得力を感じます。

化粧としての花鈿（花子）は、女性の額に紅で様々な文様を描くもので、唐代に完成し、日本にも伝えられました。奈良時代の美人画として知られる正倉院の「鳥毛立女の屛風」の女性の額にも花鈿がついています。

「花鈿」を髪飾りとするか、額の飾りとするかで、第三九句の印象は変わります。髪飾りととると、彼女の髪から抜け落ちた髪飾りが地に棄てられたままで、誰も拾い上げないという、花鈿を中心とした映像が浮かびます。一方、額の飾りとと

ると、きれいな飾りを額につけた彼女のなきがらが、地面に放置されたままという映像に導かれます。筆者は、彼女の死をより生々しく伝える後者に強く惹かれます。

　インターネットで「花鈿」を検索すると、中国から輸入されたシール式の花鈿が何種類も出てきます。言葉による説明ではなかなかイメージできなかった生徒も、花鈿の画像を見せると、「百聞は一見に如かず」で、すぐに納得してくれます。花鈿シールは、さほど高価ではないので、一枚購入しておくと授業で有効に利用できるでしょう。

　授業でのネット検索には賛否両論がありますが、筆者は画像に関しては、積極的に利用する立場です。一方、ネット上の文字情報は玉石混淆で、慎重な見極めが求められます。

　楊貴妃の生涯を描いた井上靖の小説「楊貴妃伝」に、彼女が化粧の仕上げに花鈿をつけるシーンがあります。

花鈿（花子）

　すっかり顔の作りのでき上がった一番最後に花鈿をつける。眉間に白緑色の小さい点を四個菱形に置く。それから丹青で両の頬にえくぼをつける。（「楊貴妃伝」講談社文庫版、一八ページ）

　丹青で描くえくぼは、靨鈿（粧靨）といい、花鈿とともに唐代に流行しました。「鳥毛立女屏風」でも、女性の頬に靨鈿を確認できます。

　ところで、先述の井上靖の小説「楊貴妃伝」は、楊貴妃から見た玄宗の印象を次のように描いています。文中の玉環は、楊貴妃のことです。

　玉環は、向こうから来た一団が自分たちと擦れ違う時、その真中に居た一人の老人を見て、それが玄宗皇帝であることに気付いた。（前掲書、一四ページ）

「楊貴妃伝」の「伝」は物語の意ですから、この小説が史実に即しているという保証はありません。しかし、この記述によって、玄宗と楊貴妃の三四歳という年齢差を実感できます。

　また、後宮でライバルであった梅妃の侍女が玉環を「太った豚！」と罵る場面を読むと、楊貴妃の身体的特徴に改めて気づかされます。

3 「長恨歌」の効果的な扱い方

　ここからは、授業の進行を想定して話を進めていきます。なお、教科書に採録されている「長恨歌」の本文は、『白氏文集』によるものと『古文真宝前集』によるものとがあります。『白氏文集』と『古文真宝前集』とでは字句に若干の異同があり、使用する教科書が変わった場合には注意が必要です。

　先ほども触れたように、ここでは「長恨歌」（『白氏文集』）を六時間で仕上げることを至上命題にします。まず、六時間の配分を示しましょう。

六時間で読む「長恨歌」の時間配分

1時間目　準備
2時間目　第一段・第二段
3時間目　第三段・第四段・第五段
4時間目　第六段・第七段
5時間目　第八段・第九段
6時間目　第十段、まとめ

「長恨歌」は長編なので、散文にならって段落を設けます。

第一段 第1句～第8句
その人が入内し、その美しさは後宮の美女たちを圧倒した。

第二段 第9句～第26句
その人は天子の寵愛を独り占めにし、彼女の一族も栄華を極めた。

第三段 第27句～第32句
内乱の勃発により宮中での二人の歓楽が破局を迎えた。

第四段 第33句～第42句
天子一行が蜀へ落ち延びる途中、その人は悲惨な死を遂げた。

第五段 第43句～第50句
天子は蜀の行宮で、亡き人への思慕を募らせた。

第六段 第51句～第56句
天子は都へ帰還するが、その人を失った深い悲しみに暮れた。

第七段 第57句～第74句
天子の命により道士の遣わした方士が、天上界でその人を探し当てた。

第八段 第75句～第88句
方士の前に現れたその人は、生前の姿そのままだった。

第九段 第89句～第100句
その人は、今も変わらず天子を慕う思いを述べた。

第十段 第101句～第120句
その人は方士に、愛の形見の品と天子への誓いの言葉を託した。

一時間目　準備の時間

(1) 各句に番号を振る

一時間目は内容に入らずに、準備だけに費やします。最初に行うのは句に番号を付す作業で、生徒各自が、教科書の詩句に次の例のように、句の番号を表す数字を振ります。

1 漢皇重色思傾国
2 御宇多年求不得
3 楊家有女初長成
4 養在深閨人未識
5 天生麗質難自棄
6 一朝選在君王側
7 廻眸一笑百媚生
8 六宮粉黛無顔色

一〇分ほどあれば、全員が最後まで番号を振り終えるでしょう。ただし、教科書が二段組みになっている場合は、要注意です。

1 漢皇重色思傾国	5 御宇多年求不得
2 楊家有女初長成	6 養在深閨人未識
3 天生麗質難自棄	7 一朝選在君王側
4 廻眸一笑百媚生	8 六宮粉黛無顔色

このように、二段組みの上段を右から左に読み進み、その後で下段へ移る生徒がいるのです。まさか、とお思いかもしれませんが、筆者はこのようなケースに何度も遭遇しています。

句の番号を振ることについては、無駄な作業だとの意見もあるでしょう。しかし、句の番号がないと今後の読解作業に大きな支障をきたします。

筆者が学生時代に受けた鎌田正先生の「論語演習」の最初の時間は、影印本の『論語集註』上下に章の番号を振ることから始まったことを思い出します。

(2) 段落を予め示す

準備の第二段階は、段落の指示です。時間の余裕があれば、換韻の箇所を手がかりにして、形式段落を見つけ、そこから段落を考えさせてもよいでしょう。しかし、今回は六時間で仕上げるという制約を設けていますから、段落分けの作業は省き、教師が段落を指示することとします。この時に、先ほど付した句の番号が役立ちます。

もし換韻について触れる場合は、説明は必要最小限に留めましょう。

◎板書例◎

○押韻の規則

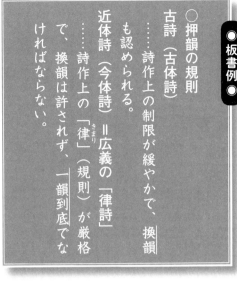

古詩（古体詩）……詩作上の制限が緩やかで、換韻も認められる。

近体詩（今体詩）＝広義の「律詩」……詩作上の「律（きまり）」（規則）が厳格で、換韻は許されず、一韻到底でなければならない。

これと併せて、換韻の具体的な例を示すと理解が深まるでしょう。実例を示します。全編にわたる説明は時間的に不可能なので、対象は第二段までで十分です。

1 漢皇重色思傾国○
2 御宇多年求不得○
3 楊家有女初長成
4 養在深閨人未識○
5 天生麗質難自棄
6 一朝選在君王側○
7 廻眸一笑百媚生
8 六宮粉黛無顔色○
9 春寒賜浴華清池◎
10 温泉水滑洗凝脂◎
11 侍児扶起嬌無力
12 始是新承恩沢時◎
13 雲鬢花顔金歩揺●
14 芙蓉帳暖度春宵●
15 春宵苦短日高起
16 従此君王不早朝●
17 承歓侍宴無閑暇○
18 春従春遊夜専夜○
19 後宮佳麗三千人◎
20 三千寵愛在一身◎
21 金屋粧成嬌侍夜
22 玉楼宴罷酔和春◎
23 姉妹弟兄皆列土●
24 可憐光彩生門戸●
25 遂令天下父母心
26 不重生男重生女●

このように教科書に書き込みをすると、換韻の箇所が一目瞭然です。なお、ここでは韻字を○・◎・●の三種の記号で示しましたが、記号は○・◎の二種でも構いませんし、○・◎・●・△……のように四種以上使ってもよいでしょう。一度目の○と二度目の○が同じ韻だと誤解する生徒が出てしまうので、「韻字はすべて別の記号で示すべきだ」という考え方もあります。しかし、「長恨歌」のように三〇回も換韻している場合は、記号を何種類用意しても足りません。なお、同韻のまとまり（「解」という）は散文では形式段落に相当することも、ぜひ言い添えたいものです。

(3) 正確な読みを提示する

「読みに始まり、読みに終わる」という漢文教育の本質を衝いた言葉は、ここでも有効です。ただし、ここでは「読みに始まり」の「読み」は、教師による範読と理解しましょう。教師がしっかり予習し、正確な読みを身につけることが重要なのは言うまでもありません。教師自身が案外簡単な読みでつまずくこともありますから、慣れないうちは教科書の本文と書き下し文をノートに記し、書き下し文に総ルビを振ることも有効です。

生徒に対しても、教科書にふりがなを付けることを強く推奨しましょう。高校生ともなると、ふりがなは恰好悪いと考える生徒も出てきます。また、読み方は一度で覚えられるから、ふりがなは不要だと錯覚する生徒もいます。あやふやな読みからは正しい解釈は生まれないことを強調したいものです。

「読みに終わる」の「読み」は、授業中の斉読、あるいは家庭での復習としての読みを意味しますが、「長恨歌」を六時間で仕上げる場合には、斉読に費やす時間は、おそらく確保できません。生徒一人一人が、復習を兼ねて、その日の授業で扱った部分を音読することを奨めましょう。

(4) 物語の転換点となる句を指摘する

前にも述べたとおり、長編の詩は段落に分けて読解することが有効です。これとあわせて、物語の転換点を示すことで、生徒の理解は深まります。物語の転換点となる句を順に示しましょう。

第九句「春寒賜レ浴華清池（春寒くして浴を賜ふ華清の池）」……二人の甘い生活の始まり

第一六句「従レ此君王不二早朝一（此れより君王早朝(あさまつりごと)せず）」……天子の惑溺

第三一句「漁陽鼙鼓動レ地来（漁陽の鼙鼓地を動かして来たり）」……内乱の勃発

第三四句「千乗万騎西南行（千乗万騎西南に行く）」……天子の蜀への疎開

第三八句「宛転蛾眉馬前死（宛転たる蛾眉馬前に死す）」……その人の死

第五一句「天旋日転廻二竜馭一（天旋り日転じて竜馭を廻らす）」……内乱の終息と天子の都への帰還

第七五句「臨邛道士鴻都客（臨邛の道士鴻都の客）」……不思議な能力を持った道士の登場

第八七句「中有二一人一字玉真（中に一人有り字は玉真）」……道士の命を受けた方士が、仙女となったその人を発見

第一一三句「臨レ別殷勤重寄レ詞（別れに臨みて殷勤に重ねて詞を寄す）」……その人から天子への伝言

中でも特に重要なのは、第三八句と第七五句です。第三八句でその人が亡くなることは、物語の開始早々で「生きたその人」が退場することを意味します。ここまでの三八句は、全一二〇句のわずか三割ほどに過ぎません。また、第七五句からは現実の世界ではなく、天上界が舞台になります。「長恨歌」の舞台は、全一二〇句の約四割が天上界なのです。これらは、「長恨歌」という物語の性格を考える上で、見逃せない事実です。

二時間目

ここからは、いわゆるワークシートを使って授業を進めます。ワークシートの使用について賛否両論あることは承知しながらも、今回は時間的な制約に駆られ、苦肉の策としてワークシートを採用しています。

紙数の制約から、ワークシートは二時間目用のものだけをここに載せます。三時間目以降については、次ページのQRコードから本書の付属資料をご参照ください。

「長恨歌」のワークシートは、各段落共通で次のような設問によって構成されています。

Ⅰ（重要語句について）読みと意味を答えなさい。
Ⅱ（重要句について）書き下し文に改めなさい。
Ⅲ（重要事項について）次の問いに答えなさい。
Ⅳ（重要な語句や句について）現代語訳を読み、空欄を正しく補いなさい。

設問の一部は、家庭学習に委ねてもよいでしょう。多くの生徒がワークシートに従って予習してくれれば、授業時間の大幅な短縮が期待できます。

ワークシート利用のメリットは、生徒に対して、授業の進み方のペースと方向性を予め提示できる点にもあります。また、あくまでも教師側の都合ですが、一人で複数クラスを受け持つ場合に、進度をそろえたり、クラスごとの説明の過不足を解消することにも役立ちます。

一方、ワークシートの弊害も指摘されています。生徒が、シートの空欄さえ埋められれば十分だ、と錯覚しては困ります。また、シートの作り方が、生徒の自由な発想を阻害したり、教師の想定した方向へ無理に誘導するものであっては、有害無益です。ワークシート導入にあたっては、その功罪をしっかり見据える必要があります。

ワークシートの設問には、難易の差が設けてあります。漢和辞典で調べればすぐにわかるものか

ら始まり、教科書の脚問レベルのものや、入試問題レベルのもの、作品全体を見わたさないと答えの出ないものまで、種々の設問を取り混ぜています。一例を挙げれば、二時間目用シートで、設問Ⅲの①「『漢皇』とは、史実では誰のことか。」は、即答が求められる問題です。しかし、その後半「このように表現したのはなぜか。」は、この段階では解答は困難でしょう。授業を展開する際には、ある設問は生徒の家庭学習に任せ、またあるものはその場では無理に解決せず、後日に回すという巧みなリードが求められます。

「長恨歌」を読む　二時間目

【第一段】

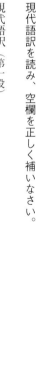

Ⅰ　次の語句の読みと意味を答えなさい。（数字は句の番号を示す。以下、同じ。）

1　漢皇　傾国　2　御宇　3　初メテ　4　深閨

6　一朝　7　廻ラス眸ヲ　8　六宮　粉黛　無シ顔色

Ⅱ　次の句を書き下し文に改めなさい。

2　御宇多年求不レ得

4　養在ニ深閨一人未レ識〈再読文字〉

5　天生麗質難ニ自棄一

Ⅲ　次の問いに答えなさい。

①　1「漢皇」とは、史実では誰のことか。また、このように表現したのはなぜか。

②　3「楊家」の「女」とは、誰のことか。

③　6「一朝」・7「一笑」・20「一身」・102「一別」について、それぞれの「一」の意味のちがいを説明しなさい。

④　8「顔色無し」は、日本語ではどのような意味で用いられるか。

Ⅳ　現代語訳を読み、空欄を正しく補いなさい。

現代語訳（第一段）

1　〔　　　〕は女性への愛を大切にして、〔　　　〕を得たいと思いつつ、

2　〔　　　〕の間、長年探し求めたが見つからなかった。

3　（そのころ）楊家に一人の娘がいて、〔　　　〕年頃になったばかり、

4　〔　　　〕で育てられていたので、（その美しさを）まだ誰も知らない。

5　生まれつきの麗しい姿は、そのままにうち捨てられておかれるはずもなく、

6　〔　　　〕、選び出されて、天子のお側に侍ることになった。

7　（彼女が）〔　　　〕にっこりほほえむと、なまめかしさがあふれ出て、

8　〔　　　〕。

（次ページへ続く）

【第二段】

Ⅰ 次の語句の読みと意味を答えなさい。

9 華清池　10 凝脂　11 嬌　12 恩沢
14 芙蓉帳　14 春宵　15 苦　16 早朝
17 承レ歓　19 佳麗　22 和レ春　23 列レ土
24 可レ憐　25 遂

Ⅱ 次の句を書き下し文に改めなさい。

11 侍児扶起嬌無レ力
14 芙蓉帳暖度二春宵一
16 従レ此君王不二早朝一
25・26 遂令二天下父母心、不レ重レ生レ男重レ生レ女〈使役〉

Ⅲ 次の問いに答えなさい。

① 9「華清池」の「池」は「ち」と読み、「いけ」とは読まないのはなぜか。
② 15「春宵苦短」を「春宵苦レ短」と訓読した場合の読み方を書き下し文の形で記しなさい。
③ 16「従レ此君王不二早朝一」とあるが、将来どのような事態が起こることを暗示しているか。
④ 19「後宮佳麗三千人」とあるが、「三千人」は実数だろうか。
⑤ 21・22「金屋粧成嬌侍レ夜、玉楼宴罷酔和レ春」に見られる表現上の技巧を何というか。
⑥ 24「可レ憐」を「ああ同情すべきだ、ああ気の毒だ」と解釈してはいけないのはなぜか。
⑦ 24「光彩生二門戸一」とはどういうことか。
⑧ 25・26「遂令二天下父母心、不レ重レ生レ男重レ生レ女」とあるが、「天下父母」がこのように考えるようになったのはなぜか。
⑨ 使役の形について整理しなさい。

Ⅳ 現代語訳を読み、空欄を正しく補いなさい。

現代語訳（第二段）

9 春まだ寒い頃、（彼女に）〔　　　〕での湯浴みのお許しが出た。
10 温泉の水は滑らかで、〔　　　〕をすべるように流れる。
11 侍女たちが助け起こすと、〔　　　〕力も抜けた様子で、
12 今まさに〔　　　〕を受けようとするその時。
13 雲のように豊かな髪、花のように美しい顔、歩くほどに揺れる黄金の髪飾り、
14 蓮の刺繍をしたカーテンの中は暖かく、〔　　　〕は過ぎる。
15 〔　　　〕は（あまりに）短く、（天子は）日が高くなってからお起きになる。
16 これからというもの、天子は〔　　　〕をお執りにならなくなった。
17 （彼女は）〔　　　〕、宴席ではいつもお側に仕えきりで、
18 春は春の遊びのお供をし、夜は夜で天子の愛を独り占めにするのだった。
19 後宮には〔　　　〕が三千人もいたというが、
20 その三千人に分け与えられるべき天子の愛情を、（彼女は）一身に受けていた。
21 立派な部屋で化粧をつくろっては、なよなよとあでやかな姿で夜の宴席に侍り、
22 美しい建物での宴が終わると、（酔い心地は）〔　　　〕ほどの素晴らしさ。
23 （彼女の）姉妹兄弟は、〔　　　〕、
24 〔　　　〕、彼らの門口にはきらびやかな光が差している。
25 〔　　　〕、天下の父母の心を、
26 男の子を生むよりも、女の子を生む方がよいと考えるように変えてしまった。

4 「長恨歌」の学習で得られるもの

国語の授業では、今すぐにわかることと、今すぐにはわからないことがある——これが筆者の持論です。「今すぐにわかる」は知識としての理解、「今すぐにはわからない」は人生経験を踏まえての理解などと言い換えることもできそうです。

「長恨歌」について、「今すぐにわかる」ことの例を挙げてみましょう。「長恨歌」の構成や展開、修辞、人物設定、史実との関連などは、生徒が自分で調べ、答えを出すことが可能です。これに対して、「長恨歌」のテーマは「今すぐにわか

る」とはいえません。「愛の巨大な力」を理解するためには、精神的な成長と経験を要するでしょう。

　筆者は以前、「今は理解できなくても、いつか理解できる日が来るはずだ。将来に備えて『種』を蒔くのが国語教育の役割だ」という趣旨のことを書いたことがあります。「長恨歌」の場合も、今すぐにテーマを理解させようとせず、「生徒はいつか気づき、納得するはずだ」という気長なスタンスで臨むと気分が楽になります。ただし、教師が自分なりの読み方を持ち、それを自分の言葉で語ることは不可避です。「『長恨歌』のテーマは何か」と性急に問いかけ、無理に答えを求めるのは、国語教育の本筋から外れています。

　本題から外れますが、「長恨歌」は暗唱に好適の素材です。筆者は例年、高校三年生に向かって「『長恨歌』全句を暗唱できたら恰好いいぞ。ぜひ取り組んでみよう」と呼びかけていました。呼びかけに応ずる生徒は、けっして多くはありません。多い年で、クラスに二、三人だったでしょうか。

　完璧に暗唱できた生徒には、授業時間の一部を割いて、暗唱の成果を発表する機会を与えます。暗唱を終えた後の生徒の誇らしい顔と、それを聞いているクラスメイトの羨望の混じったまなざしは、筆者の教師人生の忘れられない一シーンとして脳裏に残っています。「長恨歌」を暗唱できたからといって、すぐに何かが得られるわけではありません。しかし、「長恨歌」を覚えた生徒は、いつか必ず「満たされない思いとは、こういうことだったのか」と膝を打つことがあるはずです。乱暴すぎるというそしりを受けることを承知で、「心に『種』を蒔く」一例としてご紹介しました。

5 白居易の詩と日本文学とのかかわり

　最後に、白居易の詩と日本文学とのかかわりに触れましょう。白居易の詩は、彼の在世中に既に日本にも伝えられ、知識階級の人々に熱狂的に支持されました。平安時代中期に編まれた『和漢朗詠集』は、所載の漢詩句一九五首のうち、白居易のものが約七割の一三五首を占めていて、当時の白居易人気の高さがうかがえます。ただし、『和漢朗詠集』に採られた白居易の詩には、彼が青壮年期に最も力を注いだ諷諭詩は見られません。「花鳥風月」を愛する日本人は、白居易の諷諭詩を異質なものと感じ、本能的に忌避したとも考えられます。

　高等学校の古文教材にも、白居易と縁の深いものが少なくありません。「香炉峰の雪」をめぐる中宮定子と清少納言のやりとりを記した『枕草子』第二八〇段は、その筆頭でしょう。

　「長恨歌」と日本文学の関わりについていえば、まず思い浮かぶのは、『枕草子』第三七段です。そこには、「梨花一枝、春、雨を帯びたり。」と「長恨歌」中の一句がそのまま引用されています。また、『更級日記』の「七月七日（ふみづきなぬか）」には、「長恨歌」を読みたいと思い続ける女性の、切実な心理が描かれています。

　『源氏物語』の成立に「長恨歌」が深く関わっていることも、よく知られています。筆者はかつて、次ページのような問題を「長恨歌」全句を出題範囲とする定期考査に出したことがあります。考査の目的は、第一義的には学習の成果を試すことにあります。それと同時に、授業では触れることができなかった知識や情報、作品の読み方について、応用問題という形で出題することがあってもよいでしょう。一石二鳥を狙った欲張りな出題ですが、ご参考になれば幸いです。

　国語教育が実利を目的としたものに変質しつつある中で、一つの作品に長い時間をかけることは難しくなっています。しかし、工夫次第では長尺の作品に取り組むことは可能です。表面を撫で、駆け足で通り過ぎるのではなく、地面を一歩一歩踏みしめるような充実した授業が、全国の教室で展開されることを願ってやみません。

実力評価テスト

白居易と日本の古典

点
／20点

「長恨歌」と『源氏物語』との関連を述べた次の文章を読み、後の問いに答えよ。

桐壺の構想が長恨歌にもとづくことは、ほとんど議論を要しないのだが、私の考えでは、構想だけでなく、文章まで長恨歌をうまく生かしているようである。まず、長恨歌は「漢皇重㆑色思㆓傾国㆒」で始まるが、この「漢皇」は、実は唐の玄宗なのを、ぼんやり霞ませるため漢の武帝に仮託したのである。このばあい、詩中の「漢皇」は、実在した漢の武帝ではなく、当代を朧化した「昔のみかど」であるにすぎない。つまり固有名詞としての「漢」であるよりも、伝奇的なおもかげとしての「昔の代」なのであり、和文であらわせば、たぶん［A］となるであろう。

ついでに幾つかの類例を挙げておこう。次の「重㆑色思㆓傾国㆒」は、和文化すれば「女御・更衣あまたさぶらひたまひける」となりそうであり、第六句の「一朝選在㆓君王側㆒」が［B］に当たるかと思われる。また「六宮粉黛」を［C］に当てるなら、彼女たちが「無㆓顔色㆒」という状態であることは、結局「めざましきものにおとしめそねみたまふ」ことになるのではないか。これだけ伏線を張っておけば、やがて「楊貴妃のためしも……」と言い出したとき、膝をたたかせることができる。

なお、傍証程度で、あまり自信はないけれど第三句の「楊家」と［D］とも、関係させて考え得るかもしれぬ。楊家は、もちろん大した家がらでなく、貴妃のお蔭で一族が時めくことになったからである。楊貴妃という名が出てしまったあとでは、桐壺の帝が「ある時には、大殿籠り過ぐして」ということになれば、私どもは、容易に「日高起」「不㆓早朝㆒」を思い浮かべるであろうし、

承㆑歓――わりなくまつはさせたまふ。
侍㆑宴――さるべきみ遊びのをりをり。
無㆓閑暇㆒――あながちにお前さらずもてなさせたまひし。

後宮華麗三千人――あまたの御かたがた。

寵愛在二一身一――ひまなき御前わたり。

といった趣も理解できよう。もっとも、ぼんやり匂わせた程度では、看過される心配があるから、ときどき「太液の芙蓉、未央の柳も」とか「翼を比べ、枝を交さむ」とか、原文をちらつかせて、注意を喚起しているわけである。〈後略〉

〈小西甚一「いづれの御時にか」〉〈漢文の返り点は引用者〉

📖「国語と国文学」東京大学国語国文学会編、一九五五年三月

問1　空欄A～Dに当てはまる語を次の文のア～カから選び、記号で答えよ。〈各5点〉

(ア)いづれの御時にか、女御、更衣あまたさぶらひたまひける中に、(イ)いとやむごとなききはにはあらぬが、(ウ)すぐれて時めきたまふありけり。はじめより(エ)「我は。」と思ひあがりたまへる御方々、めざましきものにおとしめそねみたまふ。同じほど、それより下臈の更衣たちは、ましてやすからず。朝夕の宮仕へにつけても、人の心をのみ動かし、恨みを負ふつもりにやありけむ、いとあつしくなりゆき、もの心細げに里がちなるを、いよいよあかずあはれなるものに思ほして、人のそしりをもえはばからせたまはず、世の例にもなりぬべき御もてなしなり。上達部、上人なども、あいなく目をそばめつつ、「いとまばゆき人の御おぼえなり。(オ)唐土にも、かかることの起こりにこそ、世も乱れあしかりけれ。」と、やうやう天の下にもあぢきなう、人のもてなやみぐさになりて、楊貴妃のためしも引きいでつべくなりゆくに、(カ)いとはしたなきこと多かれど、かたじけなき御心ばへのたぐひなきを頼みにて、交じらひたまふ。〈後略〉

〈源氏物語、桐壺〉

[解答]

A　ア　　B　ウ　　C　エ
D　イ

資料編

以下のウェブサイトから、下記の資料が参照できます。
https://www.taishukan.co.jp/item/kanbun-shido2/

付属動画　模擬授業編
第1回　訓読のきまり
①送り仮名は何のためにある？
②返り点は何のためにある？
③返り点の種類と用法
第2回　書き下し文のポイント
①書き下し文の原則
②書き下し文のメリットとデメリット
第3回　現代語訳のポイント
①足す・引く・言い換える
②反語の訳し方

プリント
知らないと困る基本一二〇字
知らないと困る基本一二〇字＋五五字
覚えておきたい漢文の複合語・慣用表現七五
解釈に役立つ漢文の常識語一三〇
「長恨歌」ワークシート

知らないと困る 基本一二〇字

〈凡例〉

1 「常用漢字表」所載の漢字のうち、高等学校の漢文教材に頻出のものを厳選し、これに高等学校漢文学習に不可欠の表外漢字（＊）を加えた。

2 配列は原則として漢字の漢音により、五十音順とした。ただし、「常用漢字表」では呉音で配列されたものがあり、この場合も漢音を優先した。

【例】唯　「常用漢字表」では字音を「ユイ・イ」としているが、「ユイ」は呉音、「イ」が漢音なので、このリストでは漢音を優先して「イ」の項に掲載した。

3 一般に呉音が定着している漢字は、呉音を優先した。

【例】於　「おいて・おける」の意味の場合、漢音「ヨ」呉音「オ」だが、字音を連想しやすい「オ」の位置に置いた。

4 慣用音が定着している漢字も、検索の便宜を重視して慣用音を優先して表示した。

【例】末　マツは慣用音だが、「マツ」で掲載した。

5 「常用漢字表」が字訓しか掲げていない漢字は、字音で配列した。

【例】又　字訓の「また」ではなく、漢音の「ユウ」として扱った。

6 意味によって字音が異なる場合は、意味ごとに字音を表示した。

【例】殺　㊀（サツ）①ころス。②。そこなフ。……㊂（サイ）そグ。……

7 親字の読みと意味に呼応した熟語と例文を可能な限り挙げた。しかし、紙数の制約から、それぞれの出典までは記していないので、必要があれば漢和辞典などで確認することが望ましい。

8 見出しや書き下し文は歴史的仮名遣いを用いた。書き下し文に付したふりがなは、読みやすさを優先して、字音・字訓ともに現代仮名遣いによった。

番号	字	読み	意味	備考	例語	例文	書き下し文（＝訳）	複合語・慣用表現
1	悪	㊀アク	□アク＝わるいこと。	―	善悪、旧悪、勧善懲悪、賞善罰悪	勿下以二悪小一為上レ之。	悪の小なるを以て之を為すこと勿かれ。	―
			□あシ＝❶わるい。	―	悪風、悪習、悪徳、悪名、醜悪、俗悪	人之性悪、其善者偽也。	人の性は悪なり、其の善なる者は偽（＝人為によるもの）なり。	
						好事不レ出レ門、悪事行二千里一。	好事 門を出でず、悪事 千里を行く。	
			□あシ＝❷劣っている。粗末な。	―	悪貨、粗悪、劣悪	恥二悪衣悪食一者、未レ足二与議一也。	悪衣悪食を恥づる者は、未だ与に議するに足らざるなり。	
			□にくム＝にくく思う。きらう。	―	好悪、疾悪、羞悪、憎悪	非レ不レ悪レ寒也。	寒きを悪まざるに非ざるなり。	
		㊂オ	◇いづクンゾ＝〈疑問・反語〉どうして…か。	「安／焉」などと同じ。	―	彼悪敢当レ我哉。	彼悪くんぞ敢へて我に当らんや（＝どうして私に敵対したりしようか）。	―
			◇いづクニカ＝〈疑問・反語〉どこに…か。	「安／焉」などと同じ。	―	君子去レ仁、悪乎成レ名。	君子 仁を去りて悪くにか名を成さん。	
			◇ああ＝〈詠嘆〉ああ。	「嗚・呼」などと同じ。	―	悪、是何言也。	悪、是れ何の言ぞや。	

番号	字	音	意味	備考	熟語	例文	書き下し	句法
2	安	アン	□やすンズ＝❶落ち着く。安心する。	—	安命	安二其居一…。	其の居に安んじ…。	—
			□やすンズ＝❷落ち着ける。安定させる。	—	安置、安国	脩レ己以安レ人。	己を脩めて以て人を安んず。	
			□やすシ＝落ち着いている。安らかである。	—	安心、安息、安泰、安寧	—	—	
			□いづクンゾ＝〔疑問・反語〕どうして…か。	「悪・焉」などと同じ。	—	燕雀安知二鴻鵠之志一哉。	燕雀安くんぞ鴻鵠の志を知らんや。	
			□いづクニカ＝〔疑問・反語〕どこに…か。	「悪・焉」などと同じ。	—	沛公安在。	沛公安くにか在る。	
3	已*	イ	□やム＝終わる。やめる。	—	—	不レ得レ已。	已むを得ず。	□…而-已 □…而-已矣 □…也-已 ◇…也-已
						已矣／已矣乎。	已んぬるかな（＝もうこれまでだ）。	
						武皇開レ辺意未レ已	武皇 辺を開く意 未だ已まず	
			□すでニ＝もう…してしまった。	—	已往、已然	已見松柏摧為レ薪…	已に見る 松柏の摧かれて薪と為るを…	
			□すでニシテ＝やがて。	「已而」の形が多い。	—	已而相如出、望二見廉頗一。	已にして相如出で、廉頗を望見す。	
			□…のみ＝〔限定・断定〕…だけである。…なのである。	—	—	無レ不レ為已。	為さざる無きのみ。	
			◇はなはダ＝非常に。ひどく。	「甚」と同じ。	已-甚	—	—	
4	以	イ	□ゆゑ＝わけ。理由。	—	—	良有レ以也。	良に以有るなり。	□以レA為レB □以為レB □以-為B
			□…(ヲ)もつテ＝…で。…によって。	—	以心伝心	請以レ戦喩。	請ふ戦ひを以て喩へん。	
			□もつテ＝そして。	—	—	終夜不レ寝、以思。	終夜 寝ねず、以て思ふ。	
			□（「A 以レB」の形で）…スルニ…ヲもつテス＝BでAする。	「以レB A」と同じ。	—	策レ之不レ以二其道一。	之を策うつに其の道を以てせず。	
			□…と・ともニ・ともニス＝…と。…とともに。…とともにする。	—	—	習以レ性成。	習ひ 性と成る。	
						誰以易レ之。	誰と以にか之を易へん。	
			◇ひきヰル＝率いる。	—	—	以二呉兵一入レ郢。	呉の兵を以ゐて郢に入る。	

番号	字	読み	意味	備考	例語	例文	書き下し文〈＝訳〉	複合語・慣用表現
4	以	イ	◇おもフ・おもヘラク＝思う。思うことには。	―	―	自以…。	自(みずか)ら以(おも)へらく…。	
			◇はなはダ＝非常に。ひどく。	―	―	木若㆓以美㆒然。	木以(はなは)だ美なるがごとく然り〈＝あまりに立派すぎるようだ〉。	
5	矣*	イ	◇…かな＝〈詠嘆〉…だなあ。	「哉／夫」などと同じ。「矣」を訓読せずに「かな」を読み添えるという考え方もある。	―	甚矣…。	甚だしいかな…。	◇…矣乎(かな) ◇…矣夫(かな)
		《訓読しない》	□〈断定など〉	―	―	吾老矣。	吾老いたり。	
						是謂㆑過矣。	是(これ)を過(あやま)ちと謂ふ。	
6	為	イ	□なル＝…ができる。	―	―	五穀不㆑為…。	五穀為(な)らず…。	□為(なり)㆑人(ひと)
			□〈…ヲ〉なス＝…をする。…を行う。	―	営為、所為、無為	客有㆘能為㆓鶏鳴㆒者㆖。	客〈＝食客〉に能く鶏鳴を為(な)す者有り。	
			□〈…ト〉なル＝❶…になる。	―	―	化而為㆑鳥。	化して鳥と為(な)る。	
			□〈…ト〉なル＝❷〈受身〉…される。	―	―	身為㆓宋国笑㆒。	身は宋国の笑ひと為(な)る〈＝宋国中の人に笑われた〉。	
			□〈…ヲ以テ…ト〉なス＝…を…と考える。	―	―	鮑叔不㆓以㆑我為㆑貪。	鮑叔(ほうしゅく)我を以て貪(たん)と為(な)さず。	
			□つくル＝作る。	―	―	為㆑詩。	詩を為(つく)る。	
						請画㆑地為㆑蛇…。	請(こ)ふ地に画(えが)きて蛇を為(つく)り、…。	
			□〈…ノ〉ため・ためニ・ためニス	―	―	不㆘為㆓児孫㆒買㆗美田㆖。	児孫の為(ため)に美田を買はず。	
						古之学者為㆑己、…。	古の学者は己の為(ため)にし、…。	
			□…たリ＝〈断定〉…である。	―	―	我為㆓魚肉㆒。	我は魚肉たり。	
			□…る・…らル＝〈受身〉…される。	「見・被」と同じ。	―	厚者為㆑戮…。	厚き者〈＝ひどい場合〉は戮(りく)せられ〈＝死刑にされ〉…。	
			◇をさム＝治める。治す。	―	―	為㆑国。	国を為(おさ)む。	
			◇…や／…か＝〈疑問・反語〉…か。	―	―	我何渡為。	我何ぞ渡らんや。	

番号	漢字	読み	意味	備考	熟語	用例	書き下し	
7	唯	イ	□たダ（…ノミ）＝〈限定〉ただ…だけ。	「惟」などと同じ。	唯一（ゆいいつ）、唯我独尊（ゆいがどくそん）	唯見長江天際流	唯だ見る 長江の天際に流るるを	―
			□イ＝「はい」という返事。	―	唯唯諾諾	曽子曰、『唯。』。	曽子曰はく、『唯。』と。	
8	謂*	イ	□いフ＝告げる。語る。	謂二…一曰、（…に謂ひて曰はく、）の形が多い。	所謂（いわゆる）	蚌亦謂レ鷸曰…。	蚌も亦た鷸に謂ひて曰はく…。	―
			□いヒ＝意味。	―	―	何謂也。	何の謂ひぞや（＝どういう意味か）。	
			◇おもフ・おもヘラク＝思う。思うことには。	―	―	謂為レ俑者不仁。	謂へらく俑（＝死者とともに埋める人形）を為る者は不仁（＝仁徳がない）なりと。	
9	一	イツ	□イツ／イチ＝❶ひとつ。ひとり。	―	一命、一人（いちにん・いちじん）（＝天子）、一衣帯水、一字千金、一日三秋／一日千秋、一日之長、一石二鳥、唯一無二、一狐裘（こきゅう）三十年（＝倹約なこと）	一葉落知二天下秋一。 聞レ一知レ十。 識レ一不レ知レ二。 不レ識二一丁字一。	一葉落ちて天下の秋を知る。 一を聞きて十を知る。 一を識りて二を知らず（＝見識が狭い）。 一丁字を識らず（＝無学なことのたとえ）。	―
			□イツ／イチ＝❷一番目。	―	一位、一元（はじめ）、第一	一将功成万骨枯	一将（いっしょう）功成りて万骨枯る	
			□イツ／イチ＝❸少し。わずかな。ちょっと。	―	一顧、一瞥（いちべつ）、一笑、一縷（いちる）、一陣風（一陣の風）、一騎当千／一人（いちにん）当千、一言半句、一触即発、一進一退、一目瞭然、一挙手一投足	春宵一刻直千金 一寸光陰不レ可レ軽	春宵一刻（しゅんしょういっこく）直千金（あたいせんきん） 一寸（いっすん）の光陰（＝わずかな時間）軽（かろ）んずべからず	
			□イツ／イチ＝❹同じ。同じくする。ひとしい。	―	統一、同一、均一	―	―	
			□イツ／イチ＝❺混じりけがない。もっぱら。	―	一如（いちにょ）、純一（じゅんいつ）、専一	―	―	

番号	字	読み	意味	備考	例語	例文	書き下し文〈＝訳〉	複合語・慣用表現
9	一	イツ	□イツ／イチ＝❻すべて。皆。	―	一概、一貫、一座、一切、一斉、一掃、一視同仁〔＝すべての人を平等に愛すること〕、一碧万頃(いっぺきばんけい)〔見わたす限り青々と広がっているさま〕	―	―	―
			□イツ／イチ＝❼ある。	―	一日(いちじつ)、一旦／一朝〔＝ある朝、ある日〕	一旦有緩急…。	一旦(いったん)緩急〔＝緊急事態〕有らば…。	
			□イツ／イチ＝❽もう一つの。別の	―	一名	―	―	
			□イツ・ニス＝一つにする。同じものとして扱う。	―	一意専心	孰能一之。	孰(たれ)か能く之を一(いつ)にせん。	
			□イツ・ニ＝なんと。まったく。	―	―	一至此乎。	一(いつ)に此に至るか。	
						吏呼一何怒…	吏の呼ぶ 一(いつ)に何ぞ怒(はげ)しき…	
			□ひとへニ＝ひたすら。ただ。	―	―	孤舟一繋故園心	孤舟 一(ひと)へに繋ぐ 故園〔＝故郷〕の心	
			□ひとタビ＝❶一度。一回。	―	一再〔＝一、二回〕、一攫(いっかく)千金、一期一会、一瀉(いっしゃ)千里、一諾千金、一網打尽	他日驢一鳴。	他日(たじつ)驢(ろ)〔＝ロバ〕一(ひと)たび鳴く。	
			□ひとタビ＝❷いったん…すると。	―	―	此地一為別…	此の地 一(ひと)たび別れを為せば…	
			□（「一…一…」の形で）イツには…イツには…・イツは…イツは…＝…したり…したり。	―	一喜一憂	一則以喜、一則以懼。	一(いつ)は則ち以て喜び、一(いつ)は則ち以て懼(おそ)る。	
10	于*	ウ	◇ゆく＝行く。	「往」と同じ。	―	之子于帰	之(こ)の子 于(ゆ)き帰(とつ)ぐ	□于嗟(ああ)
			◇ここニ＝〈語調を整える〉。	―	―	之子于帰	之(こ)の子 于(ここ)に帰(とつ)ぐ	
		《訓読しない》	□…に。…で。…にとって。	「於／乎」と同じ。	―	吾十有五而志于学。	吾 十有五にして学に志す。	

番号	字	読み	用法・意味	注意	熟語	例文	書き下し	慣用表現
11	亦*	エキ	□（…モ）まタ＝…も同様に。…もやはり。	※同訓の「又」や「復」と区別するために、「もまた」と呼ぶことがある。	—	蚌亦謂鷸曰…。 夫差上姑蘇、亦請成於越。	蚌も亦た鷸に謂ひて曰はく…。 夫差 姑蘇に上り、亦た成を越に請ふ。	—
			□まタ（…ずや）＝〈詠嘆〉なんと…ではないか。	—	—	学而時習之、不亦説乎。	学びて時に之を習ふ、亦た説ばしからずや。	
12	易	㈠エキ	□かフ・かハル＝換える。入れ替わる。	—	交易、変易、不易、改易、易姓革命	以暴易暴、不知其非矣	暴を以て暴に易へ、其の非を知らず	—
			□エキ＝占い。占いの書。	—	易占、易経、周易	—	—	—
		㈡イ	□やすシ＝たやすい。…しやすい。	—	安易、簡易、平易、難易、容易	少年易老学難成	少年老い易く 学成り難し	—
13	焉*	エン	□いづクンゾ＝〈疑問・反語〉どうして…か。	「悪・安」などと同じ。	—	焉有仁人在位、罔民而可為也。	焉くんぞ仁人 位に在る有りて、民を罔するを為すべけんや。	—
			◇ここニ＝ここに。	—	—	心不在焉、視而不見、聴而不聞。	心 焉に在らざれば、視れども見えず、聴けども聞こえず。	
			◇なに＝〈疑問・反語〉なにを…か。	—	—	復駕言兮焉求。	復た駕して言に焉をか求めん。	
			◇いづクニ・いづクニカ＝〈疑問・反語〉どこに…か。	「悪・安」などと同じ。	—	提壺将焉如。	壺を提げて将に焉くにか如かんとする。	
			◇《状態を表す語を作る》	—	忽焉、赫焉（＝赤々と照り輝くさま）	—	—	
		《訓読しない》	□〈断定など〉。	文末に用いられる。	—	俄而匱焉。	俄かにして匱し。	
14	於*	オ	□（…ニ）おイテ＝…に。…で。…にとって。	—	—	於斯三者、何先。 於我如浮雲。	斯の三者に於いて、何をか先にせん。 我に於いて浮雲のごとし。	□於是（おイテここニ）
		《訓読しない》	□❶〈場所〉	—	—	乃先納質於斉…。	乃ち先づ質を斉に納れ…。	
			□❷〈対象〉	—	—	己所不欲、勿施於人。	己の欲せざる所、人に施すこと勿かれ。	
			□❸〈動作の起点〉	—	—	千里之行、始於足下。	千里の行も、足下より始まる。	
			□❹〈比較〉	—	—	霜葉紅於二月花	霜葉は二月の花よりも紅なり	
			□❺〈受身〉	—	—	秖辱於奴隷人之手…。	秖だ奴隷人の手に辱められ…。	

番号	字	読み	意味	備考	例語	例文	書き下し文〈＝訳〉	複合語・慣用表現
15	応	オウ	□おうズ・こたフ＝答える。従う。手応えがある。	―	応対、応答、反応、因果応報	其人弗レ能レ応也。	其の人 応(こた)ふる能はざるなり。	―
			□まさニ…べシ【再読文字】＝❶〈当然〉…するべきだろう。	―	―	応レ憐半死白頭翁	応(まさ)に憐れむべし 半死の白頭翁(はくとうおう)	
			□まさニ…べシ【再読文字】＝❷〈推量〉おそらく…であろう。	―	―	君自二故郷一来、応レ知二故郷事一	君 故郷より来たる、応(まさ)に故郷の事を知るべし	
16	可	カ	□カ・カ・ナリ＝よい。よろしい。	―	可否、不可	無レ可無二不可一。 朝聞レ道、夕死可矣。	可(か)も無く不可(ふか)も無し。 朝(あした)に道を聞かば、夕(ゆうべ)に死すとも可(か)なり。	□可レ憐(べしあわれむ)
			□カ・トス・きク＝承諾する。きいれる。	―	裁可、認可	范蠡不レ可。	范蠡(はんれい)可(き)かず。	
			□ベシ＝❶〈可能〉…できる。	―	―	他山之石、可二以攻レ玉。	他山の石、以て玉を攻(おさ)むべし。	
			□ベシ＝❷〈許可〉…してよい。	―	―	一寸光陰不レ可レ軽	一寸の光陰 軽(かろ)んずべからず	
			□ベシ＝❸〈当然〉…すべきだ。	―	―	樊噲可レ斬也。	樊噲(はんかい) 斬るべきなり。	
			□ベシ＝❹〈適当〉…するのがよい。	―	―	有下一言而可二以終身行一レ之者上乎。	一言にして以て終身 之を行ふべき者有りや。	
			□ベシ＝❺〈意志〉…しよう。	―	―	滄浪之水清兮、可三以濯二吾纓一	滄浪の水 清(す)まば、以て吾が纓(えい)〈＝冠のひも〉を濯(あら)ふべし	
			◇ほぼ・…ばかリ＝…ほど。…くらい。	―	―	項羽之卒可十万。 「項羽之卒可二十万一（項羽の卒 十万ばかりなり）。」とも読む。	項羽の卒 可(ほぼ)十万なり。	
17	何	カ	□なにヲカ＝〈疑問・反語〉なにを…か。	「奚」と同じ。	―	大王来、何操。	大王来たるとき、何(なに)をか操(と)れる。	□何者(なんとなれば) □何則(なんトナレバすなわチ) □何如(いかん)／何若(いかん)／何奈(いかん) □如何(いかん)／奈何(いかん)／若何(いかん)
			□いづクニカ＝〈疑問・反語〉どこに…か。	「安・焉」などと同じ。	―	雲横二秦嶺一家何在。	雲は秦嶺(しんれい)に横たはりて 家 何(いず)くにか在る。	

			□いづレノ＝〔疑問・反語〕どの…か。	―	―	何日是帰年。	何(いづ)れの日か是れ帰年ならん。	□何-遽(なんゾ) □何為(なんすレゾ) □何為者(なんするものゾ) □何以(なにヲもつテ) □何故(なんノゆゑニ) □何也(なんゾや)／何哉(なんゾや) □何能(なんゾよク) □何日(いづレノひカ) □何-所(いづレノところ)／何-処(いづレノところ) ◇何-許(いづこ) □何事(なにごとカ) □何必(なんゾかならズシモ) □何有(なにカあラン)
			□なに・なんノ＝〔疑問・反語〕どの。どんな…か。	―	―	我何面目見レ之。	我 何(なん)の面目ありて之に見(まみ)えん。	
						何謂也。	何(なん)の謂(い)ひぞや〔＝どういう意味か〕。	
			□なんノ＝〔詠嘆〕なんと…か。	―	―	今夕復何夕	今夕(こんせき) 復た何(なん)の夕(ゆう)べぞ〔＝なんと素晴らしい夜か〕	
			□なんゾ＝❶〔疑問・反語〕どうして…か。	「奚」と同じ。	―	何辞為。	何(なん)ぞ辞せんや。	
			□なんゾ＝❷〔詠嘆〕＝なんと…ではないか。	―	―	何楚人之多也。	何(なん)ぞ楚人(そひと)の多きや。	
18	蓋	一 カイ	□おほフ＝覆う。	―	―	力抜レ山兮気蓋レ世	力は山を抜き気は世を蓋(おお)ふ	―
			□けだシ＝思うに。そもそも。	―	―	蓋孟嘗君嘗以献二昭王一…。	蓋(けだ)し孟嘗君 嘗て以て昭王に献じ…。	
		二 コウ	◇なんゾ…ざル【再読文字】＝〔詰問・勧誘〕どうして…しないのか。…してはどうか。	「蓋」は、「何(カ)・不(フ)」の二字と同じ働きをする。「盍」と同じ。	―	子蓋レ言二子之志於公一乎。	子(し) 蓋(なん)ぞ子(し)の志を公に言はざる。	―
19	看	カン	□みル＝手をかざして見る。よく見る。	―	看過、看破	香炉峰雪撥レ簾看	香炉峰の雪は簾(すだれ)を撥(かか)げて看(み)る	―
			□みすみす＝みるみるうちに。	―	―	今春看又過	今春 看(みすみす) 又過(す)ぐ	
20	敢	カン	□あヘテ（…ス）＝（しにくいことを）思い切って…する。失礼ながら…させていただく。	―	敢言、敢行、敢然	敢問レ死。	敢(あ)へて死を問ふ。	―
			□あヘテ（…セず）〔否定〕＝進んで…はしない。…したりはしない。…するなんてことはない。	「けっして…しない」ではない。	―	豪毛不二敢有一レ所レ近…。	豪毛も敢(あ)へて近づくる所有らずして…。	

番号	字	読み	意味	備考	例語	例文	書き下し文〈＝訳〉	複合語・慣用表現
20	**敢**	カン	□あヘテ（…セざランヤ）〈反語〉＝どうして…しないことがあろうか。きっと…する。	―	―	百獣之見レ我、而**敢**不レ走乎。	百獣の我を見て、**敢**（あ）へて走らざらんや。	―
21	**還**	カン	□かヘル・かヘス＝帰る。返す。	―	往還、帰還、召還、奪還、返還	飛鳥相与**還**	飛鳥 相与（とも）に**還**（かえ）る	―
			□まタ＝ふたたび。もう一度。	―	―	看レ花**還**看レ花	花を看 **還**（ま）た花を看る	
22	**願**	ガン	□ねがフ・ねがヒ＝願う。願い。	―	願望、哀願、祈願、宿願、請願	以雪二先王之恥一、孤之**願**也。	以て先王の恥を雪（すす）がんことは、孤（こ）〈＝わたくし〉の**願**（ねが）ひなり。	―
			□ねがハクハ（…セン）＝〈自身の意志〉なにとぞ…させてほしい。	「請フ…セン」と同じ。	―	**願**得二君狐白裘一。	**願**（ねが）はくは君の狐白裘を得ん。	
			□ねがハクハ（…セヨ／…センコトヲ）＝〈他に対する願望〉どうか…してほしい。	「請フ…セヨ」と同じ。	―	**願**夫子輔二吾志一、明以教レ我。	**願**（ねが）はくは夫子（ふうし） 吾が志を輔（たす）け、明らかに以て我に教へよ。	
23	**其***	キ	□そノ・そレ＝〈人や物を指す〉その。それ。	―	―	策レ之不レ以二**其**道一。	之を策（むち）うつに**其**（そ）の道を以てせず。	―
			□そレ＝❶《強意》。	指示代名詞ではない。	―	嗚-呼、**其**真無レ馬邪…。	嗚呼（ああ）、**其**（そ）れ真に馬無きか…。	
			□そレ＝❷《語調を整える》。		―	実迷レ塗**其**未レ遠。	実に塗（みち）に迷ふこと **其**（そ）れ未だ遠からず。	
			◇そノ＝《語調を整える》。	指示代名詞ではない。	―	灼灼**其**華	灼（しゃくしゃく）灼たり**其**（そ）の華	
24	**豈***	キ	□あニ（…ヤ）＝❶〈疑問〉…か。	―	―	荊卿**豈**有レ意哉。	荊卿（けいけい） **豈**（あ）に意有りや〈＝お考えがおありか〉。	―
			□あニ（…ヤ）＝❷〈反語〉どうして…か。	反語と速断するのは危険。	―	況賢二於隗一者、**豈**遠二千里一哉。	況んや隗よりも賢なる者、**豈**（あ）に千里を遠しとせんや。	
25	**幾**	キ	□いく・いくばく＝〈疑問・反語〉どれほど…か。	―	―	古来征戦**幾**人回	古来 征戦 **幾**人か回（かへ）る	□**幾**（いく）-何（ばく）
			□ほとンド＝…しそうになる。だいたい。	―	―	**幾**死者数矣。	**幾**んど死せんとせし者（こと） 数（しばしば）なり。	
			◇こひねがフ・ねがフ・こひねがハクハ・ねがハクハ＝願う。願うことには。	「冀（こいねがフ）」と同じ。	―	乃**幾**二我死一也。	乃ち我が死するを**幾**（こいねが）ふなり。	◇**幾**（いく）-許（ばく）

番号	漢字	音	読み・意味	備考	熟語	例文	書き下し	関連
			◇ちかシ＝近い。	—	—	説者能無レ嬰二人主之逆鱗一、則幾矣。	説く者 能く人主の逆鱗に嬰るること無くんば、則ち幾からん（＝おおかたよかろう）。	庶幾
26	宜	ギ	□よろシ＝よい。ふさわしい。	—	時宜、適宜、便宜	宜二其室家一	其の室家に宜しからん	—
			□よろシク…ベシ【再読文字】＝〔適当・当然〕…するのがよい。…するのが当然である。	—	—	宜二深剋レ己反一レ善。	宜しく深く己に剋ちて善に反るべし。	
			◇むベナリ＝もっともである。当然である。	—	—	牡丹之愛、宜乎衆矣。	牡丹を之れ愛するは、宜なるかな衆きこと。	
27	況	キョウ	□キョウ＝ありさま。様子。	—	活況、近況、好況、情況	—	—	—
			□たとフ＝たとえる。ひきくらべる。	—	比況	以自況。	以て自ら況ふ。	
			□いはンヤ（…ヲヤ）＝〔抑揚〕ましてや…はなおさらだ。	上に「…スラ且ツ／…スラ猶（尚）ホ」が置かれることが多い。	—	死馬且買レ之、況生者乎。	死馬すら且つ之を買ふ、況んや生ける者をや。	
28	教	キョウ	□をしフ・をしへ＝教える。教え。	—	教育、教化、教条、国教、儒教、文教	—	—	—
			□…しム＝〔使役〕…させる。	「使／令／遣」と同じ。	—	遂教二方士殷勤覓一	遂に方士をして殷勤に覓めしむ	
29	竟*	キョウ	□おはル・おへル・おはリ＝終わる。終える。終わり。	—	畢竟	秦王竟レ酒…。	秦王 酒を竟ふるまで…。	—
			□つひニ＝とうとう。結局。最後まで。	「終／卒」と同じ。	—	竟以レ寿終。	竟に寿を以て終はる。	
30	倶*	グ	□ともニ・ともニス＝いっしょに。いっしょにする。	—	倶全、倶存	人馬倶驚、辟易数里。	人馬倶に驚き、辟易（＝後退）すること数里なり。	—
			□（「不二倶…一」の形で）ともニハ…ず＝〔部分否定〕いっしょには…しない。	「不二同…一（ともニハ…ず）」と同じ。	—	不レ倶戴レ天。	倶には天を戴かず。	
						其勢、不二倶生一。	其の勢ひ、倶には生きざらん。	
31	偶	グウ	□グウ＝❶ひとがた。	—	偶人、偶像、土偶	—	—	—
			□グウ＝❷二で割り切れる数。	—	偶数	—	—	

番号	字	読み	意味	備考	例語	例文	書き下し文（＝訳）	複合語・慣用表現
31	偶	グウ	□グウス＝ならぶ。つりあう。結婚する。	―	配偶、対偶表現	有下偶二語詩書一者上棄市。	詩書（＝『詩経』や『書経』）を偶語（＝さし向かいで話す）する者有らば棄市（きし）（＝死刑にしてその屍を市中にさらす）せん。	―
			□たまたま＝ふと。	―	偶作、偶成、偶然、偶題、偶発	後数日、偶至二都城南一…。	後数日、偶（たまたま）都城の南に至り…。	
32	兮*	ケイ《訓読しない》	□〈語調を整える・詠嘆〉。	主に韻文の句中や句末に置かれる。	―	力抜レ山兮気蓋レ世 登二彼西山一兮、采二其薇一矣	力は山を抜き気は世を蓋（おお）ふ 彼の西山（せいざん）に登り、其の薇（び）を采（と）る	―
33	奚*	ケイ	□なにヲカ＝〈疑問・反語〉なにを…か。	「何」と同じ。	―	子将二奚先一。	子（し）将に奚（なに）をか先にせんとす。	◇奚為（なんすレゾ）
			□なんゾ＝〈疑問・反語〉どうして…か。	「何」と同じ。	―	子奚不レ為レ政。	子（し）奚（なん）ぞ政を為さざる。	◇奚以（なにヲもっテ）
34	見	㊀ケン	□みル・みユ＝見る。見える。	―	見学、外見	心不レ在レ焉、視而不レ見、聴而不レ聞。	心焉（ここ）に在らざれば、視れども見（み）えず、聴けども聞こえず。	―
			□ケン＝考え。思い。	―	見解、見識、意見、管見（＝狭い見識）、愚見、卑見、偏見	―	―	
		㊁ケン・ゲン	□みる・まみユ＝会う。お目にかかる。	相手が目上の場合は「…ニまみユ」、それ以外は「…ヲみル」と読み分ける。	引見、接見、謁見	乃先納二質於斉一、以求レ見。 我何面目見レ之。	乃ち先づ質（ち）を斉に納（い）れ、以て見（み）んことを求む。 我何の面目ありて之に見（まみ）えん。	□不レ見（みずヤ）
			□あらハル・あらハス＝現れる。現す。	―	露見	才美不二外見一。	才の美外に見（あらわ）れず。	
			□…る・…らル＝〈受身〉…される。	「被」と同じ。	―	薄者見レ疑。	薄き者（＝軽い場合）は疑はる。	
35	遣	ケン	□つかハス・つかヒ＝遣わす。使者。	―	差遣、派遣、分遣	遣レ使貢献。	使ひを遣（つか）はし貢献せしむ。	―
			□…しム＝〈使役〉…させる。	「使／令／教」と同じ。	―	太守即遣下人随二其往一、尋中向所上レ誌…。 「太守 即ち人を遣はして其の往くに随（したが）ひ、向（さき）の誌（しる）し所を尋ねしめしも」と読んでも、意味は変わらない。	太守 即ち人をして其の往くに随（したが）ひ、向（さき）の誌（しる）し所を尋ねしめしも…。	

番号	漢字	音	読み・意味	備考	熟語	例文	書き下し	句形
			◇やル=❶行かせる。❷はらう。晴らす。	―	遣悶〔=うさを晴らす〕	遣懐（遣ㇾ懐）	懐ひを遣る〔=思いを晴らす〕	
36	乎*	コ	□…や／…か=〔疑問・反語〕…か。	―	―	能復飲乎。	能く復た飲むか。	
			□…や〔呼びかけ〕=…よ。	「也」と同じ。		参乎…。	参よ…。	□不ニ亦…一乎
			□《状態を表す語を作る》	―	確乎、断乎	―	―	□嗟乎
			◇…や／…か／…かな=〔詠嘆〕…だなあ。	―		惜乎。	惜しいかな。	◇於乎
		《訓読しない》	◇…を。…に。…より。	「於・于」と同じ。	―	其聞ㇾ道也、固先ニ乎吾一…。	其の道を聞くや、固より吾より先ならば…。	
37	固	コ	□かたシ=しっかりしている。強い。	―	確固、強固、堅固	法莫ㇾ如ニ一而固一。	法は一にして固きに如くは莫し。	―
			□かたク=強く。かたくなに。	―	固辞、固執	乃辞謝固請…。	乃ち辞謝して固く請ひ…。	
			□コ・ナリ=かたくな。融通がきかない。	―	固陋、頑固	学則不ㇾ固。	学べば則ち固ならず。	
			□かたマル・かたム=かたまる。かためる。	―	凝固	―	―	
			□もとヨリ=もともと。言うまでもなく。	―	固有	蛇固無ㇾ足。 君子固窮。	蛇固より足無し。 君子固より窮す。	
			◇まことニ=ほんとうに。	―	―	固一世之雄也。	固に一世の雄〔=英雄〕なり。	
38	故	コ	□ふるシ=古い。昔からの。	―	故事、故実、故城、故人〔=昔なじみの人〕、典故	温ㇾ故而知ㇾ新、可ニ以為一ㇾ師矣。	故きを温ねて新しきを知れば、以て師と為すべし。	―
			□もと・もとノ=以前。以前の。	―	故園、故郷、故国、縁故	門牆如ㇾ故…。	門牆故のごとくなるも…。	
			□こと=こと。さしさわり。	―	故障、事故	父母倶存、兄弟無ㇾ故、一楽也。	父母倶に存し、兄弟故無きは、一楽なり。	
			□コ=以前からのつきあい。	―	―	君安与ニ項伯一有ㇾ故。	君安くんぞ項伯と故有る。	
			□ゆゑ・ゆゑニ=事情。だから。	―	―	以ㇾ故…。 求也退、故進ㇾ之。	故を以て…。 求や退く〔=引っ込み思案である〕、故に之を進めたり。	

番号	字	読み	意味	備考	例語	例文	書き下し文〈＝訳〉	複合語・慣用表現
38	故	コ	□ことさらニ＝わざと。わざわざ。	―	故意、故殺、故買	故遣ㇾ将守ㇾ関者…。	故らに将を遣はし関を守らしめし者は…。	―
			◇もとヨリ＝もともと。以前から。	―	―	懶惰故無ㇾ匹	懶惰〈＝怠惰〉故より匹ひ無し	
			◇ふル＝年を経る。	―	故老	―	―	
			◇コ＝「病故」「物故」の「故」は「死ぬ」の意。	―	―	―	―	
39	向	コウ	□むカフ・むク＝向かう。向く。向ける。	―	向学、転向	向ㇾ晩意不ㇾ適 「向ㇾ晩」は、「晩に向んとして」とも読む。「向㆒」は、「時間が近づく」意で、「垂㆒」と同じ。	晩に向かひて意適はず	□向者
			□むき＝方向。	―	傾向、動向	―	―	◇向使
			□さきニ＝❶以前に。	―	―	―	―	◇向使
			□さきニ＝❷もし。かりに。	―	―	向不ㇾ出㆓其技㆒…。	向に其の技を出ださずんば…。	
			□さきノ＝以前の。	―	向前	便扶㆓向路㆒、処処誌ㇾ之。	便ち向の路に扶り、処処に之を誌す。	
		《訓読しない》	◇…に。…で。	「於／于」と同じ。	―	「繋㆓向牛頭㆒充㆓炭直㆒」	牛頭に繋けて炭の直に充つ	
40	肯	コウ	□あヘテ（…ス）＝進んで…する。納得して…する。	―	―	抱ㇾ被肯同宿。	被〈＝夜具〉を抱きて肯へて同宿す〈＝わざわざ泊まりに来てくれた〉。	□不ㇾ肯㆓…㆒
			□あヘテ（…か／…や）＝〈疑問・反語〉どうして…か。	―	―	肯将㆓衰朽㆒惜㆓残年㆒	肯へて衰朽を将て〈＝年老いた身で〉残年〈＝余命〉を惜しまんや	
			□がヘんズ・うべなフ＝うなずく。よしとする。	―	―	叔斉亦不ㇾ肯ㇾ立而逃ㇾ之。	叔斉も亦た立つを肯ぜずして之を逃る。	
41	苟*	コウ	□いやしクモ（…バ）〈仮定〉＝❶もしも…すれば。	「もシ」と読むこともある。	―	苟無㆓恒心㆒、放辟邪侈、無ㇾ不ㇾ為已。	苟くも恒心無ければ、放辟邪侈、為さざる無きのみ。	―
			□いやしクモ（…バ）〈仮定〉＝❷かりそめにも…であれば。	―	―	君子于ㇾ役、苟無㆓飢渇㆒	君子〈＝あなた〉役に于く、苟くも飢渇する無かれ	

番号	漢字	音	読み・意味	備考	熟語	用例	書き下し	句形
42	盍*	コウ	□なんゾ…ざル【再読文字】＝〈詰問・勧誘〉どうして…しないのか。…してはどうか。	「盍」は、「何・不」の二字と同じ働きをする。「蓋」と同じ。	―	盍各言爾志。	盍ぞ各爾が志を言はざる。	◇盍不…
43	忽*	コツ	□たちまチ＝思いがけず。いつの間にか。ふと。	―	忽焉、忽然	忽逢桃花林。	忽ち桃花の林に逢ふ。	―
			◇ゆるがせニス＝おろそかにする。	―	忽略、粗忽	所忽	忽にする所	
44	坐*	ザ	□ザ＝すわる所。	―	―	撃沛公於坐、殺之。	沛公を坐に撃ちて、之を殺せ。	―
			□ザ・ス＝❶すわる。	―	坐臥（＝座臥）、坐視（＝座視）、坐談（＝座談）	樊噲従良坐。	樊噲良（＝張良）に従ひて坐す。	
			□ザ・ス＝犯罪に関わる。	―	坐罪（＝座罪）、連坐（＝連座）	坐法当斬。	法に坐して斬に当たる（＝斬首刑と決まった）。	
			□そぞロニ＝何とはなしに。自然と。	―	―	停車坐愛楓林晩	車を停めて坐ろに愛す 楓林の晩	
45	哉*	サイ	□…や／…か＝〈疑問・反語〉…か。	―	―	燕雀安知鴻鵠之志哉。	燕雀安くんぞ鴻鵠の志を知らんや。	―
			□…や／…か／…かな＝〈詠嘆〉…だなあ。	―	哀哉（哀しいかな）	賢哉、回也。	賢なるかな、回（＝顔回）や。	
46	之*	シ	□ゆク＝至る。	「如」と同じ。「往」などと異なり、目的地が明示されることが多い。	―	然後駆而之善。	然る後に駆りて善に之かしむ。	□久之／久之
			□これ・この＝〈指示〉これ。	―	―	比日与之出…。 之子于帰	比日之と出で…。 之の子 于き帰ぐ	
			□これ＝❶《語調を整える》。	特に指示するものはない。	―	知之為知之、不知為不知。	之を知るを之を知ると為し、知らざるを知らずと為す。	
			□これ＝❷《上の語が動詞であることを示す》。	特に指示するものはない。	―	策之不以其道。	之を策うつに其の道を以てせず。	
			□これ＝〈強調〉。	特に指示するものはない。	―	至誠而不動者、未之有也。	至誠にして動かざる者は、未だ之れ有らざるなり。	
			□…の＝❶〈主格〉…が。	―	―	人之将死、其言也善。	人の将に死せんとするや、其の言や善し。	
			□…の＝❷〈連体修飾〉…の。	―	―	今日之事何如。	今日の事何如（＝どうであるか）。	
			□…の＝❸〈同格〉…で。	―	―	馬之千里者…。	馬の千里なる者は…。	

番号	字	読み	意味	備考	例語	例文	書き下し文〔＝訳〕	複合語・慣用表現
47	此*	シ	□ここ＝この場所。この事態。この時。	—	—	得三復見二将軍於此一。	復た将軍に此(ここ)〔＝この場所〕に見(まみ)ゆるを得んとは。	□用レ此(もつテこれヲ) 観レ之(みレバこれヲ)
						籍何以至レ此。	籍〔わたくし項籍(項羽)〕何を以て此(ここ)に至らん〔＝このようなことまでしようか〕。	
			□これ・この＝〔近い場所や物などを指す〕これ。この。	—	此岸(しがん)	王如知レ此…。	王 如(も)し此(これ)を知らば…。	
			□かク＝このような。このように。	—	—	若レ此／如レ此 「若レ是／如レ是(是(か)くのごとし)・若レ斯／如レ斯(斯(か)くのごとし)」と同じ。	此(か)くのごとし	
48	使	シ	□つかフ＝使う。	—	使嗾(しそう)(指嗾(しそう))〔＝指図してそそのかすこと〕、使用、駆使、行使、目使(もくし)(目指(もくし))〔＝目で指図すること〕	使レ民 以レ時。	民を使(つか)ふに時を以てす。	—
			□つかヒ・つかヒス＝使者。使者に立つ。用を足す。	—	使節、特使	晏子使レ楚。	晏子 楚に使(つか)ひす。	
			□…しム＝〔使役〕…させる。	「令／教／遣」と同じ。	—	天帝使三我長二百獣一。	天帝 我をして百獣に長たらしむ。	
			□…しメバ／…しムレバ＝〔仮定〕…だとしたら。	—	—	使三我有二洛陽負郭田二頃一…。	我をして洛陽負郭(ふかく)の田〔＝洛陽郊外の畑〕二頃(にけい)有らしめば…。	
49	斯*	シ	□これ・ここ・この・かク＝〔指示〕これ。この。ここ。このように。	「此」と同じ。	斯学、斯文〔＝この学問、特に儒家の学問や道徳〕	若レ斯／如レ斯 「若レ此／如レ此(此(か)くのごとし)・若レ是／如レ是(是(か)くのごとし)」と同じ。	斯(か)くのごとし	—
						某在レ斯。	某(それがし)〔＝わたくし〕斯(ここ)に在り。	
						於二斯三者一、何先。	斯(こ)の三者に於いて、何をか先にせん。	
			□すなはチ／ここニ＝〔接続〕(…すると)その時には。	—	—	小人窮斯濫。	小人窮すれば斯(すなわ)ち濫(らん)す〔＝取り乱す〕。	
						我欲レ仁、斯仁至矣。	我 仁を欲すれば、斯(ここ)に仁至る。	

番号	漢字	音	読み・意味	備考	熟語	例文	書き下し文	関連
50	而*	ジ	□なんぢ＝〈二人称〉おまえ。	「女／汝」などと同じ。	―	而忘三越人之殺二而父一邪。	而（なんぢ）越人の而（なんぢ）が父を殺ししを忘れたるか。	
			□しかシテ／しかうシテ＝❶〈順接〉そうして。	習慣上、順接と逆接を同じに読むことがあるので注意しよう。	―	而与二范蠡一治レ兵、事レ謀レ呉。	而（しか）して范蠡（はんれい）と兵を治め、呉を謀るを事とす。	
			□しかシテ／しかうシテ＝❷〈逆接〉けれども。		―	君子有二三楽一、而王二天下一、不三与存二焉。	君子に三楽有り、而（しか）して天下に王たるは、与（あずか）り存（そん）せず。	□…而已（のみ）
			□しかルニ／しかレドモ／しかモ／しかルヲ＝〈逆接〉そうではあるが。	―	―	而今安在哉。 結レ廬在二人境一、而無二車馬喧一。	而（しか）るに今安（いず）くに在りや。 廬（いおり）を結びて人境に在り、而（しか）も車馬の喧（かまびす）しき無し	□…而已矣（のみ） ◇而後（しかルのちニ）
		《訓読しない》	□❶〈順接〉	―	―	学而時習レ之。	学びて時に之を習ふ。	
			□❷〈逆接〉	―	―	人不レ知而不レ慍。 「人　知らざれども」とも読めるが、習慣的に「人　知らずして」と読むことが多い。	人　知らずして　慍（いきどお）らず。	
51	耳	ジ	□みみ・みみニス＝耳。耳にする。	―	耳学（＝耳学問）、洗耳、耳聴途説（＝うわさを聞くこと）、耳目	執二牛耳一。 六十而耳順。	牛耳（ぎゅうじ）を執る（＝中心人物となって支配する）。 六十にして耳順（みみしたが）ふ。	―
			□…のみ＝〈限定・断定〉…だけ。	「爾／而・已」などと同じ。	―	直不二百歩一耳。	直（た）だ百歩ならざるのみ。	
52	自	ジ	□みづから＝自分で。自分から。	訓読の習慣上、人間がすることに関しては「みづから」、自然現象に関しては「おのヅカラ」と読み分けている。	自愛、自我、自戒、自覚、自制、自省、自得、独自、自家撞着（どうちゃく）、自暴自棄、悠悠自適	人必自侮、然後人侮レ之。	人は必ず自（みずか）ら侮（あなど）りて、然（しか）る後（のち）に人之を侮る。	―
			□おのヅカラ＝ひとりでに。		自然、自滅	心遠地自偏 桃李不レ言、下自成レ蹊。	心遠ければ地自（おの）づから偏（へん）なり 桃李（とうり）言（もの）いはざれども、下自（おの）づから蹊（けい）（＝小道）を成す。	
			□…より＝〈起点〉…から。	「従」と同じ。	自今（じこん）（爾今（じこん））（＝今より後）	有下朋自二遠方一来上。	朋（とも）の遠方より来たる有り。	

番号	字	読み	意味	備考	例語	例文	書き下し文〔＝訳〕	複合語・慣用表現
53	事	ジ	□こと＝ものごと。しごと。できごと。	—	事象、事情、事態、事典、事変、事由、事例、指事、往事	今日之事何如。	今日（こんにち）の事何如（いかん）。	—
			□ことトス＝処理する。専念する。	—	—	事レ謀レ呉。	呉を謀るを事（こと）とす。	
			□つかフ＝仕える。	—	兄事、父事	事大（事レ大。）	大に事（つか）ふ。	
						師事（師事。）	師として事（つか）ふ。	
						子胥復事レ之。	子胥（ししょ）復た之に事（つか）ふ。	
54	爾*	ジ	□なんぢ＝〈二人称〉あなた。おまえ。	「若／女／汝」などと同じ。	—	爾為レ爾、我為レ我。	爾（なんじ）は爾（なんじ）たり、我は我たり。	—
			□…のみ＝〈限定・断定〉…だけ。	「耳／而・已」などと同じ。	—	非レ死則徙爾。	死するに非ずんば則ち徙（うつ）りしのみ。	
			□《状態を表す語につく》	—	卒爾〔＝にわかな様子〕、莞爾（かんじ）〔＝にっこり笑う様子〕	—	—	
			◇しか・しかり＝そのとおりである。	「然」と同じ。	—	云レ爾。	爾（しか）云ふ〔＝そのように言う〕。	
						問レ君何能爾	君に問ふ 何ぞ能く爾（しか）ると〔＝君に聞くが、どうしてそのようなことができるのか〕	
55	且	シャ	□まさニ…す【再読文字】＝〈意志・状態など〉今にも…する。	「将」と同じ。	—	引レ酒且レ飲レ之。	酒を引き且（まさ）に之を飲まんとす。	—
			□かツ＝❶〈添加〉さらに。その上に。	—	—	道路阻且長	道路 阻（けわ）しく且（か）つ長し	
			□かツ＝❷…しながら…する。	—	—	紛紛開且落。	紛紛として開き且（か）つ落つ。	
			□〔「…スラ且ツ」の形で〕かツ＝〈抑揚〉…でさえ。	—	—	死馬且買レ之。況生者乎。	死馬すら且（か）つ之を買ふ。況（いわ）んや生ける者をや。	
			□しばラク＝ひとまず。とにかく。	—	—	我酔欲レ眠卿且去	我酔ひて眠らんと欲す 卿（きみ）且（しば）らく去れ	

56	者	シャ	□もの＝人、事物、理由など。	「もの」と読んでも、人とは限らない。	―	去者日以疎、生者日以親	去る者（もの）〔＝人〕は日に以て疎（うと）く、生くる者は日に以て親し	―
						至誠而不レ動者…。	至誠にして動かざる者（もの）〔＝こと〕は…。	
						一女所以不レ嫁者…。	一女の嫁がざりし所以（ゆえん）の者（もの）〔＝わけ〕は…。	
			□こと＝…すること。	―	―	目注者久レ之。	目注する者（こと）之を久しうす。	
						秦王不レ怡者良久。	秦王怡（よろこ）ばざる者良久（ことやや）し〔＝しばらくの間不機嫌だった〕。	
			□…は／（…ナル）ものハ＝〈主格の提示〉…は。…というものは。	―	―	靖郭君田嬰者…。	靖郭君田嬰（せいかくくんでんえい）は…／靖郭君田嬰なる者（もの）は…。	
		《訓読しない》	□《時を表す語に付く》	―	―	―	―	□今者（いま） □昔者（むかし） □古者（いにしへ） □向者（さきに） ◇昨者（きのふ） ◇頃者（このごろ） ◇比者（このごろ） ◇間者（このごろ） ◇嚮者（さきに） ◇先者（さきに）
57	邪	一 ジャ	□よこしま＝正しくないこと。	―	邪悪、邪推、邪説、邪道、邪念	思無レ邪。	思ひ邪（よこしま）無し。	―
		二 ヤ	□…や／…か＝〈疑問・反語・詠嘆〉…か。	「乎／耶」などと同じ。	―	趙王豈以二一璧之故一欺レ秦邪。	趙王豈に一璧の故を以て、秦を欺かんや。	―
						而忘三越人之殺二而父一邪。	而（なんじ）越人の而（なんじ）が父を殺ししを忘れたるか。	

番号	字	読み	意味	備考	例語	例文	書き下し文〔＝訳〕	複合語・慣用表現
58	若	ジャク	□なんぢ＝〈二人称〉おまえ。	「女／汝／爾」などと同じ。	—	与若芧、朝三而暮四。	若に芧を与ふるに、朝に三にして暮れに四にせん。	—
			□しク＝〈比較〉及ぶ。同等である。	「如」と同じ。	—	莫若六国従親以擯秦。	六国従親して以て秦を擯くるに若くは莫し。	
			□もシ（…バ）＝〈仮定〉もし…ば。	「如」と同じ。	—	若比人心…。	若し人の心に比すれば…。	
			□…（ノ／ガ）ごとシ＝〈比況・婉曲〉…のようだ。	「如」と同じ。	—	若是。 旁(傍)若無人。 髣髴若有光。	是くのごとし。 旁ら(傍ら)に人無きがごとし。 髣髴として光有るがごとし。	
			◇もシクハ＝あるいは。または。	「如」と同じ。	—	四十若五十。	四十若しくは五十。	
59	須	シュ	□もちヰル／もちフ＝用いる。	—	必須	羌笛何須怨楊柳	羌笛 何ぞ須ゐん 楊柳を怨むを	□須臾〔＝しばらく、少しの間〕
			□すべかラク…ベシ【再読文字】＝ぜひ…する必要がある。…することが大切である。	—	—	人生得意須尽歓	人生意を得ば 須らく歓びを尽くすべし	
			◇ひげ＝ひげ。特に、あごひげをいう。	「鬚」と同じ。	須髯、須髪	—	—	
			◇まツ＝待つ。望む。	—	—	呉起須故人而食。	呉起故人〔＝友人〕を須ちて食す。	
60	終	シュウ	□をハリ＝終わり。おしまい。	—	終結、終始一貫、始終〔＝始めと終わり〕	慎終。	終はりを慎む。	—
			□をハル＝❶終わる。おしまいになる。	—	終結、終熄／終息、終了	—	—	
			□をハル＝❷亡くなる。	—	臨終	竟以寿終。	竟に寿を以て終はる。	
			□をフ＝終える。…し尽くす。	—	終歳／終年〔＝一年中〕、終日〔＝ひねもす〕、終宵／終夕／終夜〔＝夜通し、よもすがら〕、終食之間〔＝食事を終えるほどのわずかな時間〕	—	—	

			□つひニ＝とうとう。結局。最後まで。	「卒／竟」と同じ。	―	為蛇足者、終亡其酒。	蛇の足を為る者、終に其の酒を亡ふ。	
						鮑叔終善遇之。	鮑叔 終に善く之を遇す。	
61	従	ジュウ	□したがフ＝❶従う。お伴する。服従する。	―	従属、従事	七十而従心所欲不踰矩。	七十にして心の欲する所に従へども矩を踰えず。	―
						従我者其由与。	我に従ふ者は其れ由（＝子路）か。	
			□したがフ＝❷従える。引き連れる。	―	―	沛公旦日従百余騎、…。	沛公 旦日 百余騎を従へ、…。	
			□…より＝（起点）…から。	「自」と同じ。	―	先従隗始。	先づ隗より始めよ。	
			□たて＝縦。南北。	「縦」と同じ。	従親、従横、従約、従横家、合従連衡	―	―	
			◇ほしいままニス＝気ままにする。思うままにする。	「縦」と同じ。	従観、放従	―	―	
62	縦	ジュウ	□たて＝たて。南北。	「従」と同じ。	縦横、縦横家、合縦連衡	―	―	
			□ほしいままニス＝気ままにする。思うままにする。	「従」と同じ。	縦観、放縦	縦一葦之所如…。	一葦の如く所を縦にし（＝一艘の小舟の行くに任せて）…。	□縦令
			□たとヒ（…トモ）＝（仮定）仮に…であっても。	「たとヒ…トモ」と呼応する。	―	縦江東父兄憐而王我…。	縦ひ江東の父兄 憐れみて我を王とすとも…。	□縦使
			◇ゆるス・はなツ＝許す。放す。	―	縦囚	何為縦太子。	何為れぞ太子を縦せる。	
63	孰*	ジュク	□たれカ＝（疑問・反語）誰が…か。	「誰」と同じ。	―	孰敢不正。	孰か敢へて正しからざらん。	□孰与
			□いづレカ＝（疑問・反語）どちらが…か。	―	―	創業守成、孰難。	創業と守成と、孰れか難き。	□孰若
64	所	ショ	□ところ＝…するところ。場所。機関。境遇。	―	箇所、高所、死所、住所、短所、長所、難所、配所（＝流された地）、役所	君子所其無逸。	君子は其の無逸（＝安逸に流れないこと）を所とす（＝身の置き所とする）。	

番号	字	読み	意味	備考	例語	例文	書き下し文〈＝訳〉	複合語・慣用表現
64	所	ショ	□（「所レ…スル」の形で）ところ＝〈用言を体言化する働き〉…する人。…すること。…する場所。	―	所為、所懐、所感、所管、所行、所見、所作、所在、所信、所蔵	富与レ貴、是人之所レ欲也。	富と貴とは、是れ人の欲する所なり。	□所謂（いわゆる） □所以（ゆえん）
			□（「…スル所ト為ル」の形で）ところ＝〈受身〉…される。	―	―	若属皆且レ為レ所レ虜。 後則為二人所一レ制。	若が属 皆且に虜とする所（ところ）と為らんとす。 後（おく）るれば則ち人の制する所（ところ）と為る。	
			◇…る・…らル＝〈受身〉…される。	「見／被」と同じ。	―	所レ殺蛇、白帝子。	殺さるる蛇は、白帝の子なり。	
65	諸	ショ	□もろもろ＝多くの。様々の。	―	諸君、諸兄、諸賢、諸侯、諸事、諸般、諸方、諸子百家	―	―	―
			□これヲ…ニ＝これを…に。	「之（これヲ）・於（…ニ）」の二字と同じ働きをする。	―	君子求二諸己一、小人求二諸人一。	君子は諸（これ）を己に求め、小人は諸（これ）を人に求む。	
			□これヲ…カ＝〈疑問・反語〉これを…するか。	「之（これヲ）・乎（…カ）」の二字と同じ働きをする。	―	聞斯行レ諸。	聞くがままに斯（すなわ）ち諸（これ）を行はんか。	
			◇…や／…か＝〈詠嘆〉…よ。	―	―	日居月諸…	日や月や…	
66	女	ジョ	□をんな＝女性。	―	女士／女史〈＝女性の敬称〉、女色、女流、宮女、侍女、男女	遂令二天下父母心、不レ重レ生レ男重一レ生レ女	遂に天下の父母の心をして、男を生むを重んぜず女（おんな）を生むを重んぜしむ	―
			□むすめ＝娘。「子（こ）」〈＝息子〉の対。	―	子女	楊家有レ女初長成	楊家に女（むすめ）有り 初めて長成す〈＝ようやく年頃になったばかり〉	
			□なんぢ＝〈二人称〉あなた。お前。	「若／汝」などと同じ。	―	女忘二会稽之恥一邪。	女（なんじ） 会稽の恥を忘れたるか。	
67	如	ジョ	□ゆく＝行く。おもむく。	「之」と同じ。	―	沛公起如レ廁…。	沛公 起ちて廁に如（ゆ）き…。	
			□しク＝〈比較〉及ぶ。同等である。	「若」と同じ。	―	百聞不レ如二一見一。 天時不レ如二地利一。	百聞は一見に如（し）かず。 天の時〈＝天候・季節・昼夜などの時間的条件〉は地の利に如（し）かず。	
			□もシ（…バ）＝〈仮定〉もし…ならば。	「若」と同じ。	―	王如知レ此…。	王如（も）し此を知らば…。	

番号	字	音	意味	備考	熟語	例文	書き下し	慣用
			□…(ノ/ガ)ごとシ=〈比況・婉曲〉…のようだ。	「若」と同じ。	如意(によい)、如実(によじつ)	如レ此・如レ是。	此(か)くのごとし/是(か)くのごとし。	□如今(じょこん)
						如レ是我聞。	是くのごとく我聞く。	
						殺レ人如レ不レ能レ挙…。	人を殺すこと挙ぐる能はざるがごとく…。	
			□《状態を表す語を作る》	｜	自如、突如、躍如	｜	｜	
			◇もシクハ=あるいは。または。	「若」と同じ。	｜	方六七十、如五六十。	方六七十、如(も)しくは五六十〔=六、七十里四方、あるいは五、六十里四方〕。	
68	少	ショウ	□すくナシ・すこシ・まれナリ=少ない。乏しい。	｜	少数、多少	兵少食尽。	兵少(すく)なく食尽く。	
						峨眉山下少二人行一	峨眉山(がびさんか)下 人の行くこと少(まれ)なり	
			□わかシ=わかい。	｜	少子〔=幼い子、末子〕、少壮〔=若く盛んな時〕、少年、年少	無レ長無レ少…。	長と無く少(しょう)と無く〔=年上でも年下でも〕…。	◇少焉(しばらクシテ)
						孫子荊、年少時、欲レ隠。	孫子荊(そんしけい)、年少(わか)き時、隠れんと欲す〔=隠棲(いんせい)しようとした〕。	
			□(…ヲ)かク=欠ける。減らす。減る。	｜	｜	遥知兄弟登レ高処、遍挿二茱萸一少二一人一	遥かに知る 兄弟(けいてい)高きに登る処〔=時〕、遍(あまね)く茱萸(しゅゆ)を挿(さ)して一人(いちにん)を少(か)くを	
69	尚	ショウ	□たつとブ/たふとブ=尊重する。	｜	尚古、尚歯〔=老人を敬う〕、尚武、好尚〔=このみ〕	不レ尚レ賢、使二民不一レ争。	賢を尚ばざれば、民をして争はざらしむ〔=争わせずに済む〕。	
			□なホ=その上。やはり。	｜	時期尚早	尚儼然在レ牀。	尚(な)ほ儼然(げんぜん)として牀(しょう)〔=寝床〕に在り。	｜
			◇くはフ=加える。	｜	｜	草尚二之風一、必偃。	草 之に風を尚(くわ)ふれば、必ず偃(ふ)す。	
			◇たかシ・たかクス=高い。高くする。	｜	高尚	尚レ志。	志を尚(たか)くす。	
70	将	ショウ	□シヨウ=軍隊の長。将軍。	｜	将校、将卒〔=将校と兵卒〕、将門〔=将軍を出した家柄〕、大将、敗将、飛将〔=すぐれた将軍〕、良将〔=すぐれた将軍〕、王侯将相	｜	｜	｜

番号	字	読み	意味	備考	例語	例文	書き下し文〔=訳〕	複合語・慣用表現
70	将	ショウ	□ひきヰル=率いる。	―	―	其馬将二胡駿馬一而帰。	其の馬 胡(こ)の駿馬を将(ひき)ゐて帰る。	―
			□まさニ…す【再読文字】=❶〈意志〉…するつもりだ。	―	―	吾将レ曳二尾於塗中一。	吾 将(まさ)に尾を塗中〔=泥の中〕に曳(ひ)かんとす。	
			□まさニ…す【再読文字】=❷〈状態など〉今にも…しそうだ。	「欲」と同じ。	―	田園将レ蕪、胡不レ帰	田園 将(まさ)に蕪(あ)れんとす、胡(なん)ぞ帰らざる	
			◇まさニ…す【再読文字】=❸〈概数〉ほぼ…だ。	―	―	将二五十里一也。	将(まさ)に五十里ならんとす。	
			□(「将欲…」の形で)まさニ=❶…しようとする。	「将欲」を「将欲(しょうよくす)」と熟語で読むこともある。	―	人主将レ欲レ禁レ姦…。	人主〔=君主〕将(まさ)に姦〔=悪事〕を禁ぜんと欲せば…。	
			□(「将欲…」の形で)まさニ=❷今にも。		―	李白乗レ舟将レ欲レ行	李白 舟に乗りて将(まさ)に行かんと欲す	
			□はタ=それとも。あるいは。	―	―	為将奈何。	為すこと将(は)た奈何(いかん)せん。	
			◇もつテ=…で。	「以」と同じ。	―	唯将二旧物一表二深情一…	唯だ旧物を将(もっ)て深情を表し…	
			◇もツ=持つ。	―	―	鈿合金釵寄将去	鈿合(でんごう) 金釵(きんさい) 寄せ将(も)ち去らしむ	
			◇…と=…と。	「与」と同じ。	―	暫伴二月将一レ影…	暫らく月と影とを伴ひて…	
71	勝	ショウ	□かツ・かチ=勝つ。勝ち。	―	勝因、勝算、勝敗、勝利、常勝軍、優勝劣敗	終不レ能レ加二勝於趙一。	終に勝(か)ちを趙に加ふること能はず。	―
			□まさル=すぐれている。	―	勝気(しょうき)〔=すぐれた気質〕、勝景/景勝〔=すぐれて良い景色〕、勝絶/絶勝〔=非常にすぐれている〕、殊勝〔=とりわけすぐれている〕、名勝〔=景色のよい所〕	此時無レ声勝レ有レ声	此の時 声無きは声有るに勝る	
			□たフ=耐える。持ちこたえる。	―	―	驢不レ勝レ怒、蹄レ之。	驢(ろ)〔=ロバ〕怒りに勝(た)へず、之を蹄(け)る。	
						渾欲レ不レ勝レ簪	渾(す)べて簪(しん)に勝(た)へざらんと欲す	

番号	漢字	読み	意味	注意	熟語	例文	書き下し文	
			□あゲテ＝こぞって。	―	―	不レ可二勝数一也。 「不レ可レ勝レ数也（数ふるに勝ふべからざるなり）。」と読んでも、意味は同じ。	勝げて数ふべからざるなり（＝数え切れない。）。	
72	嘗*	ショウ	□なム＝舐める。経験する。	―	嘗味、臥薪嘗胆	句践反レ国、懸二胆於坐臥一、即仰レ胆嘗レ之曰…。	句践国に反り、胆を坐臥に懸け、即ち胆を仰ぎ之を嘗めて曰はく…。	―
			□かつテ＝…したことがある。	「かって」とは読まない。	―	孟嘗君嘗以献二昭王一…。 吾嘗終日不レ食、終夜不レ寝、以思。	孟嘗君嘗て以て昭王に献じ…。 吾嘗て終日食らはず、終夜寝ねず、以て思ふ。	
			◇こころミル＝試す。	―	嘗試（＝試す、計画）	―	―	
73	身	シン	□み＝❶体。	―	身体、身辺、献身、終身（＝一生涯）、心身、粉身、文身（＝入れ墨）、立身	漆レ身呑レ炭。	身に漆し炭を呑む。	―
			□み＝❷中身。	―	刀身	―	―	
			□み＝❸（一人称）われ。自分。	―	―	後レ身。	身を後にす（＝自分を後まわしにする）。	
			□みヅカラ＝自分で。	―	―	身七十余戦。	身づから七十余戦す。	
			◇はらム・みゴモル＝妊娠する。	―	―	大任有レ身、生二此文王一。	大任身める有り、此の文王を生む。	
74	親	シン	□おや＝両親。	―	親父（＝実父）、親母（＝実母）	仁之実、事レ親是也。	仁の実は、親に事ふること是れなり。	―
			□シン＝身内。	―	親戚、近親、六親（＝すべての身内）	親朋無二一字一…	親朋（＝親類や友人）一字無く（＝全くたよりもなく）…	
			□したシ・したシム＝親しい。親しむ。	―	親近、親疎、親睦、懇親、和親	以レ鄭為レ親レ己。 去者日以疎、生者日以親	鄭を以て己に親しむと為す。 去る者は日に以て疎く、生くる者は日に以て親し	
			□したシク／みづかラ＝自分で。	―	親書、親征、親政	親展	親ら展く	

番号	字	読み	意味	備考	例語	例文	書き下し文〈＝訳〉	複合語・慣用表現
75	尽	ジン	□つク＝尽きる。	―	尽日〈＝ひねもす〉、無尽、無尽蔵	秋風吹不㆑尽	秋風 吹いて尽(つ)きず	―
						不尽長江滾滾来	不尽(じん)の長江 滾滾(こんこん)として来たる	
			□つクス＝尽くす。	―	尽心、尽力、焼尽	勧㆑君更尽一杯酒	君に勧む 更に尽(つ)くせ一杯の酒	
			□ことごとク＝すべて。みな。	「悉(ことごとク)」と同じ。	―	鶏尽鳴。	鶏 尽(ことごと)く鳴く。	
						尽信㆑書則不㆑如㆑無㆑書。	尽(ことごと)く書〈＝『書経』〉を信ずれば則ち書無きに如かず。	
76	遂	スイ	□とグ＝成し遂げる。終わる。終える。	―	遂行、完遂、既遂、未遂	遂事不㆑諫。	遂事(すいじ)〈＝済んだこと〉は諫めず。	―
			□つひニ＝かくて。そのまま。すぐに。	「遂(ニ)」は、原因と結果を、時間差なく結ぶ働き。	―	鶏尽鳴。遂発㆑伝。	鶏尽(ことごと)く鳴く。遂(つい)に伝(でん)を発す。	
						管仲囚焉。鮑叔遂進㆓管仲㆒。 「管仲囚焉。」が原因で、「鮑叔遂進㆓管仲㆒。」はその結果にあたる。管仲は牢に入れられ命の危機にさらされていたので、鮑叔は「すぐに」救出する必要があった。同訓の「終／卒／竟」には、この意味はない。	管仲 囚(とら)へらる。鮑叔 遂(つい)に管仲を進む。	
77	誰	スイ	□たれ・たれカ＝〔疑問・反語〕…はだれか。だれが…か。	「孰」と同じ。訓は「た・たれ」。濁らないことに注意。	誰何(すいか)	問曰、「誰耶。」	問ひて曰はく、「誰(たれ)ぞや。」と。	―
						明年花開復誰在	明年 花開きて復た誰(たれ)か在る	
			□たガ＝〔疑問〕だれの。			誰家玉笛暗飛声	誰(た)が家の玉笛(ぎょくてき)ぞ 暗に声を飛ばす	
78	雖*	スイ	□（…ト）いへどモ＝❶〔逆接の仮定条件〕もし…としても。	―	―	雖㆑令不㆑従。	令すと雖(いえど)も従はれず。	―
			□（…ト）いへどモ＝❷〔逆接の確定条件〕…であるけれども。	―	―	回雖㆓不敏㆒、請事㆓斯語㆒矣。	回(かい)〈＝顔回〉不敏(ふびん)なりと雖(いえど)も、請ふ斯(こ)の語を事とせん。	
79	是	ゼ	□ぜ・ゼナリ・ゼトス＝正しい。正しいとする。	―	是非、是認	天道是耶非耶。	天道 是(ぜ)か非か。	□総是(すべテこレ)
						覚㆓今是而昨非㆒	今の是(ぜ)にして昨の非なりしを覚(さと)る	

番号	漢字	音	意味・用法	備考	熟語	例文	書き下し文
			□コレ・ココ・コノ・カク＝人・事物・場所などを指す。	—	—	若レ是／如レ是。「若レ此／如レ此（此くのごとし）・若レ斯／如レ斯（斯くのごとし）」と同じ。	是くのごとし。
						吾党之直者、異二於是一。	吾が党〔＝村里〕の直き者は、是に異なり。
			□コレ＝❶〔英語のbe動詞に当たる用法〕…である。	—	—	何日是帰年	何れの日か是れ帰年ならん
			□コレ＝❷〔強調〕	「唯／惟」などと併用する場合が多い。	—	除二君之悪一、唯力是視。「是」は訳さない。	君の悪を除くは〔＝君主に害をなす者を排除するためには〕、唯だ力を是れ視る〔＝力の限りを尽くすだけだ〕。
			□是以（ここヲもつテ） □以レ是（もつテこれヲ） □於レ是（おイテここニ） □是故（こノゆえニ） □由レ是観レ之（よりテこれニみレバこれヲ）				
80	請	セイ	□こフ＝願う。頼む。	—	請願、請求、請託、懇請、申請、要請	請レ罪。	罪を請ふ〔＝処罰を願う〕。
						請下為レ臣 妻為上レ妾。	臣〔＝臣下〕と為り妻は妾〔＝召使い〕と為らんと請ふ。
			□こフ（…セン）＝〔自身の意志〕どうか…させてほしい。	「願ハクハ…セン」と同じ。	—	臣請完レ璧帰レ趙。	臣請ふ 璧を完うして趙に帰らん。
			□こフ（…セヨ／…センコトヲ）＝〔他に対する願望〕どうか…してほしい。	「願ハクハ…セヨ」と同じ。	—	請奏レ瑟。	請ふ 瑟を奏せよ。
			—				
81	然	ゼン	□もユ＝燃える。	「燃」と同じ。	—	山青花欲レ然	山青くして花然えんと欲す
			□しかス＝そのようにする。	—	—	非下悪二其声一而然上也。	其の声を悪みて然するに非ざるなり。
			□しかリ＝そうである。	—	然否〔＝そうか、そうでないか〕、全然、同然、必然、未然	果然。	果たして然り。
						何為其然也。	何為れぞ其れ然るや。
			□しかルニ・しかレドモ＝〔逆接〕しかし。そうではあるが。	—	—	然不二自意一…。	然れども自ら意はざりき…。
			□《状態を表す語を作る》	—	依然、隠然、敢然、偶然、決然、厳然、公然、雑然、釈然、粛然、純然、整然、騒然、卒然、断然、超然、当然、突然、貘然、判然、憤然、平然、悠然、歴然、泰然自若	—	—
			□然則（しかラバすなわチ） □不レ然（しかラずンバ） □然後（しかルのちニ） ◇然而（しかりしこうシテ） ◇若二…一然（…ノごとクしかり） ◇如二…一然（…ノごとクしかり）				

番号	字	読み	意味	備考	例語	例文	書き下し文〈＝訳〉	複合語・慣用表現
82	相	ソウ	□シヨウ＝大臣。	―	宰相、相印〈＝宰相のはんこ〉、相国〈＝宰相〉、将相、相門〈＝宰相となる家柄〉、亜相〈＝宰相に次ぐ地位〉	為二従約長一、幷二相六国一。	従約(しょうやく)の長と為(な)り、六国(りっこく)に幷(あわ)せ相(しょう)たり。	―
			□あひ＝❶たがいに。	―	相違、相識〈＝知り合い〉、相対	隣国相望、鶏犬之声相聞…。	隣国相(あい)望み、鶏犬の声相(あい)聞こゆるも…。	
			□あひ＝❷〈対象〉…を。…に。動作に対象があることを示す。特に訳さない。	―	相続、相伝	深林人不レ知、明月来相照	深林 人知らず、明月来たりて相(あい)照らす	
			◇そう＝姿。かたち。	―	相貌、吉相、骨相、形相、真相、世相、人相、皮相〈＝うわべの姿〉、貧相	―	―	
			◇みル・ソウ・ス＝鑑定する。占う。	―	観相、吉相	―	―	
83	即	ソク	□つク＝位に就く。ぴったりつく。	―	即位、即物	不即不離〈不レ即不レ離〉	即(つ)かず離れず	―
						尭崩、舜即レ位。	尭(ぎょう)崩(ほう)じ、舜(しゅん)位に即(つ)く。	
			□すなはチ＝❶すぐに。ただちに。	「則」と同じ。	即応、即効、即刻、即死、即日、即答、即断即決	即馳去、変二姓名一、夜半至二函谷関一。	即(すなわ)ち馳(は)せ去り、姓名を変じて、夜半に函谷関に至る。	
			□すなはチ＝❷とりもなおさず。つまり。	「則」と同じ。	色即是空	梁父即楚将項燕。	梁(りょう)〈＝項梁〉の父は即ち楚の将項燕なり。	
			□〈「…バ即チ」の形で〉すなはチ＝…するとその時は。…すれば。	「則」と同じ。	―	先即制レ人。	先んずれば即(すなわ)ち人を制す。	
			◇もシ〈…バ〉＝〈仮定〉もし…ならば。	「若／如」と同じ。	―	我即崩…。	我即(も)し崩ぜば〈＝死んだら〉…。	
84	則	ソク	□のり＝法。規範。	―	則度、規則、総則、通則、鉄則、反則、法則	有レ物有レ則。	物有れば則(のり)有り。	
			□ソク・ス＝のっとる。	―	―	則レ天。	天に則(のっと)る。	

（前項のつづき）

- □すなはチ＝❶すぐに。ただちに。｜「即」と同じ。｜—
  - 荘則入為寿。｜荘〔＝項荘〕則ち入りて寿を為す。
  - 項王則夜起飲帳中。｜項王則ち夜起ちて帳中に飲す。
- □すなはチ＝❷とりもなおさず。つまり。｜「即」と同じ。｜—
  - 此則岳陽楼之大観也。｜此れ則ち岳陽楼の大観なり。
- □すなはチ＝❸そこで。｜—｜—
  - 項王曰、『壮士。賜之卮酒。』則与斗卮酒。｜項王曰はく、『壮士なり。之に卮酒を賜へ。』と。則ち斗卮酒を与ふ。
- □（「…バ則チ」の形で）すなはチ＝…するとその時は。…すれば。｜「即」と同じ。｜—
  - 至則止囚欲殺之。｜至れば則ち止め囚へて之を殺さんと欲す。
  - 寿則多辱。｜寿ければ則ち辱多し。
  - 子行三軍、則誰与。｜子三軍を行らば、則ち誰と与にせん。

85 卒

一 ソツ

- □ソツ＝しもべ。下級の兵。｜—｜士卒〔＝兵士〕、従卒、弱卒、兵卒、吏卒〔＝小役人〕
  - 料度諸侯之卒。｜諸侯の卒を料度す〔＝はかり考える〕。
- □にはカニ＝急に。｜—｜卒而／卒爾／卒然〔＝だしぬけに〕、卒中、卒倒、倉卒〔＝急なさま〕
  - 卒惶急、不知所為。｜卒かに惶急して〔＝慌てて〕、為す所を知らず。
- □をハル・をフ＝終わる。終える。｜—｜卒業
  - 人始於生卒於死。｜人は生に始まり死に卒はる。

二 シュツ

- □シュツ・ス＝（身分の高い人が）亡くなる。｜—｜卒年〔＝死んだ時の年齢〕
  - 管仲卒。斉国遵其政、常彊於諸侯。｜管仲卒す。斉国其の政に遵ひ、常に諸侯よりも彊し。
- □つひニ＝とうとう。結局。最後まで。｜「終／竟」と同じ。｜—
  - 卒為天下笑。｜卒に天下の笑ひと為る。

86 多

タ

- □おほシ・おほク＝多い。多く。｜—｜多寡、多岐亡羊、多士済済、多事多患
  - 多多益弁。｜多多益弁ず〔＝多ければ多いほど、うまく処理する〕。
  - 歓楽極兮哀情多｜歓楽極まりて哀情多し
- □たトス・まさル＝誉める。優れていると思う。｜—｜—
  - 多鮑叔能知人也。｜鮑叔の能く人を知るを多とするなり。
  - 身与貨孰多。｜身と貨〔＝財産〕と孰れか多れる〔＝どちらが重要か〕。

番号	字	読み	意味	備考	例語	例文	書き下し文〔＝訳〕	複合語・慣用表現
87	乃*	ダイ	□すなはチ＝❶〈順接〉そこで。そうしてから。	―	―	**乃**左手持レ卮…。	**乃**ち左手もて卮を持し…。	―
			□すなはチ＝❷〈曲折〉しかたなく。やむを得ず。	―	―	夫差、**乃**賜二子胥属鏤之剣一。	夫差、**乃**ち子胥に属鏤の剣を賜ふ。	
			□すなはチ＝❸〈逆接〉かえって。それなのに。	―	―	子長八尺、**乃**為二人僕御一。	子は長八尺なるに、**乃**ち人の僕御〔＝御者〕たり。	
			□すなはチ＝❹〈意外性〉なんと。意外にも。	―	―	**乃**不レ知レ有レ漢、無レ論二魏・晋一。	**乃**ち漢有るを知らず、魏・晋に論無し。	
			□すなはチ＝❺〈強意〉つまり。とりもなおさず。	―	―	俄見二旅中少年一、**乃**盧生也。	俄かに旅中の少年を見れば、**乃**ち〔＝他でもなく〕盧生なり。	
			◇なんぢ＝おまえ。	「女／汝」などと同じ。	乃公〔＝わたくし〕、乃祖、乃父	―	―	
88	当	トウ	□あタル・あツ＝あたる。あてる。	―	担当、充当、正当、不当、一騎当千	所レ**当**者破…。	**当**たる所の者〔＝敵対する者〕は破り…。	―
						当二其租入一。	其の租入〔＝納入すべき租税〕に**当**つ。	
			□まさニ…ベシ【再読文字】＝〈当然・推量など〉…するのが当然である。おそらく…すべきである。…であろう。	―	―	**当**二枕レ石漱一レ流…。	**当**に石に枕し流れに漱がんとすといふべきに…。	
						及レ時**当**二勉励一、歳月不レ待レ人	時に及んで〔＝時を逃さずに〕**当**に勉励〔＝楽しみ尽くす〕すべし、歳月は人を待たず	
			◇（…ニ）あタリ＝…の時に。	―	―	**当**二是時一…。	是の時に**当**たり〔＝ちょうどこの時〕…。	
89	特	トク	□トクニ＝ことに。他とは別に。	―	特異、特選、特筆、特別、特有、奇特〔＝特にすぐれている〕	故**特**召レ君耳。	故に**特**に君を召すのみ。	―
			□ひとリ＝〈限定〉ただひとつ。ただひとり。とりわけ。ぬきんでている。	―	特色、特性、特長、独特、特立独行〔＝断固として志を貫き通すこと〕	又**特**大哭。	又**特**り大いに哭す。	
			◇たダ（…のみ）＝〈限定〉ただ…だけ。	「唯／惟」などと同じ。	―	秦王**特**以二詐詳一為レ予二趙城一…。	秦王**特**だ詐詳を以て趙に城〔＝城市〕を予ふる為して…。	

番号	漢字	音	意味	備考	熟語	例文	書き下し	
90	得	トク	□トク＝もうけ。	—	損得、利得	—	—	—
			□（…ヲ）う＝❶手に入れる。	—	得失、取得	誠得二賢士一…。	誠に賢士を得て…。	
			□（…ヲ）う＝❷理解する。	—	会得、体得	狙亦得二公之心一。	狙も亦た公の心を得たり。	
			□（…ヲ）う＝❸満足する。	—	自得	—	—	
			□（…ヲ）う＝❹目に入る。耳に入る。	—	—	便得二一山一。	便ち一山を得たり。	
			□（…スルヲ）う＝…することができる。…する機会がある。	「不レ得二……一（…する（こと）を得ず）」は、「（チャンスがなくて）…することができない。…する機会がない」の意。能力がなくてできない場合は、「不レ能二…一（…スル（コト）あたハズ）」を用いる。	—	荘不レ得レ撃。	荘 撃つを得ず。	
						未レ得下与二項羽一相見上。	未だ項羽と相見ゆるを得ず。	
91	独	ドク	□ひとり＝❶一つだけ。ひとりだけ。	—	独断、独特、唯我独尊	—	—	—
			□ひとり＝❷ひとり。ひとりもの。	—	独身、独夜、孤独	君子必慎二其独一也。	君子は必ず其の独り〔＝他人が見ていない状態〕を慎むなり。	
			□ひとり＝❸ひとりで。	—	独学、独居、独坐・独座、独酌、独占、独擅場、独立独行	孤舟蓑笠翁、独釣寒江雪	孤舟 蓑笠の翁、独り釣る 寒江の雪	
			□ひとり（…ノミ）＝〈限定〉ただ…だけ。	—	—	今独臣有レ船。	今独り臣〔＝わたくし〕のみ船有り。	
			□ひとり（…ヤ）＝〈反語〉どうして…か。	「何」と同じ。	—	籍独不レ愧二於心一乎。	籍〔＝わたくし項籍（項羽）〕独り心に愧ぢざらんや。	
92	難	ナン	□ナン＝❶災い。戦争。	—	患難／艱難、危難、苦難、災難、遭難、避難、前途多難	忿思レ難。	忿には〔＝怒りがこみ上げた時には〕難〔＝その後のわざわい〕を思ふ。	—
			□ナン＝❷むずかしいこと。	—	困難	仁者先レ難而後レ獲。	仁者は難を先にして獲る〔＝利益〕を後にす。	
			□ナン・ズ＝なじる。責める。	—	難詰、非難、論難	足下相難、依拠者何因。	足下〔＝あなたは〕相難ずる、依拠する者は何にか因る〔＝根拠は何か〕。	

番号	字	読み	意味	備考	例語	例文	書き下し文〔＝訳〕	複合語・慣用表現
92	難	ナン	□かたシ＝むずかしい。…しにくい。「易」の対。	—	難易、難解、難関、難所、難色、難題、至難	故知二創業之難一。 君子易レ事而難レ説也。	故に創業の難きを知る。 君子は事へ易くして説ばしめ難きなり〔＝喜ばせにくい〕。	—
93	寧	ネイ	□やすシ＝安らかである。安泰である。落ち着いている。	—	寧日、安寧、丁寧	心泰身寧是帰処	心泰く身寧きは是れ帰する処	—
			□いづクンゾ／なんゾ＝〔反語〕どうして…か。	—	—	王侯将相、寧有レ種乎。 我寧不レ能レ殺レ之邪。	王侯将相、寧くんぞ種有らんや。 我寧ぞ之を殺す能はざらんや。	
			□むしロ＝〔選択〕どちらかといえば…がよい。	—	—	寧為二鶏口一、無レ為二牛後一。 礼与二其奢一也寧倹。	寧ろ鶏口と為るとも、牛後と為ること無かれ。 礼は其の奢らんよりは寧ろ倹なれ。	
94	能	ノウ	□ノウ＝働き。力。才能。	—	能士、能吏、能力、芸能〔＝学術と技能〕、効能、知能／智能、有能、良知良能〔＝生まれつきの知力と才能〕	能者多レ労。 雖レ有二千里之能一…。	能者は労多し。 千里の能有りと雖も…。	□何能
			□あたフ・よク（…ス）＝…できる。	「あたフ」は、否定文に「…スル（コト）能ハズ」の形で用いる。	—	不レ能レ通二其意一。 能解二狙之意一…。 莫二能陥一也。	其の意に通ずる能はず。 能く狙の意を解し…。 能く陥す莫きなり。	
95	莫*	バク	□なシ＝〔否定〕…がない。	「無」などと同じ。	莫大、莫逆友〔＝逆らうことがない親友〕	莫二相知一。 万夫莫レ開。	相知る莫し。 万夫も開く莫し。	—
			□なカレ＝〔禁止〕…してはいけない。	「無／勿」などと同じ。	—	酔臥沙場君莫レ笑	酔ひて沙場に臥す 君笑ふ莫かれ	
96	否	ヒ	□いな＝〔否定〕いや。いいえ。そうではない。	—	—	世莫レ知二其然否一。	世 其の然るか否かを〔＝正しいのか正しくないのかを〕知るもの莫し。	□否則
			□いなム＝こばむ。	—	否決、拒否、賛否、諾否	—	—	

番号	漢字	音	意味・用法	備考	熟語	例文	書き下し	句法
			□いなヤ＝…かどうか。	—	安否、可否、成否、存否、当否、良否	視二吾舌一。尚在否。「尚在否。」は「尚在不（尚ほ在りや不や）。」とも書く。	吾が舌を視よ。尚ほ在りや否や。	
			◇しかラズ＝そうではない。	—	—	小人恐矣、君子則否。	小人は恐るるも、君子は則ち否らず。	
97	非	ヒ	□ヒ・ヒ・ナリ＝誤り。正しくない。	—	是非、前非	是是非非。	是を是とし非を非とす。	—
						覚二今是而昨非一。	今の是にして昨の非なりしを覚る。	
			□（…ニ）あらズ＝（否定）…でない。	「匪」と同じ。	非常、非道、非凡、非礼	非レ不レ悪レ寒也。	寒きを悪まざるに非ざるなり。	
			◇ヒ・トス・そしル＝責める。正しくないとして退ける。	—	非難、非謗（＝誹謗）	—	—	
98	被	ヒ	□かうむル＝❶受ける。	—	被害、被災	項王身亦被二十余創一。	項王の身も亦た十余創を被むる。	—
			□かうむル＝❷おおう。身につける。	—	被甲（＝よろいを身につける）、被服、被覆	被二袗衣一鼓レ琴。	袗衣（立派な服）を被り琴を鼓す。	
			□…る・…ラル＝（受身）…される。	「見」と同じ。	—	忠而被レ謗。	忠にして謗らる。	
						為二私闘一者、各以二軽重一被レ刑。	私闘を為す者は、各軽重を以て刑せらる。	
99	必	ヒツ	□かならズ＝きっと。疑いなく。	「不二必…一」（必ずしも…ず）は部分否定の形。	必須、必然、生者必滅、信賞必罰	仁者必有レ勇、勇者不二必有一レ仁。	仁者は必ず勇有り、勇者は必ずしも仁有らず。	□何必…（なんゾかならズシモ）
			□かならズ（…バ）＝（仮定）もし。どうしても…ならば。	—	—	王必無レ人…。	王必ず人無くんば…。	□必将（かならズ）
			□しかセズ＝そうしない。	—	—	或師焉、或不焉。	或いは師とし、或いは不せず。	
100	不	㊀フ フツ	□…ず＝（否定）…しない。…でない。	「弗」と同じ。	不可、不快、不可解、不軌／不義／不倫（＝道から外れる）、不朽、不遇、不穀（＝よくない、王侯の自称）、不肖、不善、不断、不言実行、不即不離、不老不死、不惑	不二倶戴一レ天。	倶には天を戴かず。	□不レ然（しからずんば）
						不レ得二要領一。	要領を得ず。	□不ー者（しからずんば）
						李下不レ正レ冠。	李下に冠を正さず。	

番号	字	読み	意味	備考	例語	例文	書き下し文〈＝訳〉	複合語・慣用表現
100	不	一 フツ	□…ずンバ／…ざレバ＝〈仮定〉…しないと。…でないと。	ー	ー	今日不レ雨、明日不レ雨、即有二死蚌一。	今日雨ふらず、明日雨ふらずんば、即ち死蚌（しぼう）有らん。	ー
		二 フ	◇（…ヤ）いなヤ＝〈疑問〉…かどうか。	ー	ー	視二吾舌一。尚在不。 「尚在不」は「尚在否（尚ほ在りや否（いな）や）」とも書く。	吾が舌を視よ。尚ほ在りや不（いな）や。	
101	夫	フ	□フ＝❶おとこ。成人男子。	ー	一夫（いっぷ）（＝一人の男）、丈夫（じょうふ）（＝一人前の男）、大丈夫（だいじょうふ）（＝意志のしっかりした立派な男）	ー	ー	ー
			□フ＝❷おっと。「婦」の対。	ー	夫妻、夫婿（ふせい）／夫壻（ふせい）（＝妻が夫を呼ぶ語）	吾夫又死レ焉。	吾が夫 又焉（これ）に死す。	
			□そレ＝〈発語・強調〉そもそも。いったい。	ー	ー	夫秦王有二虎狼之心一。	夫（そ）れ秦王 虎狼（ころう）の心有り。	
			□かノ＝あの。	ー	ー	楽二夫天命一復奚疑。	夫（か）の天命を楽しみて復た奚（なに）をか疑はん。	
			□…かな／…や／…か〈詠嘆〉＝…だなあ。	ー	ー	悲夫。 不二亦善一夫。	悲しいかな。 亦た善からずや。	
102	毋*	ブ	□なシ＝〈否定〉…がない。	「無」などと同じ。	毋望之福（ぶぼう）（＝思いがけない幸せ）	趙王畏レ秦、欲レ毋レ行。	趙王 秦を畏れ、行くこと毋（な）からんと欲す。	ー
			□なカレ＝〈禁止〉…してはいけない。	「無／莫」などと同じ。	ー	毋レ違レ命。	命に違（たが）ふこと毋（な）かれ。	
103	復	一 フク	□かへル・かへス＝もどる。もどす。	ー	復活、復帰、復元／復原、復古、復職、往復、回復	宣子未レ出レ山而復。	宣子（せんし） 未だ山を出でずして復る。	ー
			□フク・ス＝❶仕返しする。	ー	復仇（ふっきゅう）（仇（あだ）を復す）、復讎／復讐、報復	ー	ー	
			□フク・ス＝❷申す。報告する。	ー	復命	有下復二於王一者上。	王に復する者有り。	
			□フク・ス＝❸繰り返す。	ー	復習、反復	ー	ー	
			□ふム＝実践する。	ー	ー	克レ己復レ礼為レ仁。	己に克ちて礼を復（ふ）むを仁と為す。	

		フ	□まタ＝❶ふたたび。もう一度。重ねて。引き続き。	—	—	一杯一杯復一杯	一杯一杯復(ま)た一杯	—
			□まタ＝❷〈強意〉いったい。	—	—	寓(二)形宇内(一)復幾時。	形〔＝肉体〕を宇内〔＝この世〕に寓すること復(ま)た幾時ぞ。	
			□（「不(二)復…(一)」の形で）まタ（…ず）＝それきり…しない。二度と…しない。	—	—	壮士一去兮不(二)復還(一)	壮士一たび去りて復(ま)た還らず	
104	弗*	フツ	□…ず＝〈否定〉…しない。…でない。	「不」と同じ。	—	舎(二)其路(一)而弗(レ)由。	其の路を舎(す)てて由(よ)らず。	—
105	勿*	ブツ	□…（スル）なカレ＝〈禁止〉…してはいけない。	「無／莫」などと同じ。	—	己所(レ)不(レ)欲、勿(レ)施(二)於人(一)。	己の欲(ほっ)せざる所、人に施すこと勿(な)かれ。	—
			◇…なシ＝〈否定〉…がない。	「無」などと同じだが、用例は多くない。	—	賢者能勿(レ)喪耳。	賢者は能く喪(うしな)ふこと勿(な)きのみ。	
106	便	ベン	□たより＝音信。手紙。	「ビン」は慣用音。	便箋(びんせん)	—	—	—
			□ベン＝通じ。	—	便秘、小便	—	—	
			□ベンなり＝❶支障がない。都合がよい。	—	便益、便宜、便法、便覧、便利、簡便、不便、方便	行快而便(二)於物(一)。	行快にして物に便なり。	
			□ベンなり＝❷口がうまい。へつらう。	—	便言／便口〔＝口達者〕、便佞(べんねい)〔＝話が巧みだが誠意がないこと〕、便辟(べんぺき)〔＝態度は立派だが心が正しくないこと〕	—	—	
			□ベンなり＝❸安らぐ。	—	便殿〔＝休息所〕、便衣〔＝普段着〕	—	—	
			□すなはチ＝❶そのまま。そうすると。…するとすぐに。	—	—	便得(二)一山(一)。	便(すなわ)ち一山を得たり。	
			□すなはチ＝❷〈強意〉つまり。ほかでもなく。	—	—	匡廬便是逃(レ)名地	匡廬(きょうろ)は便(すなわ)ち是れ名を逃るる地	
107	方	ホウ	□ホウ＝❶むき。	—	方角、方向、西方、東方	—	—	—
			□ホウ＝❷行く先。向かう所。	—	方針	遊必有(レ)方。	遊ぶには必ず方(ほう)有り。	

番号	字	読み	意味	備考	例語	例文	書き下し文〔＝訳〕	複合語・慣用表現
107	方	ホウ	□ホウ＝❸ところ。場所。	—	方言、地方	—	—	
			□ホウ＝❹四角。	—	方円、方丈、方輿（ほうよ）〔＝大地〕、四方	—	—	
			□ホウ＝❺手立て。やり方。	—	方策、方法	可レ謂二仁之方一也‐已。	仁の方（ほう）と謂ふべきのみ。	
			□ホウ＝❻薬の調合。	—	処方	—	—	
			□ホウ＝❼不老不死の術。	—	方士、方術	—	—	
			□ホウ＝❽数学で、ある数の二乗。	—	平方	—	—	
			□ホウ・ナリ＝まっすぐ。	—	方直、品行方正	—	—	
			□まさニ＝❶いまや。ちょうど。	—	—	蚌方出曝。	蚌（ぼう）方（まさ）に出でて曝（さら）す。	
			□まさニ＝❷はじめて。やっと。	—	—	関法、鶏鳴方出レ客。	関の法、鶏鳴きて方（まさ）に客〔＝旅人〕を出だす。	
			◇ならブ＝並べて置く。	—	方舟〔＝二艘（にそう）並べた舟〕	—	—	
			◇くらブ＝比べる。	—	—	子貢方レ人。	子貢（しこう）人を方（くら）ぶ〔＝他人を比べて批評する〕。	
108	亡	㈠ボウ	□ほろブ＝ほろびる。ほろぼす。	—	亡国、滅亡、興亡、衰亡、存亡	此天之亡レ我…。	此れ天の我を亡（ほろ）ぼすにして…。	—
						此亡秦之続耳。	此れ亡（ぼう）秦の続（ぞく）のみ。	
			□…なシ＝死ぬ。亡くなる。	—	亡父、未亡人	今也則亡。	今や則ち亡（な）し。	
			□にグ＝逃げる。	—	亡臣、亡命、逃亡、流亡、亡羊之嘆、多岐亡羊	故丹怨而亡帰。	故に丹（たん）怨みて亡（に）げ帰る。	
			□うしなフ＝なくす。	—	亡失	為二蛇足一者、終亡二其酒一。	蛇の足を為（つく）る者、終（つい）に其の酒を亡（うしな）ふ。	
			◇わすル＝忘れる。	「忘」と同じ。	亡年之友	—	—	
		㈡ブ	□…なシ＝〔否定〕…がない。	「無」などと同じ。	—	人皆有二兄弟一、我独亡。	人 皆兄弟有り、我 独り亡（な）し。	
			◇…（スル）なカレ＝〔禁止〕…してはいけない。	「無／莫」などと同じ。	—	亡レ得二鹵掠一。	鹵掠（ろりゃく）を得る亡（な）かれ〔＝掠奪させてはならない〕。	

番号	字	読み	意味	備考	熟語	例文	書き下し	句形
109	毎	マイ	□(…スル)ごとニ＝…するたびに。	—	—	相如毎㆓朝時㆒、…。	相如 朝する時毎に、…。	—
			◇つねニ	—		毎与㆑臣論㆓此事㆒。	毎に臣と此の事を論ず。	
110	未	ミ	□いまダ…ず【再読文字】＝❶〈否定〉まだ…ない。	—	未熟、未遂、未然、未明、未了、未亡人	未曾有(未㆓曾有㆒)	未だ曾て有らず。	—
						未㆑知㆑生、焉知㆑死。	未だ生を知らず、焉くんぞ死を知らん。	
			❷〈否定〉…でない。…しない。	「まだ」の意味はない。「不」と同じ。	未満	不善人、未㆓必本悪㆒。 「未㆓必…㆒(未だ必ずしも…ず)」は部分否定の形。	不善の人も、未だ必ずしも本より悪ならず。	
			□いまダシ＝まだである。	—	—	対曰、『未也。』	対へて曰はく、『未だし。』と。	
			◇いまダシヤ＝〈疑問〉まだ…か。	—	—	寒梅著㆑花未	寒梅 花を著けしや未だしや	
			◇ひつじ＝十二支の八番目。	—	—	—	—	
111	無	ム	□ム＝ないこと。「有」の対。また、道家の説で、万物の根源。	—	無事、無礼、無為、無益、無縁、無我、無学、無窮、無垢、無限、無言、無実、無一物、無人、無知・無智、無恥、無道、無二、無能、無比、無辺(＝広々して限りない)、無法、無謀、無邪気、無尽蔵、無名指(＝くすり指)、公平無私、無用之用	無辜(無㆑辜。)	辜無し。	□無㆓A B㆒ □無㆑A 無㆑B ◇無㆑端 ◇無㆓A 不㆑B
						無論(無㆑論。)	論無し。	
						無恙(無㆑恙。)	恙無し。	
						天下万物生㆓於有㆒、有生㆓於無㆒。	天下の万物は有より生じ、有は無より生ず。	
			□なみス＝ないがしろにする。	—	無視	無㆑父無㆑君、是禽獣也。	父を無し君を無するは、是れ禽獣なり。	
			□…なシ＝〈否定〉…がない。「有」の対。	「莫」などと同じ。	有無、絶無	学問之道無㆑他。	学問の道は他無し。	
			□…(スル)なカレ＝〈禁止〉…してはいけない。	「莫」などと同じ。	—	無㆑友㆓不㆑如㆑己者㆒。	己に如かざる者を友とする無かれ。	
112	也*	ヤ	□…なり＝〈文末で、断定〉…である。	—	—	是亦走也。	是も亦た走るなり。	
						不㆑如㆑学也。	学ぶに如かざるなり。	

番号	字	読み	意味	備考	例語	例文	書き下し文（＝訳）	複合語・慣用表現
112	也*	ヤ	□…や／…か＝〔文末で、疑問・反語〕…か。	—	—	何謂也。	何の謂ひぞや〔＝どういう意味か〕。	
						其真不レ知レ馬也。	其れ真に馬を知らざるか。	□…也已（也已）
			□…や＝❶〔文中で、主語の提示・強調〕…は。	—	—	人之将レ死、其言也善。	人の将に死せんとするや、其の言や善し。	
			□…や＝❶〔文中で、呼びかけ〕…よ。	—	—	賜也、非二爾所一レ及也。	賜〔＝子貢〕や、爾の及ぶ所に非ざるなり。	
			□…や＝❷〔文中で、強調〕…や。	—	—	必也正レ名乎。	必ずや名を正さんか。	□…也已矣（也已矣）
			◇〔「…也…也」の形で〕…や…や＝〔文中で、並列〕…や…。	—	—	野馬也塵埃也…。	野馬や塵埃や〔かげろうや塵埃は〕…。	◇…也哉
			◇また＝…もまた。「亦」と同じ。	—	—	也曽因レ夢送二銭財一。	也た曽ち夢に因りて〔＝夢を見て〕銭財を送る〔＝金や品物を与える〕。	
		《訓読しない》	◇断定など	—	—	則無レ望三民之多二於隣国一也	則ち民の隣国より多きを望む無かれ	
			◇主語の提示・強調	—	—	女与レ回也、孰愈。	女と回〔＝顔回〕と、孰れか愈れる。	
113	耶*	ヤ	□…や／…か＝〔疑問・反語〕…か。	「邪」と同じ。	—	有耶無耶。	有りや無しや／有るか無きか。	—
						君非二崔護一耶。	君は崔護に非ずや。	
			◇ヤ＝父。	—	—	耶嬢妻子走相送	耶嬢〔＝父母〕妻子 走りて相送る	
114	又	ユウ	□また＝❶さらに。その上。	※同訓の「亦」や「復」と区別するために、俗に「又」を「さらまた」と呼ぶことがある。	—	損レ之又損、以至二於無為一。	之を損じて又損じ、以て無為に至る。	—
			□また＝❷またもや。		—	項籍少時学レ書不レ成、去学レ剣、又不レ成。	項籍〔＝項羽〕少き時 書〔＝文字〕を学びて成らず、去りて剣を学ぶ、又成らず。	
115	有	ユウ	□あり＝…がある。…がいる。	—	有無、有為、有限、有功、有験・有効〔＝ききめがある〕、有事、有道、有徳、有能、有望、享有、固有、万有、有識者、有終之美、有名無実	有恒（有レ恒。）	恒有り。	—
						有隣（有レ隣。）	隣有り。	
						未曽有（未二曽有一。）	未だ曽て有らず。	
						有耶無耶。	有りや無しや／有るか無きか。	
						一旦有二緩急一…。	一旦緩急〔＝緊急事態〕有らば…。	
						大道廃有仁義。	大道廃れて仁義有り。	

番号	漢字	読み	意味	備考	熟語	例文	書き下し	
			□たもツ・ゆうス＝持っている。手に入れる。	―	具有、所有、保有、領有	有封邑者十余世。	封邑を有つ者十余世。	
			◇ユウ＝また。その上さらに。	「又」と同じ。	―	吾十有五而志于学。	吾十有五にして学に志す。	
116	猶	ユウ	□なホ＝それでもなお。それでもまだ。	「尚」と同じ。	―	日高睡足猶慵起	日高く睡り足りて猶ほ起くるに慵し	―
			□なホ…ごとシ【再読文字】＝ちょうど…のようである。	「由」と同じ。	―	過猶不及。	過ぎたるは猶ほ及ばざるがごとし。	
						猶魚之有水。	猶ほ魚の水有るがごとし。	
			□(「…スラ猶ホ」の形で)なホ＝(抑揚)…でさえ。	―	―	困獣猶闘、況国相乎。	困獣(＝追い詰められた獣)すら猶ほ闘ふ、況んや国相(＝一国の宰相)をや。	
			◇ユウ＝(疑い深いサルのように)ためらう。ぐずぐずする。	―	猶予／猶与(＝ためらう) ※「執行猶予」のように「予定の時日を延ばすこと」の意味で使うのは、日本語独自の用法。	―	―	
117	与	ヨ	□あたフ＝あたえる。ほどこす。	―	寄与、供与、天与、生殺与奪	則与斗卮酒。	則ち斗卮酒を与ふ。	―
			□あづかル＝かかわる。関係する。	―	与知、与聞(＝関係する)、関与、参与	不与存焉。	与り存せず。	
			□くみス＝味方する。仲間になる。	―	与党、与国	易与。	与し易し。	
						常与善人。	常に善人に与す。	
			□ともニ・ともニス＝いっしょに。いっしょに…する。	―	―	因留沛公与飲。	因りて沛公を留めて与に飲す。	
						吾非斯人之徒与、而誰与。	吾斯の人の徒と与にするに非ずして、誰と与にせん。	
			□…と＝…と。	「与A」(Aと、with A)「A与B」(AとBと、A and B)の形で用いる。	―	君王与沛公飲。	君王 沛公と飲す。	
						世与我而相遺。	世と我と相遺る。	
			□…より／…よりハ＝(比較)…より。	―	―	礼与其奢也寧倹。	礼は其の奢らんよりは寧ろ倹なれ。	
			□…や／…か＝(疑問・反語)…か。	「歟」と同じ。	―	周之夢為蝴蝶与。	周の夢に蝴蝶と為れるか。	
			□…か／…かな＝(詠嘆)…だなあ。	「歟」と同じ。	―	自喩適志与。	自ら喩しみて志に適へるかな。	

番号	字	読み	意味	備考	例語	例文	書き下し文（＝訳）	複合語・慣用表現
118	欲	ヨク	□ヨク＝ほしいと思う心。	「慾」と同じ。	欲情、欲心、欲望、愛欲、意欲、禁欲、強欲、情欲、私利私欲	従二耳目之欲一。	耳目の欲に従ふ。	―
			□ほつス＝ほしがる。望む。	―	欲求、貪欲	七十而従二心所一レ欲不レ踰レ矩。	七十にして心の欲(ほっ)する所に従へども矩(のり)を踰(こ)えず。	
			□（「…セント欲ス」の形で）ほつス＝❶〈意志〉…したい。	「将・且」と同じ。	―	欲レ窮二千里目一…	千里の目を窮めんと欲(ほっ)し…	
			□（「…セント欲ス」の形で）ほつス＝❷	「将・且」と同じ。	―	山青花欲レ然	山青くして花然(も)えんと欲(ほっ)す	
			□（「…セント欲ス」の形で）ほつス＝❸…でありたい。…であることが望ましい。	―	―	君子欲下訥二於言一而敏中於行上。	君子は言に訥(とつ)にして行ひに敏ならんと欲(ほっ)す。	
119	令	レイ	□レイ＝❶言いつけ。おきて。お達し。	―	威令、禁令、号令、勅令、伝令、法令、命令	―	―	□仮令(たとヒ) □縦令(たとヒ) □設令(たとヒ)
			□レイ＝❷長(おさ)。	―	令尹(れいいん)、県令	―	―	
			□レイ・ス＝命令する。	―	―	其身正、不レ令而行…。	其の身正しければ、令(れい)せずして行はれ…。	
			□よシ＝❶美しい。	―	令姿	巧言令色、鮮矣仁。	巧言令(れい)色、鮮(すくな)し仁。	
			□よシ＝❷りっぱな。	―	令聞／令名〔＝よい評判〕、令名、令徳	―	―	
			□よシ＝❸相手の親族を尊んでいう語。	―	令閨(れいけい)／令室〔＝他人の妻を呼ぶ語〕、令厳〔＝他人の父を呼ぶ語〕、令慈〔＝他人の母を呼ぶ語〕、令女〔＝他人の娘を呼ぶ語〕、令息	―	―	
			□…しム＝〈使役〉…させる。	「使／教／遣」と同じ。	―	令二将軍与レ臣有一レ郤。	将軍をして臣と郤(げき)有らしむ。	
			□…しメバ・…しムレバ＝〈仮定〉…だとしたら。	「使」と同じ。	―	但令三心似二金鈿堅一…	但だ心をして金鈿の堅きに似しめば…	

120				
或*				
ワク				
□あるイハ＝ある時は（あるものは）…することもある。	「あるヒハ」と書くのは誤り。	—	馬之千里者、一食**或**尽㆓粟一石㆒。	馬の千里なる者は、一食に**或**(ある)いは粟(ぞく)（＝穀物）一石を尽くす。
□あるヒト＝ある人が。	—	—	**或**謂㆓孔子㆒曰…。	**或**(ある)ひと孔子に謂ひて曰はく…。
□（「或…(イハ)、或…(イハ)」の形で）あるイハ…、あるイハ…＝ある場合には…し、ある場合には…する。ある人は…し、ある人は…する。	—	—	**或**百歩而後止、**或**五十歩而後止。	**或**(ある)いは百歩にして後止まり、**或**(ある)いは五十にして後止まる。
			或師焉、**或**不焉。	**或**(ある)いは師とし、**或**(ある)いは不(しか)せず。
◇あり＝…がある。	「有」と同じ。	—	未㆓之**或**㆑知也。	未だ之(こ)れ知る**或**(あ)らざるなり。
—				

BOOK GUIDE

漢文教育に取り組む先生のための ブックガイド

＊個人で手に入れやすいものを中心に選びました。

全般

村上哲見著『中国文学と日本 十二講』（二〇一三年、創文社）

加地伸行著『中国学への散歩道―独り読む中国学入門』（二〇一五年、研文出版）

湯浅邦弘編著『教養としての中国古典』（二〇一八年、ミネルヴァ書房）

中村春作編・小島毅監修『東アジア海域に漕ぎだす5 訓読から見なおす東アジア』（二〇一四年、東京大学出版会）

中村春作著『思想史の中の日本語―訓読・翻訳・国語―』（二〇一七年、勉誠出版）

古田島洋介『日本近代史を学ぶための文語文入門―漢文訓読の地平―』（二〇一三年、吉川弘文館）

中国文化事典編集委員会編『中国文化事典』（二〇一七年、丸善出版）

尾崎雄二郎・竺沙雅章・戸川芳郎著『中国文化史大事典』（二〇一三年、大修館書店）

漢字・漢語

高島俊男著『漢字と日本語』（二〇一六年、講談社現代新書）

落合淳思著『漢字の成り立ち―「説文解字」から最先端の研究まで―』（二〇一四年、筑摩選書）

落合淳思著『漢字の字形 甲骨文字から篆書、楷書へ』（二〇一九年、中公新書）

落合淳思著『漢字の構造―古代中国の社会と文化』（二〇二〇年、中公選書）

松丸道雄『甲骨文の話』（二〇一七年、大修館書店）

阿辻哲次著『遊遊漢字学 中国には「鰯」がない』（二〇二〇年、日経ＢＰ）

阿辻哲次著『戦後日本漢字史』（二〇二〇年、ちくま学芸文庫）

笹原宏之著『謎の漢字―由来と変遷を調べてみれば』（二〇一七年、中公新書）

円満字二郎著『漢和辞典的に申しますと。』（二〇一七年、文春文庫）

＊漢字に関する持ちネタを増やし、授業を豊かにしたい。

岸田知子著『漢語百題』（二〇一五年、大修館書店）

木村秀次著『身近な漢語をめぐる』（二〇一八年、大修館書店）

詩文

下定雅弘著『長恨歌 楊貴妃の魅力と魔力』（二〇一一年、勉誠出版）

田口暢穂著『白詩逍遥―白楽天の世界に遊ぶ―』（二〇二三年、研文社）

＊第七章「『長恨歌』私注稿」は、「長恨歌」教材研究の強力な援軍。

神鷹徳治著『白氏文集は〈もんじゅう〉か〈ぶんしゅう〉か』（二〇一二年、遊学社）

＊今後の授業では「はくしぶんしゅう」と読みたい。

川合康三著『漢詩のレッスン』（二〇一四年、岩波ジュニア新書）

松原朗著『漢詩の流儀 その真髄を味わう』（二〇一四年、大修館書店）

下定雅弘・松原朗編『杜甫全詩訳注』全四冊（二〇一六年、講談社学術文庫）

渡部英喜著『漢詩花ごよみ―百花譜で綴る名詩鑑賞―』（二〇一

七年、亜紀書房）
宇野直人著『日本の漢詩―鎌倉から昭和へ』（二〇一七年、明徳出版社）
向嶋成美編著『李白と杜甫の事典』（二〇一九年、大修館書店）
川合康三著『桃源郷―中国の楽園思想』（二〇一三年、講談社選書メチエ）
門脇廣文著『洞窟の中の田園―そして二つの「桃花源記」』（二〇一七年、研文出版）
井波律子訳注『世説新語』1～5（二〇一三年～二〇一四年、平凡社東洋文庫）

歴史

永田英正著『漢の武帝』（二〇一五年、清水書院）
鶴間和幸著『人間・始皇帝』（二〇一五年、岩波新書）
礪波護著『敦煌から奈良・京都へ』（二〇一六年、法蔵館）
稲畑耕一郎著『出土文物から見た中国の文明』（二〇一七年、潮新書）
佐藤信弥著『中国古代史研究の最前線』（二〇一八年、星海社新書）
＊著者は「研究の進展はほとんど紹介されず、教科書の記述も古いまま」と訴える。
渡邉義浩著『漢帝国―400年の興亡―』（二〇一九年、中公新書）
魚住和晃著『書聖　王羲之―その謎を解く―』（二〇一三年、岩波書店）

思想

吉川忠夫著『顔真卿伝』（二〇一九年、法蔵館）
戸川芳郎著『古代中国の思想』（二〇一四年、岩波現代文庫）
渡邉義浩・井川義次・和久希編著『はじめて学ぶ中国思想―思想家たちとの対話』（二〇一八年、ミネルヴァ書房）
土田健次郎訳注『論語集注』全四巻（二〇一三年～二〇一五年、平凡社東洋文庫）
加地伸行著『論語のこころ』（二〇一五年、講談社学術文庫）
影山輝國著『「論語」と孔子の生涯』（二〇一六年、中公叢書）
＊『論語』の多様な読み方の楽しみを説く。
謡口明著『弟子の視点から読み解く　論語』（二〇一九年、朝倉書店）
湯浅邦弘著『入門　老荘思想』（二〇一四年、ちくま新書）

その他

加納喜光『漢字語源語義辞典』（二〇一四年、東京堂）
＊すべての漢字の語源欄に設定された［コアイメージ］が理解を深める。
「ビギナーズ・クラシックス　中国の古典」シリーズ（角川ソフィア文庫）
『論語』（加地伸行著）・『孟子』（佐野大介著）・『荀子』（湯浅邦弘著）・『老子・荘子』（野村茂夫著）・『韓非子』（西川靖二著）・『陶淵明』（釜谷武志著）・『李白』（筧久美子著）・『杜甫』（黒川洋一著）・『白楽天』（下定雅弘著）・『史記』（福島正著）・『貞観政要』（湯浅邦弘著）・『十八史略』（竹内弘行著）・『蒙求』（今鷹真著）など、ラインナップは豊富。
前野直彬著『漢文入門』（二〇一五年、ちくま学芸文庫）・同『精講漢文』（二〇一八年、ちくま学芸文庫）
＊半世紀前に刊行されたものの文庫化。漢文を基礎からもう一度学び直そうとする先生に最適。

深い理解のためのQ&A

*このQ&Aは、漢文指導に日々奮闘している先生方からのご質問、教育実習生から寄せられたご感想・ご要望に基づいて作成しました。
*本書に関連する記述がある場合は、そのページ数を示しています。

Q1

「以為」を「以て為す」と「以為へらく」に読み分ける基準がありますか。同じ文でも教科書によって読み方が異なることがあり、指導に困ります。

A1

高校一年生で扱うことの多い「借虎威」（『戦国策』）には、「以A為B」の形が多く出てきます。

(1) 子以我為不信、…。

(1)の文から「A」を省いたのが、次の(2)・(3)の形です。

(2) 虎以為然、…。

(3) 以為畏狐也。（「以為畏狐也。」とも読む。）

生徒は「為」だけが「思う」の意味だと誤解しがちですが、「以・為」の二字でこの意味を表します。したがって、前の文は「虎為然」や「為畏狐也。」とはなりません。

「以」にも「思う」の意味があることは、次の例から明らかです。

(4) 蘇秦自以不及張儀。（史記、張儀列伝）

この文は「蘇秦自以不及張儀。」と読んでも誤りではありませんが、訓読としては落ち着かない印象があります。

「以為…」の「…」の部分が何字以上なら「以為へらく」と読む、という明確な基準は見当たりません。「以為…」には二通りの読み方があり、より安定した読み方を採用すると考えてはいかがでしょうか。

なお、代表的な中日辞典で「以為」（思う、認定する）を引くと、その補説に「目的語が長い時は、『以為』の後にコンマを打つことができる。」とあります。訓読で「以為へらく」と一気に読んでしまうのと、よく似た処理法といえるでしょう。（→11ページ）

Q2

「文意から使役に読む」という説明を見かけますが、その基準がわかりません。どうすれば正しく読み取れるようになるでしょうか。教室での効果的な説明の仕方も教えてください。

A2

文意から使役に読んでいる例をあげてみます。

(1) 予助苗長矣。（孟子、公孫丑上）

(2) (項王) 分二其 騎一、以 為二四 隊一、四 嚮。(史記、項羽本紀)

(3) 呉 王 闔 廬、挙二伍 員一謀二国 事一。(十八史略、春秋戦国・呉)

(1)を「予助レ苗 長 矣。」と読むと、自分が生長したことになり、おかしいですね。(2)を「四 嚮。」を読むと、項王自身が四方に進撃したことになり、やはり変です。(3)を「謀二国 事一。」と読んだ場合も、せっかく伍員を挙用しながら、という疑問が生じます。

右記の例文を、次のように整理してみましょう。

① 予 助レ苗、苗 長 矣。

② (項王) 分二其 騎一、以 為二四 隊一、四隊 四 嚮。

③ 呉 王 闔 廬、挙二伍 員一、伍員 謀二国 事一。

①は、「予―助」と「苗―長」の二組の主語―述語を含んだ文と見ることができます。②・③も、「項王―為」と「四隊―嚮」、「呉王闔廬―挙」と「伍員―謀」のように、主語―述語を二組持った文といえます。日本語では、一文に主語―述語が複数あると文脈が乱れてしまいます。そこで、二つ目の述語に「シム」を添えて、うまく整理した、一種の訓読マジックです。

学習参考書等では『命・請』など使役を暗示する動詞がある場合は、使役に読む」とも説明されますが、使役を暗示する動詞を数多く覚えるよりも、主語・述語の関係で考える方が、より実際的でしょう。(→25ページ)

Q3 反語の文を訳すときに、「どうして…か」の後に「いや…ない」と添えないと正解にならないのでしょうか。テストの採点でいつも迷います。

A3 私たちも日常的に反語表現を用います。「どうして君を裏切ったりするだろうか。」という文からは、「裏切るはずがない」という強い思いが伝わりますから、「いや、裏切らない」を添える必要はまったくありません。では、漢文の現代語訳では、なぜ「いや…ない」を添えることが求められるのでしょうか。「反語と理解していることを採点者にアピールするため」という説明が予想されますが、納得できるものではありません。そもそも「どうして…か、いや…ない」は、平易な現代語とはいえないでしょう。

「反語文は強い思いをこめた否定文である」ことを確認しましょう。これを理解していれば、「いや…ない」を添えるという姑息な手段に頼らず、堂々と反語であることをアピールできます。

○ 安 求二其 能 千 里一也。(韓愈「雑説」)

〔Aさんの訳〕どうして千里の能力を期待できようか、いやできない。

〔Bさんの訳〕どうして千里の能力を期待できようか。

〔Cさんの訳〕千里の能力など期待できるはずがない。

三人の現代語訳は、いずれも減点無しでマルがつきます。ただし、Aさんの解答用紙の余白には、「次からは、『いや…ない』に頼らずに工夫しよう。」と書き添えましょう。Bさんの訳からは、反語であることが読み取れますから、当然マルです。Cさんの完璧な現代語訳は、模範解答として教室で紹介するに値します。(→35ページ)

Q4

漢詩には、月を媒介にして、遠くにいる友人や故郷の人々を思うものが多くあります。教室ではどのように説明するのが効果的でしょうか。

A4

月が、それを眺めやる人と人とを結びつけている例です。

⑴ 挙レ頭望二山月一、低レ頭思二故郷一（李白「静夜思」）

⑵ 今夜鄜州月、閨中只独看（杜甫「月夜」）

この二首では、月を媒介として、思いやる相手（故郷の人々や疎開先にいる妻）と詩人とが、空間の隔たりを超えて結びつけられています。ここで、月とそれを眺めやる両者との関係を図解してみます。

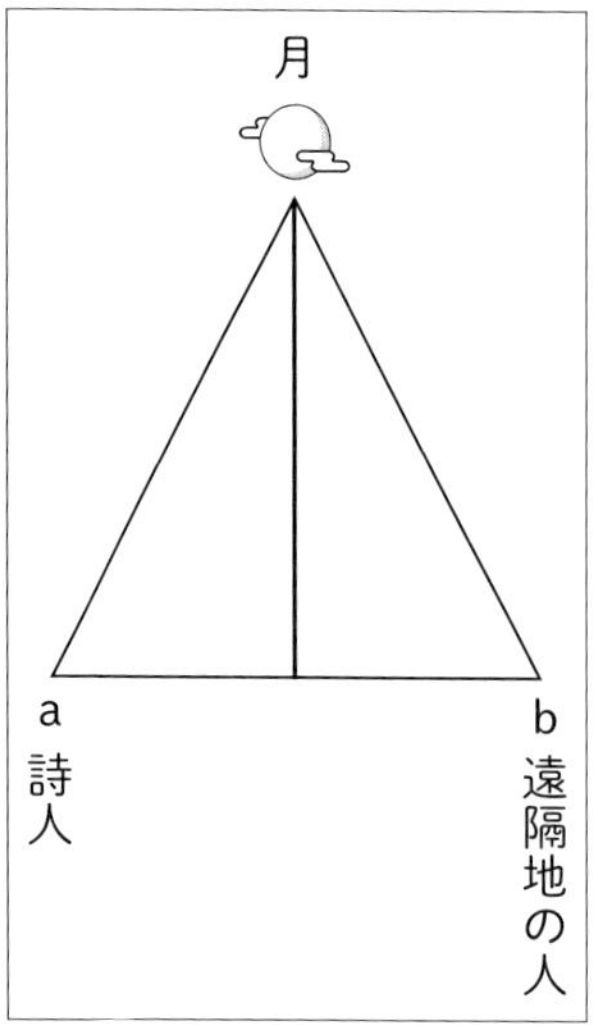

図1

さて、この二等辺三角形を使った図1は正しいでしょうか。一見なるほど、とも思えますが、これは現実を無視しています。地球と月との距離は、およそ三八万キロメートル。仮に人と人との距離が千キロメートルとしても、地球から月までとa・b間の距離は1対0・0026となり、図1は非現実的と言わざるを得ません。

実際には、左の図2のようになるでしょう。

図2

こう考えると、詩人と遠隔地にいる人との距離は、月までの距離に比してゼロに近くなり、まるですぐ隣に並んで月を眺めている感覚を抱くはずです。心理的な錯覚をうまく利用した表現と言えるでしょう。

Q5

「定婚店」の授業で、「如何」の意味を「どういうことなのか」と説明したところ、生徒から「以前教わったことと違う」という声が上がりました。どのように補足すればよいでしょうか。

A5

「何如（若）」と「如（若）何」は、一般に次のように説明されます。

○**何**如・**何**若など＝状態や程度、可否などを問う疑問詞。

○如**何**・奈**何**・若**何**など＝手段や方法などを問う疑問詞。

前者を「**何**」が上にある「何如グループ」、後者は「**何**」が下にある「如何グループ」と呼んでもよいでしょう。ここで例文を見ます。

(1) 子路入。子曰、「由、知者若何。仁者若何。」子路対曰、「知者使人知己。仁者使人愛己。」…。（荀子、子道）

孔子が「知者と仁者は、それぞれどんなものか。」と尋ね、子路が知者と仁者の差を述べています。孔子の問いの「若何」は、「何如グループ」の「いかん」として解釈しなければなりません。

もう一つ例を挙げます。

(2)（孟子曰、「……。）説之将何如。」（宋牼）曰、「我将言其不利。」（孟子、梁恵王下）

孟子の「どのように諸侯を説得するおつもりか。」という質問に、遊説家の宋牼が「戦争のマイナス面を説こうと思う。」と答える場面です。ここでは(1)の例とは逆に、「何如」を「如何グループ」の「いかん」として解釈する必要があります。

このように、「何如グループ」と「如何グループ」は、時に混用されることがあります。原則をしっかり理解していた生徒を褒め、その上で例外も示して安心させてあげてください。（→33ページ）

Q6

『史記』「項羽本紀」に、「略知其意、又不肯竟学。」という一文があります。この文を「項羽は勉学や剣術には身が入らなかったが、兵法だけはとことん打ち込んだ。」と解釈することは可能でしょうか。

A6

「項羽本紀」の冒頭には、項羽の人となりを知る上で重要な情報が時系列で記されています。

○項羽は少年のころ、文字を習ったが、ものにならなかった。
○彼は次に剣術を習ったが、これも、ものにならなかった。
○そこで伯父の項梁は項羽に兵法を教えた。彼は喜んで学ぶが、大略を知ると、今度もまた、最後まで進んで学ぼうとはしなかった。

この三点からは、項羽の将来大器となる片鱗と同時に、彼の自信過剰で根気強さに欠ける性格もうかがえます。

「又」にも注目しましょう。「又」は同訓の「亦」や「復」とは異なり、「さらに、その上」の意味で、項羽が「またしても」途中で投げ出したことを表しています。この文脈で考えると、ご質問の一文は、項羽の弱点を述べたものと理解できるのではないでしょうか。司馬遷は項羽のマイナスの人物像を提示することで、後日劉邦に敗れることを暗に示しているとも考えられます。「項羽は、兵法だけはとことん打ち込んだ」という好意的な解釈には、無理があると言わざるを得ません。

おわりに

四七年間の教師生活に終止符を打ってから、四か月が過ぎようとしています。毎日の通勤から逃れられた嬉しさの反面、痛切な「授業ロス」も日々感じています。教師生活は楽しいものであったことに気づいたのは、退職の副産物です。苦しいこと、辛いことがあったにもかかわらず、「楽しかった」とふり返ることができるのは、授業を通じて、生徒から得ることや学ぶことが多くあったからにちがいありません。

本書の内容は、私の失敗の経験が基盤になっています。若い頃は、句法に熱心に取り組み過ぎたり、逆に句法を完全に無視したりして、生徒の不評を買ったことがありました。自分の貧しい経験ばかりを滔々と語り、『論語』の授業は楽だと錯覚していた時期もありました。「長恨歌」にのめり込みすぎて、女子生徒から誇りを受けたことも忘れられません。『史記』の「廉頗・藺相如列伝」に長時間を費やし、多数の生徒を寝かせてしまったという苦い記憶もあります。

若い先生方は私の情けない失敗の経験を乗り越え、教材研究に励むと同時に、豊かで深い授業を展開するための方法を模索し続けてください。老婆心ながら、前車の轍を踏むことがないように切に願っています。

前著『新人教師のための漢文指導入門講座』の発行は二〇一四年でした。続刊を期待する声をいただきながら、自身の三度の入院によって本書の刊行が大幅に遅れてしまいました。心よりお詫びいたします。

大修館書店編集部の今城啓子さんには、前著に引き続いてお世話になりました。授業動画や教材のテキストデータを付録とするなど、斬新なアイデアの提供にも深く感謝します。

二〇二三年七月　著者識す

筆者の似顔絵は、前著と同様に筑波大学附属高等学校での最後の担任生徒、大木晴香さんの作品です。

語句・事項索引

＊現代仮名遣いによる五十音順（同音は画数順）に配列しています。字訓については、〈　〉で歴史的仮名遣いを示しました。
＊ページ数の太字は主な説明のある箇所を、斜体は資料編に説明のある箇所を示しています。
＊●は板書例、◆はプリントタイトルを示しています。

アエ〈ヘ〉テ…ザランヤ　敢不　46・*136*
アエ〈ヘ〉テ…ズ　不敢　**46**・59・135
アエ〈ヘ〉テ…ズ　不肯　*140*・173
●「不敢」と「敢不」　46
アタハ〈ワ〉ズ　不能　46・*158*
●「未若…也」の解釈　48
ウケミノ「ル・ラル」　受身の「る・らる」　15・27
ウケミノカタチ　受身の形　26
◆受身の形　28
ウチケシノ「ズ」　打消の「ず」　15
エイタンノカタチ　詠嘆の形　49・50
エズ　不得　**46**・59・*157*
●押韻の規則　119
◆覚えておきたい漢文の複合語・慣用表現
七五　61
オモエ〈ヘ〉ラク　以為　**11**・*130*・170
◆解釈に役立つ漢文の常識語二三〇　62
カカリムスビ　係り結び　13
◆書き下し文の採点基準　20
「カジョ」ト「ジョカ」　「何如」と「如何」　**33**・75・173
カテイノカタチ　仮定の形　49・50
●仮定の語と結びの呼応　50
カデン　花鈿　116・117
カノウ・テキトウナドノ「ベシ」
可能・適当などの「べし」　15
〈「何」の読み分け〉　33・*134*
カヘン・ナヘン　カ変・ナ変　14
カミニダン・シモニダン
上二段・下二段　14
ギモントハンゴ　疑問と反語　23・30・34
ギモンノカタチ　疑問の形　30
◆疑問の形　32
◆教材例　孔子と子路　92・98
キンシノカタチ　禁止の形　42・**44**
〈形容詞「勿」の活用〉　44
ゲンテイ・キョウチョウノカタチ
限定・強調の形　**51**・53
コウ〈フ〉…　請　76・*153*
コウモンノジッテツ　孔門の十哲　90
●孔門の十哲　91
●「ごとし」と「しかず」　48
サイドクモジ　再読文字　16
◆再読文字の学習　18
サヘン　サ変　14・29
シエキトウケミ　使役と受身　23
シエキノ「シム」　使役の「しむ」　15
シエキノカタチ　使役の形　22・23・29
◆使役の形　25
シカズ　不若　86
●『史記』全一三〇巻の構成　66
シチジッシノト　七十士之徒　90
シュウショクゴ―ヒシュウショクゴノカ
ンケイ　修飾語―被修飾語の関係　6
シュウダイノカンセイ　周代の官制　77
ジュクゴノイツツノカタ
熟語の五つの型　6
〈「孰」の読み分け〉　50・*147*
シュゴ―ジュツゴノカンケイ
主語―述語の関係　6
ジュツゴ―ホゴノカンケイ
述語―補語の関係　7
〈助動詞「ず」の活用〉　13・**41**
ジョドウシ「ル」「ラル」ノカツヨウトセ
ツゾク　助動詞「る」「らる」の活用と
接続　28
〈「如」と「若」は双生児〉　47
◆知らないと困る基本一二〇字　58・**128**
セツゾクジョシ「トモ」　接続助詞「とも」　15
セツゾクジョシ「ニ・モ・ドモ」
接続助詞「に・も・ども」　14
セツゾクジョシ「バ」　接続助詞「ば」　50
「セン」ト「セヨ」　「せん」と「せよ」　76
ゼンブヒテイ　全部否定　43
◆その他の形　49・53・54
ダンテイノ「ナリ」　断定の「なり」　15
◆「長恨歌」を読む　二時間目　121・122
トモニハ…ズ　不倶　**43**・84・*137*
ニジュウヒテイノカタチ　二重否定の形　42・44
●二重否定の形　44
ニンテイノカンケイ　認定の関係　7
ネガワ〈ハ〉クハ…　願　76・*136*
ハンゴノカタチ　反語の形　34
◆白居易と日本の古典　124
◆反語の形　37
ハンゴハドウヤクスカ
反語はどう訳すか　**35**・171
ヒカク・センタクノカタチ
比較・選択の形　47・49
ヒキョウノ「ゴトシ」　比況の「ごとし」　15
ヒテイ・キンシノカタチ
否定・禁止の形　38・43
◆否定・禁止の形　40・43・45
●否定詞が否定する範囲　42
ヒテイシノイチ　否定詞の位置　39
フクジョシ「スラ」　副助詞「すら」　15
フクブン　復文　39
●部分否定と全部否定　43
ブブンヒテイノカタチ　部分否定の形　41・43
ブンイカラシエキニヨム
文意から使役に読む　170
●文末の「のみ」　52
ヘイレツノカンケイ　並列の関係　7
マタ…ズ　不復　**41**・43・*161*
●「命」と「画」の主語　10
●目的語と補語を含んだ文の語順　60
モッテナス　以為　**11**・*129*・170
ヨクヨウノカタチ　抑揚の形　52・54
●抑揚の形　54

[著者紹介]

塚田　勝郎（つかだ　かつろう）

一九五二年、新潟県生まれ。東京教育大学卒業。埼玉県立熊谷高等学校、同新座北高等学校、筑波大学附属高等学校、東海大学、文教大学等で合計47年教壇に立つ。全国漢文教育学会副会長。高等学校国語教科書（大修館書店）の編集に長年携わる。著書に『新人教師のための漢文指導入門講座』（大修館書店）、共著に『漢文名作選［第2集］1 古代の思想』（大修館書店）、共編に『現代漢語例解辞典』（小学館）がある。

新人教師のための漢文指導入門講座　高校2・3年生編

NDC375 / 175p / 26cm

初版第一刷——二〇二三年九月一〇日

著者————塚田勝郎
発行者———鈴木一行
発行所———株式会社 大修館書店
〒一一三-八五四一 東京都文京区湯島二-一-一
電話 03-3868-2651（販売部）
03-3868-2290（編集部）
振替 00190-7-40504
［出版情報］https://www.taishukan.co.jp

装丁者———鈴木衛
印刷所———広研印刷
製本所———ブロケード

ISBN978-4-469-22281-4　Printed in Japan

5年後の中堅教師のための
到達目標チェック120

【漢文教師としての資質】24

□ 1　現代文や古文より漢文が好きだ。
□ 2　漢文を音読すると心地よく感じる。
□ 3　漢字が並んでいる本を見ると、うっとりする。
□ 4　現代人の教養として、漢文の学習は大事だと思う。
□ 5　漢文学習の意義を自分の言葉で語ることができる。
□ 6　ぜひ漢文を教えてみたい。
□ 7　高校生のころ、漢文の授業が好きだった。
□ 8　高校時代の漢文の教科書を今でも持っている。
□ 9　高校時代の漢文の参考書を今でも持っている。
□ 10　漢文は得意科目だった。
□ 11　センター試験では漢文は7割以上得点できた。
□ 12　大学で漢文関係の科目を20単位以上履修した。
□ 13　大学で漢文教育法を受講した。
□ 14　大学で中国語を学んだ。
□ 15　漢詩を中国語で読んでみたい。
□ 16　現代中国音と古代の音は必ずしも同じでないことを知っている。
□ 17　中国に旅行したことがある。
□ 18　中国の歴史に興味がある。
□ 19　「矛盾」や「朝三暮四」などの故事はおもしろいと思う。
□ 20　「故事成語」と「四字熟語」の違いを説明できる。
□ 21　「十干」を正しく書くことができる。
□ 22　「十二支」を正しく書くことができる。
□ 23　「還暦」は満六十歳ではないことを知っている。
□ 24　「甲子園」の命名の由来を説明できる。

【漢字】18

□ 25　森オウ外の「オウ」を正しく書くことができる。
□ 26　「學・櫻・醫」が「学・桜・医」の旧字体であることを知っている。
□ 27　「圖」を日本の新字体と中国の簡体字に書き分けることができる。
□ 28　漢字には形・音・義の三要素があることを知っている。
□ 29　六書のうち、漢字の成り立ちを説明するのは象形・指事・会意・形声の四つであることを知っている。
□ 30　漢字の七割以上は形声文字であることを知っている。
□ 31　形声文字の概念を理解していると、漢字の読みが推定できることを知っている。
□ 32　国字はほとんど会意文字であることを知っている。
□ 33　字音と字訓の違いを説明できる。
□ 34　訓読では、一字の語は原則として字音で、二字以上の熟語は原則として字音で読むことを知っている。
□ 35　「愛」の字訓と字音を知っている。
□ 36　「絵」の字訓と字音を知っている。
□ 37　字音には、呉音・漢音・唐宋音・慣用音の区別があることを知っている。
□ 38　「消耗」の正しい読み方を知っている。
□ 39　「腹腔鏡」の正しい読み方を知っている。
□ 40　「突」の旧字体を書くことができる。
□ 41　「秘」の旧字体を書くことができる。
□ 42　「朕」が「常用漢字表」に採録された理由を知っている。

【漢和辞典】8

□43 漢和辞典を複数持っている。
□44 『大漢和辞典』（大修館書店）を引いたことがある。
□45 すぐに調べたい時は、電子辞書で済ませることがある。
□46 自分の電子辞書に入っている漢和辞典のブランドを知っている。
□47 電子辞書の漢和辞典には、特性と限界があることを知っている。
□48 漢和辞典を速く引く自信がある。
□49 調べる漢字によって、部首・音訓・総画の各索引を使い分けることができる。
□50 漢和辞典を引いた時は、「解字」欄などにも目を通すようにしている。

【参考文献】6

□51 高校時代の便覧類を今でも使っている。
□52 『漢文学習ハンドブック』（大修館書店）などの漢文学習用のハンドブックを持っている。
□53 漢詩の解説書を持っている。
□54 『論語』の解説書を持っている。
□55 『新釈漢文大系』（明治書院）を何冊か持っている。
□56 漢文に関係のある文庫や新書は、できるだけ買うようにしている。

【中国の歴史と風土】8

□57 古代中国の王朝名を正確に言うことができる。
□58 春秋時代と戦国時代の命名の由来を知っている。
□59 中国の北の大河と南の大河の名前を知っている。
□60 「四夷」（中国周辺の異民族の総称）を正確に書くことができる。
□61 司馬遼太郎の小説『項羽と劉邦』を読んだことがある。
□62 『三国志』と『三国志演義』は別ものであることを知っている。
□63 姓と名と字について、概略を説明できる。
□64 司馬遷の姓と名と字を知っている。

【訓読】16

□65 訓読と音読の違いを説明できる。
□66 訓読の意義を自分の言葉で説明できる。
□67 返り点と送り仮名が付いていれば、訓読には困らない。
□68 訓点の内訳を説明できる。
□69 返り点の種類とそれぞれの機能を説明できる。
□70 「三省吾身。」を「吾が身を三省す。」と読む場合の返り点を付けることができる。
□71 「不三省吾身。」を「吾が身を三省せず。」と読む場合の返り点と送り仮名を付けることができる。
□72 「未来。」を「未だ来たらず。」と読む場合の返り点と送り仮名を付けることができる。
□73 「未知数。」を「未だ知らざる数。」と読む場合の返り点と送り仮名を付けることができる。
□74 主な再読文字の読み方と意味を挙げることができる。
□75 助字と置き字の違いを説明できる。
□76 「書き下し文の原則」のあらましを理解している。
□77 サ変動詞「す」と打消の助動詞「ず」の活用を正しく言うことができる。
□78 「与」の字訓を五つ以上挙げることができる。
□79 「若・如」に共通する字訓をすべて挙げることができる。
□80 「つひに」「また」と読む漢字を、それぞれ四字以上挙げることができる。